本书获国家社科基金项目“产业融合视角下中国制造业服务化发展的动力机制与路径创新研究”（18BJL049）、应用经济学一流学科项目、经济与贸易学院学科项目、广西向海经济研究人才小高地经费资助。

产业融合视角下
中国制造业服务化发展的
动力机制与路径创新研究

欧阳华　滕剑仑　舒银燕　陈　婷◎著

西南财经大学出版社
Southwestern University of Finance & Economics Press
中国·成都

图书在版编目(CIP)数据

产业融合视角下中国制造业服务化发展的动力机制与路径创新研究/欧阳华等著.--成都:西南财经大学出版社,2025.8.--ISBN 978-7-5504-6776-7

Ⅰ. F426.4

中国国家版本馆 CIP 数据核字第 2025HJ3784 号

产业融合视角下中国制造业服务化发展的动力机制与路径创新研究

CHANYE RONGHE SHIJIAO XIA ZHONGGUO ZHIZAOYE FUWUHUA FAZHAN DE DONGLI JIZHI YU LUJING CHUANGXIN YANJIU

欧阳华　滕剑仑　舒银燕　陈　婷　著

责任编辑:植　苗
责任校对:杨婧颖
封面设计:何东琳设计工作室
责任印制:朱曼丽

出版发行	西南财经大学出版社(四川省成都市光华村街 55 号)
网　　址	http://cbs.swufe.edu.cn
电子邮件	bookcj@swufe.edu.cn
邮政编码	610074
电　　话	028-87353785
照　　排	四川胜翔数码印务设计有限公司
印　　刷	成都国图广告印务有限公司
成品尺寸	170 mm×240 mm
印　　张	18.5
字　　数	352 千字
版　　次	2025 年 8 月第 1 版
印　　次	2025 年 8 月第 1 次印刷
书　　号	ISBN 978-7-5504-6776-7
定　　价	98.00 元

序　言

制造业是一个国家的立国之本、强国之基，其发展水平决定了国家的综合国力和国际竞争力。服务业是经济增长的主动力，是帮助制造业走向价值链的高端发展阶段、促进制造业企业从做大到变强的关键密码。随着新一轮产业革命的兴起和工业 4.0 的提出，工业大数据等新的信息技术手段不断涌现，全球产业竞争模式发生转变，中国的经济增长进入中高速发展的“新常态”，这给“中国制造”带来了全新的发展机遇。“全球制造业竞争力指数”显示，2021 年中国制造业的竞争力已经提升至全球第二。但是，传统的粗放型经济发展模式积累下来的矛盾和问题，一定程度上制约了当前制造业的发展。

2022 年，中国仍然处于世界产业链和价值链的中、下游阶段，中、高技术制造业的增加值和竞争力还较低。特别需要警惕的是，近年来，中国制造业增加值占国内生产总值（GDP）的比重出现连续下降，从而使我们不得不防范“去工业化”现象。受到产业发展阶段和技术进步生命周期的限制，后发国家的技术学习难度逐渐增加。作为经济支柱产业的制造业，如何突破发展瓶颈，打通经济循环堵点，提升制造业的竞争力，延伸制造业的产业链，是当前制造业发展迫切需要解决的现实问题。

面对全球制造业逐渐由单一生产型向“生产+服务”型转变，制造业服务化成为中国制造业转型发展的一个重要方向。与传统服务的思维不同，制造业服务化将“服务”经营作为产品的主要差异化要素，并将其打造为提高竞争力及利润的关键驱动力。高水平生产性服务业的发展，逐渐成为制造业的“头脑”“心脏”和“翅膀”，不断提高制造业的发展水平和产品供应质量。《中国制造 2025》提出，中国制造要向高端化、智能化、绿色化、服务化发展；党的二十大报告也明确指出，建设现代化经济体系，必须推动先进制造业与现代服务业的深度融合。

本书从产业融合的视角，对制造业与生产性服务业互动融合所催生出的新产业、新业态、新模式——“制造业服务化”进行研究，系统分析制造业服务化发展的动力机制，对中国制造业服务化的现状进行测算，构建制造业服务化绩效评价模型和绿色创新效率模型，探究中国制造业服务化发展水平不高的深层次原因，以期找到适合中国制造业服务化发展的路径，最终实现夯实制造业基础、加快建设制造强国的战略目标。具体内容体系安排如下：

第一部分即产业融合视角下中国制造业服务化发展的文献综述和基础理论，包括第一章和第二章。

第一章介绍了产业融合视角下制造业服务化的源起及发展。从产业融合的视角对制造业与生产性服务业的互动融合问题进行研究，提出制造业与生产性服务业的互动融合式，不仅提高了各自的发展层次，优化了经济和产业结构，形成推动产业高质量发展的“混合动能”，还催生了新产业、新业态、新模式的出现——制造业服务化。制造业服务化是指制造业企业为了在市场竞争中获取优势，在“微笑曲线”上游的产品研发、中游的生产加工、下游的品牌营销等环节想方设法满足顾客的个性化服务要求，从销售“单一产品”转向销售“产品+服务”组合，进而转为对用户“提供集成服务”，最终实现整个价值链的升级。本章以此为基础，阐述了制造业服务化的源起、基本内涵、影响因素、理论依据、发展历程等问题。

第二章探讨了制造业服务化的动力机制。当前，新一代信息技术正深刻重塑制造业竞争新格局，引发服务需求的上升并驱动制造业服务化。从系统外部来看，随着信息技术的迅速发展，世界经济进入智能化发展模式，各国现有的制造模式面临巨大的挑战。从系统内部来看，消费需求升级是制造业企业发展的动力源泉，通过发展服务型制造业企业以实现消费需求升级。同时，全球竞争加剧导致价值链重心转移，国内行业竞争驱动产品差异化发展，面对市场需求日新月异的变化，制造业企业不得不缩短产品研发周期、提高产品质量、改进生产方式，以此提升制造业企业的核心竞争力，实现利润最大化的目标。此外，政府部门也积极制定各种宽松的优惠政策，引导促动制造业服务化发展。为此，本章对制造业服务化的动力机制进行系统分析，同时提出消费需求升级拉动制造业服务化、企业利润目标推动制造业服务化、信息技术发展驱动制造业服务化、市场竞争加剧带动制造业服务化、政府政策引导促动制造业服务化等观点。

第二部分即产业融合视角下中国制造业服务化发展的实证分析和模型

验证，包括第三章、第四章和第五章。

第三章是对我国制造业服务化的事实考察。当前，中国制造业服务化转型持续深化，其经济增长贡献率逐年提升，服务投入水平不断提高，服务业务的盈利能力逐步增强，有效提升了企业绿色创新效率，但是制造业服务化的区域发展差异较大。为对以上事实进行验证，衡量中国制造业服务化发展的真实水平，本章对中国制造业服务化水平进行了测算。通过导入制造业服务化测算原理，从制造业服务化的测算思路和假设入手，依据贸易经济学原理，借鉴非竞争性投入产出模型，通过静态消耗分析和动态消耗分析，采用制造业服务化投入产出分析、地域和内涵分解、贸易流中的附加值增值核算等方法，测算出不同行业服务化程度比率和其增长比率、总体服务化水平比率和考虑区域差异的服务化程度比率。通过模型检验发现，中国制造业服务化的总体水平呈现出不断增长的态势；从区域来看，东部地区服务化水平显著高于中、西部地区；从贸易方式来看，加工贸易形式下的制造业服务业总体投入高于一般贸易形式；从国际比较来看，发达国家国外制造业服务化投入的比重不断加大，后发国家国内制造业服务化投入的比重逐步增加。

第四章即建立制造业服务化绩效评价模型。制造业服务化可以提升企业核心竞争力，实现持续企业价值增值，是发掘企业价值潜力的重要手段。随着企业主动采取服务化手段增加其收益，“如何评价制造业服务化效果”成为企业“是否加快制造业服务化、主动对接市场”的重要决策依据。本章依据前述章节制造业服务化测算结果，深入探索了制造业服务化对制造业企业的影响，并甄别出核心的影响要素：企业绩效。由此推导出制造业服务化对制造业企业的影响逻辑，即以提高绩效水平为根本，提升了企业市场地位，提高了企业经济附加值，激励了企业技术创新。同时，本章在分析制造业服务化和企业绩效机理的基础上，提出了研究假设，并推演出技术创新在其中的中介效应；通过遴选主要关联指标，设计了以企业绩效为被解释变量，企业服务化水平为核心解释变量，企业规模等为控制变量的多元回归模型；利用 Wind 数据库 20 年左右的筛选数据，得出了企业服务化水平和企业绩效之间存在“先抑制、后促进”的“U”形关系，非线性“U”形特征具有区域和产权异质性差别，技术创新具有部分中介效应能够提升制造业服务化水平等结论。

第五章主要是搭建制造业服务化绿色创新效率模型。为了验证制造业服务化如何通过创新活动，实现企业创新能力的持续发展，增进企业要素结构变化的速度，最终促进企业绿色效率的提高，本章搭建了制造业服务化绿色创新效率模型。一方面，本章研讨了制造业服务化对区域绿色效率的直接影响；另一方面，本章通过建立以企业规模化水平和创新能力作为中介变量，探究制造业服务化对区域绿色效率的影响路径和实施过程。通过对制造业服务化水平和企业绿色创新效率之间的多元回归结果进行分析发现，制造业服务化水平和绿色创新之间也存在非线性的“U”形关系，企业绩效水平对企业绿色创新效率具有较大的影响，企业规模和企业员工素质对企业绿色创新效率具有积极作用。

第三部分即产业融合视角下中国制造业服务化发展的现实困境和经验借鉴，包括第六章和第七章。

第六章分析了中国制造业服务化发展的现实困境及深层次原因。制造业是实体经济的主体，是供给侧结构性改革的重要领域。《中国制造 2025》提出，中国制造要向高端化、智能化、绿色化、服务化发展。服务化是帮助制造业走向价值链的高端发展阶段，促进制造业企业从做大到变强的关键密码。当前，中国制造业服务化虽然取得了一定成绩，但还处于服务化的初级阶段，同时还存在制造业服务化技术创新能力不强、数字化程度不高、服务化行业发展不平衡、跨领域价值共创比较困难、关键核心技术服务自给率不足、制造业企业对服务化的重视程度不够等问题，导致制造业企业服务化转型比较缓慢，制造业服务化与发达国家相比还处于较低的水平。为此，本章从历史原因、关键原因、外部原因和内部原因等角度，全方位探究造成我国制造业服务化困境的深层次原因，为后续研究提供支撑。

第七章是关于制造业服务化的国际经验及启示。在制造业服务化发展过程中，发达国家传统制造业企业成功进行服务化转型的案例层出不穷，发达国家推动制造业服务化的做法对中国制造业服务化发展也具有一定的借鉴意义。为此，本章选取英国、美国、德国、日本四个国家，通过对其制造业服务化发展的历程进行系统梳理，总结它们在服务化转型中的经验：国家战略层面高度重视服务化发展战略、积极营造良好的服务化发展政策环境、高度重视信息技术发展并大力推广智能制造模式、积极推动服务外包业务降低企业生产成本、强化服务化过程中的标准制定、逐渐关注绿色制造的发展和转型。

第四部分即产业融合视角下中国制造业服务化发展的对策建议和政策保障，包括第八章和第九章。

第八章分析了中国制造业服务化发展的路径创新。当前，我国正处于世界百年未有之大变局加速演进的时代，国内经济发展已经进入新常态，制造业企业的生存发展环境已经发生了巨大的变化。面对新发展格局，作为经济支柱产业的制造业，如何突破发展瓶颈、打通经济循环堵点，是制造业发展迫切需要解决的问题。为此，本章分别从宏观层面和微观层面探讨制造业服务化发展的路径选择。从宏观层面来看，制造业服务化发展路径可以选择：基于服务升级加快制造业服务化的战略转型、基于价值促进服务价值实现、基于价值链攀升延伸制造业服务化的产业链条、基于产业共生理论打造制造业服务化的产业共生平台。从微观层面来看，制造业企业应该积极拓展制造业服务化的内容体系：产品延伸服务化、产品增强服务化、主导产品服务化、业务单元服务化、核心能力服务化。同时，还要注意加快构建制造业服务化的创新机制、管理和延伸制造业服务化的生命周期、加强制造业服务化的绿色转型。

第九章提出推动中国制造业服务化发展的政策保障。推动制造业服务化的发展，离不开强有力的政策保障。为此，本章从创新制造业服务化发展的体制机制、夯实制造业服务化发展的支撑体系、完善制造业服务化发展的政策体系三个方面，提出了促进中国制造业服务化发展的政策保障措施。在创新体制机制方面，应该深化体制机制改革营造良好的市场环境、深化要素市场配置体制机制改革、建立制造业服务化的推进机制。在夯实支撑体系方面，要增强制造业企业的创新主体地位、提升制造业企业的研发设计能力、推动制造业企业的服务数字化转型。在完善制造业服务化发展的政策方面，提出加大财税政策支持力度、提升金融政策实施精度、扩宽产业政策应用广度、提高产业人才培养准度、挖掘产业科技创新深度、提升公共服务体系强度、拓展开放合作政策宽度等建议，形成全方位、多层次的政策配套，支持制造业企业拓展生产性服务业务。

限于写作时间及水平，本书难免有所疏漏，不足之处还请专家读者批评指正。

作者

2025 年 3 月

目　录

第一章　产业融合视角下制造业服务化的源起及发展／ 1
第一节　产业融合视角下制造业服务化的源起／ 2
一、社会分工的深化和拓展是制造业服务化的历史根源／ 2
二、信息技术的发展和变革是制造业服务化的技术支撑／ 3
三、“去工业化”和“再工业化”共存是制造业服务化的现实环境／ 4
四、制造业服务化是制造业突破发展瓶颈的必然选择／ 6
第二节　制造业服务化的基本内涵／ 7
一、制造业服务化的定义／ 7
二、制造业服务化的成因／ 12
三、制造业服务化的影响因素／ 15
第三节　制造业服务化的理论依据／ 21
一、社会分工理论／ 21
二、交易成本理论／ 23
三、规模经济理论／ 24
四、价值链理论／ 26
五、创新驱动理论／ 29
六、竞争优势理论／ 30

第四节　制造业服务化的发展历程／ 31
一、制造业服务化的初始阶段／ 31
二、制造业服务化的发展阶段／ 32
三、制造业服务化的成熟阶段／ 34
第五节　本章小结／ 35

第二章　制造业服务化的动力机制／ 37

第一节　消费需求升级拉动制造业服务化／ 38
一、消费需求升级是企业发展的动力源泉／ 38
二、通过提供柔性制造满足消费需求发展／ 39
三、以产品服务为导向迎合消费需求提升／ 39
四、通过制造业服务化实现消费需求升级／ 40
第二节　企业利润目标推动制造业服务化／ 41
一、通过制造业服务化提高企业收益／ 41
二、通过制造业服务化控制企业成本／ 42
三、通过制造业服务化延长企业供应链／ 45
第三节　信息技术发展驱动制造业服务化／ 46
一、信息技术发展带来制造业发展变革／ 46
二、技术进步促进价值链高端环节发展／ 47
三、新一代信息技术驱动制造业服务化／ 48
第四节　市场竞争加剧带动制造业服务化／ 49
一、全球竞争加剧导致价值链重心转移／ 49
二、国内行业竞争驱动产品差异化发展／ 50
三、一体化解决方案提升企业核心竞争力／ 51
第五节　政府政策引导促进制造业服务化／ 52
一、服务价值投入阶段的政府政策引导／ 53

二、服务价值吸收阶段的政府政策引导／ 54
三、服务价值产出阶段的政府政策引导／ 54
第六节 本章小结／ 55

第三章 制造业服务化的事实考察／ 57
第一节 制造业服务化的发展概况／ 57
一、制造业的经济增长贡献率逐年提升／ 58
二、服务化不同阶段的服务投入水平不断提高／ 59
三、制造业企业服务业务的盈利能力逐步增强／ 61
四、制造业服务化有效提升企业绿色创新效率／ 62
五、制造业服务化的区域发展差异较大／ 63
第二节 制造业服务化的测算／ 64
一、制造业服务化的测算原理／ 64
二、制造业服务化的测算方法／ 72
三、制造业服务化的测算结果／ 80
第三节 制造业服务化的国际比较／ 92
一、制造业服务化增值来源的国际比较／ 92
二、制造业服务化投入水平的国际比较／ 93
第四节 本章小结／ 95

第四章 制造业服务化绩效评价模型／ 96
第一节 制造业服务化对企业影响的理论综述／ 96
一、制造业服务化提高制造业企业绩效水平／ 96
二、制造业服务化提升制造业企业市场地位／ 97
三、制造业服务化增加制造业企业产品附加值／ 99

第二节　制造业服务化绩效评价模型的研究假说／ 99

一、制造业服务化与企业绩效的关系／ 100

二、制造业服务化与技术创新的关系／ 101

三、技术创新对企业绩效的中介效应／ 102

第三节　制造业服务化绩效评价模型的设计及说明／ 104

一、变量选择及说明／ 104

二、模型构建与方法运用／ 108

三、数据来源／ 110

第四节　制造业服务化绩效评价模型的实证结果／ 110

一、描述性统计结果分析／ 111

二、相关性分析／ 114

三、多重共线性检验／ 116

四、回归结果分析／ 117

五、技术创新中介效应的验证／ 125

六、稳健性检验和结果分析／ 129

第五节　制造业服务化绩效评价模型的结论／ 131

一、制造业服务化水平和企业绩效呈现非线性“U”形特征／ 131

二、非线性“U”形特征具有区域和产权异质性差别／ 132

三、技术创新的中介效应能够提升制造业服务化水平／ 133

第六节　本章小结／ 133

第五章　制造业服务化绿色创新效率模型／ 135

第一节　制造业服务化推动企业绿色创新的理论综述／ 135

第二节　制造业服务化绿色创新效率模型研究假说／ 137

一、制造业服务化水平直接影响企业绿色创新效率／ 137

二、制造业服务化水平通过企业绩效影响绿色创新效率／ 138

三、企业规模和企业人才质量影响企业绿色创新效率／ 138
第三节 制造业服务化绿色创新效率模型设计及说明／ 139
一、变量选择及说明／ 139
二、模型构建与方法运用／ 140
三、数据来源／ 141
第四节 制造业服务化绿色创新效率模型的实证结果／ 142
一、主效应分析／ 142
二、异质性分析／ 144
三、企业绩效中介效应的验证和回归结果分析／ 146
四、稳健性检验和结果分析／ 149
第五节 制造业服务化绿色创新效率模型的结论／ 151
一、制造业服务化水平和企业绿色创新效率呈现非线性“U”形特征／ 151
二、企业绩效水平对企业绿色创新效率具有较大的影响／ 151
三、企业规模和企业员工素质对企业绿色创新效率具有积极作用／ 152
第六节 本章小结／ 152

第六章 中国制造业服务化发展的现实困境及深层次原因／ 154
第一节 中国制造业服务化的现实困境／ 154
一、制造业服务化模式演进较慢／ 155
二、制造业服务化技术创新能力不足／ 156
三、制造业服务化数字化程度不高／ 157
四、制造业服务化行业发展不平衡／ 159
五、跨领域价值共创比较困难／ 160
六、关键核心技术服务自给率较低／ 161

七、制造业企业对服务化重视程度不够／ 163
第二节 中国制造业服务化困境的深层次原因／ 164
一、制造业服务化困境的历史原因／ 165
二、制造业服务化困境的关键原因／ 168
三、制造业服务化困境的外部原因／ 171
四、制造业服务化困境的内部原因／ 173
第三节 本章小结／ 176

第七章 制造业服务化的国际经验及启示／ 177
第一节 英国制造业服务化的经验／ 177
一、实施“高价值制造战略”／ 178
二、打造“高效能创新体系”／ 178
三、布局“现代工业战略”／ 179
四、构建“区域聚集式发展模式”／ 180
第二节 美国制造业服务化的经验／ 181
一、通过服务化提升制造业企业的核心竞争力／ 182
二、政府放松管制引致制造业服务化／ 182
三、采用财政补贴促进制造业服务化／ 183
四、推动产学研合作加速制造业服务化／ 183
五、发展产业互联网推动制造业服务化／ 184
第三节 德国制造业服务化的经验／ 184
一、构建完善的产业链和产业生态体系／ 184
二、注重高标准、高品质与多元化发展／ 185
三、推进制造业与科技创新融合发展／ 186
四、通过“二元制”培养精细化人才／ 187
五、通过工业 4.0 推进制造业服务化／ 188

第四节 日本制造业服务化的经验／ 189
一、技术进步是日本制造业服务化的原动力／ 189
二、高附加值的产品是日本制造业服务化的生产主流／ 190
三、完善的产业链是日本制造业服务化的发展重点／ 190
四、商业模式创新是日本制造业服务化的秘密武器／ 191
五、政府政策引导是日本制造业服务化的外在指导／ 192
第五节 发达国家制造业服务化对中国的启示／ 193
一、高度重视服务化发展战略／ 193
二、积极营造良好的政策环境／ 193
三、大力推广智能制造模式／ 194
四、积极推动外包业务／ 195
五、加强服务化的标准制定／ 196
六、逐渐关注绿色制造发展／ 196
第六节 本章小结／ 197

第八章 中国制造业服务化发展的路径创新／ 198
第一节 加快制造业服务化的战略转型／ 198
一、提供“产品”的微弱服务阶段／ 199
二、提供“产品+服务”的附加服务阶段／ 200
三、提供“产品+服务包”的增值服务阶段／ 201
四、提供整体解决方案的一体化服务阶段／ 201
五、制造环节外包专注发展的高端服务阶段／ 202
第二节 实现制造业服务化的价值共创／ 203
一、服务价值共创框架／ 203
二、服务价值实现路径／ 204

第三节　延伸制造业服务化的产业链条／ 208

一、下游产业链服务化：产出服务化／ 210

二、上游产业链服务化：投入服务化／ 211

三、同时拓展产业链的上、下游：投入和产出服务化／ 212

四、“完全去制造化”／ 213

第四节　打造制造业服务化的共生平台／ 214

一、“制造业服务化”和“服务业制造化”互动融合／ 215

二、“制造业服务化”和“服务业制造化”共生发展／ 216

三、“制造业服务化”和“服务业制造化”聚合演化／ 217

四、“制造业服务化”和“服务业制造化”拓展实践／ 218

第五节　推进制造业服务化的价值链升级／ 219

一、产品延伸服务化路径／ 220

二、产品增强服务化路径／ 221

三、主导产品服务化路径／ 222

四、业务单元服务化路径／ 223

五、核心技术服务化路径／ 224

第六节　构建制造业服务化的创新机制／ 225

一、推进建设制造业服务化创新体系／ 226

二、提高制造业服务化创新效率／ 228

三、提升制造业服务化创新能力／ 229

第七节　管理制造业服务化的生命周期／ 231

一、产品生命周期主导阶段／ 232

二、服务生命周期主导阶段／ 233

三、产品生命周期与服务生命周期同步发展阶段／ 234

四、产品服务融合的全生命周期管理阶段／ 234

第八节 促进制造业服务化的绿色转型升级／ 235
一、贯彻制造业服务化绿色发展理念／ 236
二、构建制造业服务化绿色转型体系／ 237
三、提升制造业服务化绿色福利水平／ 238
四、制定制造业服务化绿色发展路径／ 240
第九节 本章小结／ 241

第九章 推动中国制造业服务化发展的政策保障／ 242
第一节 创新制造业服务化发展的体制机制／ 242
一、营造制造业服务化良好的市场环境／ 242
二、深化要素市场配置体制机制改革／ 243
三、建立健全制造业服务化推进机制／ 244
第二节 夯实制造业服务化发展的支撑体系／ 246
一、增强制造业企业的创新主体地位／ 246
二、提升制造业企业的研发设计能力／ 246
三、推动制造业企业的服务数字化转型／ 247
第三节 完善制造业服务化发展的政策体系／ 248
一、加大财税政策支持力度／ 248
二、提升金融政策实施精度／ 249
三、扩宽产业政策应用广度／ 250
四、提高产业人才培养准度／ 254
五、挖掘产业科技创新深度／ 255
六、提升公共服务体系强度／ 256
七、拓展开放合作政策宽度／ 258
第四节 本章小结／ 258

参考文献／ 259

第一章　产业融合视角下制造业服务化的源起及发展

制造业是实体经济的主体，是供给侧结构性改革的重要领域。在全球新一轮科技革命与产业变革加速演进的背景下，全球价值链重构推动产业竞争范式发生深刻变革。当前，中国经济发展已进入后工业化阶段，经济增长从高速增长转向中高速增长的“新常态”。这一转型过程中，长期依赖要素驱动的粗放型发展模式所积累的结构性矛盾，包括产能过剩、创新动能不足、资源环境约束趋紧等问题，正日益成为制约制造业高质量发展的突出瓶颈。此外，受到产业发展阶段和技术进步生命周期的限制，后发国家的技术学习难度逐渐增加。当前中国制造业发展处于关键转型期，既受到发达国家技术壁垒制约，又面临高端被封锁、低端有竞争、生产成本不断提高等压力。随着社会分工的加深，经济专业化发展水平逐渐提高，服务业特别是生产性服务业在制造业全部投资中所占的比例继续增加。制造业和生产性服务业之间的关系发生转变，两者已经不再是简单的供需关系，它们已逐渐进入高度关联的阶段，并逐渐形成复杂的产业融合新趋势。

本章从产业融合的视角对制造业与生产性服务业的互动融合问题进行研究，构建制造业与生产性服务业的互动融合式，不仅提高了各自的发展层次，优化了经济与产业结构，形成推动产业高质量发展的“混合动能”，还催生出新产业、新业态、新模式——制造业服务化。当前，世界经济进入工业 4.0 时代，制造业服务化将依托大数据技术和智能制造成为制造业未来发展的一个新方向。

第一节　产业融合视角下制造业服务化的源起

制造业是一个国家的立国之本、强国之基，其发展水平决定了国家的综合国力和国际竞争力。随着新一轮产业革命的兴起和工业 4.0 的提出，工业大数据等新的信息技术手段不断涌现，全球产业竞争模式发生转变，这给中国制造带来了全新的发展机遇。作为经济支柱产业的制造业，如何突破发展瓶颈、打通经济循环堵点、提升制造业竞争力、延伸制造业产业链，是制造业发展迫切需要解决的现实问题。构建现代化经济体系，关键在于推进先进制造业与现代服务业的深度融合发展，加快推动制造业向高端化、智能化、绿色化转型升级。

一、社会分工的深化和拓展是制造业服务化的历史根源

制造业服务化的历史根源，在于社会分工的深化和拓展①。自 20 世纪五六十年代开始，生产性服务业得到迅速发展，专业化程度不断提高，在国民经济中的比重持续增长，就业人数增加。此外，制造业作为生产性服务的主要需求对象和部门，它的发展为生产性服务业的成长提供了巨大的市场和发展空间，因此社会分工的深化和拓展是制造业服务化的历史根源。

随着社会分工的进一步加深，行业之间、行业内部、企业之间、企业内部都出现了不同程度的分工与协作，市场主体之间的交易规模和范围不断扩大，需要交易的产品或服务的种类及数量也不断增加，对企业等生产组织的专业性要求越来越高，越来越多的商品生产开始在全球范围内配置资源。交易品种的增加和交易范围的扩大，提高了各类交易成本，降低了市场交易效率，一些制造业企业逐渐意识到，要想在激烈的市场竞争中胜出，必须提高企业的核心竞争力，抓好企业核心业务环节，提高产品的附加值，从而使得生产性服务业从传统的制造业中逐渐分离出来。生产性服务业的独立，能够发挥出更好的专业化水平和优势，为制造业和其他行业部门提供更多的服务种类及数量；同时，随着自身业务水平的不断提升，

---

① 库兹涅茨. 现代经济增长：速度、结构与扩展 [M]. 戴睿，易诚，译. 北京：北京经济学院出版社，1989.

服务的质量显著提高，逐渐产生规模化效应，降低了使用这些服务的生产运营成本。从制造业本身的发展来看，把生产性服务部门外包，可以降低企业的运营成本，集中优势资源发展核心竞争力，争取获得更高的附加值，从而提高企业的生产效率和获利能力。

随着全球工业化进程的持续推进，国际市场竞争日趋白热化，消费者需求也日益多元化，从而导致市场的不确定性显著增加。企业的技术和知识的复杂化、专业化程度进一步加深，分工出现横向与纵向发展趋势，产业组织形式也必须随之变革和调整。一方面，制造业企业的产品供给模式必须从单一型转向“产品+服务”型，以适应不断发展变化的市场竞争环境；另一方面，制造业的组织形式开始向扁平化、定制化和精益化发展，甚至呈现出服务化趋势。新的发展阶段出现的市场特征，也诱使生产性服务业向专业化、规模化发展。同时，创新元素的融入，降低了企业的交易成本，推动了制造业与生产性服务业的深度融合，从而显著提高了企业的生产效率，使其更好地适应动态变化的市场竞争环境。

二、信息技术的发展和变革是制造业服务化的技术支撑

随着经济环境的日益复杂化，信息与通信技术也得到快速发展，从而促进了制造业和生产性服务业的互动融合，信息技术的发展和变革是制造业服务化的技术支撑。随着信息通信技术的快速发展和互联网的深度普及，现代信息化建设取得了突破性进展，这为生产性服务业创造了重要的发展契机，同时也推动了信息化与工业化更深层次的融合发展。部分学者通过对新兴产业国家和地区进行实证研究发现，信息服务行业的发展是发达国家和新兴产业国家由产业经济向信息经济转型的重要标志。Guerrieri和 Meliciani（2003）提出，在产业发展和部门重构过程中，将会有越来越多的生产流程分解；信息通信技术的发展，会不断提高服务贸易的质量，促进服务产业国际竞争力的提升，从而导致服务业的快速发展。

在信息化快速发展的过程中，信息的生产、分配、流通和消费成为整个经济体制运行的重要一环，信息技术的全球交易日益频繁，信息生产与加工已发展成为现代经济体系中的常态化活动，其产业规模约占全球经济总量的 25%。信息的广泛生产与消费消除了产业之间的界限，提升了产业之间的关联度，增强了产业之间和产业内部的持续合作。现代信息技术服务的普及和推进，促进了产业链的扩张，产业链向上游延伸，提高了产业融

合的能力，打破了产业之间原有的技术、业务、运营和市场边界。为降低产业活动的信息成本和交易费用，破除产业发展过程中存在的“梗阻”现象，提高各个产业的运行效率，在信息产业之外的技术融合进一步扩散后，制造业和生产性服务业也逐渐由“分立”走向“融合”。

现代信息技术的发展，使得制造业内部的各种信息服务逐渐增多，与此同时，企业对环保、科技等服务的需求也大幅上升，制造业内部出现生产性服务部门。飞速发展的信息技术在不同产业之间进行渗透，使得各类产业的产业边界变得更加模糊。信息技术的迅猛发展及其对制造业和服务业的渗透，不仅降低了产业活动和整个经济的信息成本和交易费用，有效地缓解了社会分工造成的信息瓶颈压力，还打破了制造业和生产性服务业之间的各种壁垒，通过其超强的带动性、渗透性、交互性和倍增性特征，促进了制造业和生产性服务业的互动与融合，进而带动制造业服务化的发展。

三、“去工业化”和“再工业化”共存是制造业服务化的现实环境

“去工业化”和“再工业化”共存，是制造业服务化的现实环境。经济增长过程中有一种“去工业化”现象，就是伴随世界经济的增长和各国产业结构的调整，一些国家的制造业产出水平和一国的总就业率出现持续下降。在世界经济发展和各国产业结构的调整过程中，不仅美国、英国、日本等发达国家先后经历了经济的“去工业化”，一些欠发达国家和地区（如巴西、印度、哥伦比亚等）也出现了经济的“去工业化”。制造业的劳动力人数占全部总劳动力的比重不断下降，生产性服务业的劳动力人数占全部总劳动力的比重呈现出持续上升的趋势。

这些国家在由“工业经济”向“服务经济”转变后，出现了实体经济严重萎缩、虚拟经济过度膨胀、产业结构出现“空心化”、服务业产生了“成本病”等一系列“去工业化”的弊端①。在这之后，各国逐渐意识到“去工业化”给经济发展带来的危机，开始实施“制造业回归”和“再工业化”等相关政策，以期能够复苏制造业，促进实体经济的发展。从理论的角度来看，一国通过发展制造业，有利于技术创新，提升全社会劳动生

---

① BAUMOL. Macroeconomics of unbalanced growth: the anatomy of urban crisis [J]. American economic reviews, 1967, 57 (3): 415-426.

产效率，促进社会财富和各种使用价值实现价值增值[①]，制造业的发展程度决定了一个国家经济的整体发展程度。因此，世界各国在制造业发展过程中不断增加优质服务产品的投入，以期提高国家整体经济的增长率。

在世界经济的发展历程中，各国交替出现的“去工业化”与“再工业化”现象是对经济和产业发展的修正，反映了经济发展本身的矛盾和冲突，这带来了两个方面的影响。第一，“去工业化”是产业结构自发演进的一个趋势，市场需求的变化也对制造业产品中所包括的服务要素提出了更高的要求，两者都引导和刺激了服务化发展趋势。第二，过度的服务化会导致服务业特别是生产性服务业的发展如同“无根之萍”。从服务业的作用来看，虽然部分服务业是为了满足终端的服务需求，但大部分服务业属于中间投入服务，会因市场规模的缩小而发生同步萎缩，从而降低整个社会的劳动生产率，由此产生“再工业化”的内在需求。

需要注意的是，与以外包模式发展的低端制造业相比，当前提出的“再工业化”发展战略，是一个依赖科技发展、利用现有优势来支持未来经济增长、促进创新和复苏的高端行业，它能够增强实体经济的繁荣复苏，促进制造业实现创新领导者的地位，并在危机时代掌握新技术革命的控制力。对发达国家来说，传统的低端制造业在“去工业化”的过程中被外包到其他国家，但随着劳动力成本提高、资源与环境约束加强、服务产业高端化发展，发达国家的“再工业化”过程必须选择知识密集型制造业优先发展。发展中国家也应提高资源分配和要素利用的效率，避免重走发达国家在全部产业“去工业化”后又面临发展困境的老路。

从以上分析可以看出，“去工业化”和“再工业化”都反映了制造业和服务业特别是生产者服务业之间相互作用的外部性以及高度互补的共生关系，两者的交替出现或同时并存还表明，各国都在努力调整和纠正经济发展中存在的结构性不平衡问题。对于发展中国家来说，“去工业化”道路主要依靠服务业的发展来促进制造业的转型升级，改变传统制造业发展模式中存在的路径依赖性，提高制造业的质量和效率。对于发达国家来说，“再工业化”道路主要是通过发展实体产业为本国的服务业提供物质支持，进而促进服务业综合竞争力的提高。

---

① 刘斌，魏倩，吕越，等. 制造业服务化与价值链升级［J］. 经济研究，2016，51（3）：151-162.

无论是“去工业化”还是“再工业化”，它们的经济发展战略目标都是找到经济发展的稳定平衡点和突破点，这也是制造业服务化的根源和背景。一方面，生产性服务业的发展可以降低生产组织费用和市场交易费用，促进制造业整体发展程度的加深和产品质量的提高，从而实现经济的规模化发展和专业化效果。另一方面，制造业又会对生产性服务业产生影响。制造业作为生产性服务业主要的中间需求部门，它的发展水平、发展途径和发展方式也会影响并决定生产性服务业的发展质量、发展水平和国际竞争力。

四、制造业服务化是制造业突破发展瓶颈的必然选择

制造业是实体经济的主体，是供给侧结构性改革的重要领域。《中国制造 2025》提出，中国制造要向高端化、智能化、绿色化、服务化发展。因此，服务业是帮助制造业走向价值链的高端发展阶段，促进制造业企业从做大到变强的关键密码。当前，我国正处于实现中华民族伟大复兴的关键时期，国内经济发展已经进入新常态，制造业企业的生存发展环境发生了巨大的变化。新一轮科技革命不断重塑传统制造业，促使制造业向数字化与智能化发展，服务化升级成为全球制造业发展的新趋势。

面对以国内大循环为主体、国内国际双循环相互促进的新发展格局，作为重要经济支柱的制造业，如何突破发展瓶颈、打通经济循环堵点，是其在发展中迫切需要解决的问题。制造业企业应该重新进行战略思考和定位，可以通过强化运营能力和发展差异化的产品，来提升整个行业的竞争力。与传统服务业的思维不同的是，制造业服务化将“服务”经营作为产品的主要差异化要素，并将其打造为提高竞争力及利润的关键驱动力。高水平生产性服务业的发展，逐渐成为制造业的“头脑”“心脏”和“翅膀”，不断提高制造业的发展水平和产品供应质量。

从消费者的角度来看，传统的购买行为发生改变，消费者的关注重点已经从单一的产品功能转移到整个产业的生态系统。从生产者的角度来看，只有创造差异化的竞争优势，才能提升制造业的市场竞争力；只有在产品的基础上进行服务增值，为用户提供额外的价值，才能让制造业企业有机会选择不同的发展方式，进行服务化转型，进而实现差异化竞争。面对全球制造业逐渐由单一生产型向“生产+服务”型转变，制造业服务化也成为中国制造业转型发展的一个必然选择。

制造业与生产性服务业的融合，不仅催生出新产业、新业态、新模式，还推动了产业结构的不断优化升级。产业发展到一定阶段后，随着技术的进步、市场需求的变化，不同产业之间打破边界，制造业与生产性服务业之间也开始相互渗透、交互作用、重新分工，逐渐出现内部化和产业融合的趋势。在制造业产品生产销售的全过程中，制造业企业通过采用先进技术与管理，增加知识、信息密集的生产性服务，实现制造业服务化，这也是制造业与生产性服务业互动融合的一个新模式。在制造业产品生产中添加更多的生产性服务，驱动制造业企业不断向“微笑曲线”的两端“攀升”，有助于提高企业产品的差异性，不断提高产品的附加值，降低产品生产中的协调成本，增强企业的市场竞争优势和获利能力①。

第二节 制造业服务化的基本内涵

本节从制造业服务化的定义、成因和影响因素等方面，对制造业服务化的基本内涵进行研究。

一、制造业服务化的定义

在 Vandermerwe 和 Rada（1988）提出“服务化”概念之后，“制造业服务化”的概念也随着时代的发展而发生了变化。考虑到不同的国别和经济环境，各国学者不断扩展和完善制造业服务化的内涵及外延，使其最终发展演变为一个相对成熟、完善的定义。这里主要从业务范畴、管理活动、价值体系三个方面对制造业服务化的定义进行梳理。

（一）制造业业务范畴的服务化

国外学者对制造业服务化的研究相对较早。Vandermerwe 和 Rada（1988）在研究中提出了“servitization”（服务化），指出服务可以提高产品的附加价值和核心竞争力，制造业企业应该从“以生产为中心”转向“以顾客为中心”，从“生产和销售单纯产品”转向“提供‘产品+服务’

① 吕越，李小萌，吕云龙. 全球价值链中的制造业服务化与企业全要素生产率［J］. 南开经济研究，2017（3）：88-110.

的综合包"①。在这个"综合包"中，传统单一的产品被加入了安装、运输、知识、维修、使用反馈等各种服务，大幅度提升了产品的价值，服务成为企业主导性的业务体系，在企业的价值增值中占据了主导位置。Berger 和 Lester（1997）在研究中提出了"service-enhanced manufacturing"（服务增强型制造），指出未来制造业竞争的核心内容，就是怎样把有形的产品和无形的服务进行融合，最终为顾客提供解决问题的整体方案②。Pappas（1998）在研究中提出了"service enhancement"（服务增强），认为传统制造业必须向服务化转型③。White（1999）在研究中提出了"servicizing"（服务），并从制造业企业的角度，强调服务投入对制造业发展的重要作用，提出服务化发展的过程就是制造业企业的身份从"物品提供者"转向"服务提供者"④。Reiskin（1999）强调制造业企业要从"物品生产"转向"服务提供"，并通过 IBM 从"生产大型机和个人电脑"转型为"提供信息服务"的例子，论证了顾客的需求和产品价值的最终来源一起推动了制造业企业服务化转型⑤。郭跃进（1999）提出制造业服务化就是有形的产品向服务领域的延伸，通过产品营销方面的创新对产品进行增值服务⑥。Fishbein（2000）⑦和 Makower（2001）⑧继承和发展了 Vandermerwe 与 Rada 的理念，并更加注重服务和物品的功能在产出中的占比，认为制造业服务化就是"卖服务"而不是"卖产品"，应该从"生产单一产品"转向"生产附加服务的产品"。在这之后，蔺雷（2005）提出服务的增强主要表现为两种方式：一种是通过附加服务增强产品竞争力的基础性

---

① VANDERMERWE，RADA. Servitization of business：adding value by adding services［J］. European management journa1，1988，6（4）：314-324.

② BERGER，LESTER. Made by Hong Kong［M］. Oxford：Oxford University Press，1997.

③ PAPPAS，SHEEHAN. The new manufacturing：linkages between production and service activities［J］. Working for the future，1998（3）：127.

④ WHITE，STOUGHTON，FENG. Servicizing：the quiet transition to extended product responsibility［J］. Tellus Institute，Boston，1999，71（3）：97-120.

⑤ REISKIN，WHITE，JOHNSON，et al. Servicizing the chemical supply chain［J］. Journal of industrial ecology，2000，3（2）：19-31.

⑥ 郭跃进. 论制造业的服务化经营趋势［J］. 中国工业经济，1999（3）：64-67.

⑦ FISHBEIN，MCGARRY，DILLON. Leasing：a step toward producer responsibllity［M］. New York：INFORM，2000.

⑧ MAKOWER. The clean revolution：technologies from the leading edge［R］. Global Business Network Worlding Meeting，2001.

服务；另一种是通过服务要素的增值嵌入提高产品的整体价值①。Malleret（2006）认为，随着制造业企业服务化进程的推进和发展，附加服务在“综合包”中的地位越来越重要，从最初的“产品附属物”发展为“企业的价值主导”，并进一步成为企业收入的主要来源，最终促进制造业企业服务化转型②。Kowalkowski（2011）认为，制造业服务化应该以创新“产品+服务”的“综合包”为核心目标③。这部分学者的研究主要注重业务范畴方面的制造业服务化，根据他们的研究，制造业服务化要求制造业企业从单纯的实物产品供给转向提供“产品+服务”，因此服务已经成为制造业企业增值的源泉。

（二）制造业管理活动的服务化

在这之后，大数据和信息技术的发展促进了世界经济一体化发展的加速，“制造业服务化”的定义也随之发生变革。从企业的角度出发，部分学者提出制造业服务化的范畴应该被扩展到制造业企业的全部管理活动。Baines（2014）在继承和发展“产品+服务”的“综合包”的基础上提出，制造业服务化的对象还应包括企业的管理活动，制造业服务化不仅是企业业务范畴的服务化，更应该是企业管理行为的服务化升级④。伴随信息技术的进一步发展，徐振鑫、莫长炜、陈其林（2016）提出，制造业服务化应该利用现代信息技术，促进“服务”与“制造”的融合，从而推动制造业企业发展“服务型制造业”⑤。Rabetino（2018）⑥ 和 Raddats（2019）⑦ 从商业模式创新的角度对制造业服务化进行研究，提出企业从“以产品为

① 蔺雷，吴贵生. 制造业发展与服务创新：机理、模式与战略［M］. 北京：科学出版社，2008.

② MALLERET. Value creation through service offers［J］. European management journal，2006，24（1）：106-116.

③ KOWALKOWSKI. Dynamics of value propositions：insights from service-dominant logic［J］. European journal of marketing，2011，45（1-2）：277-294.

④ BAINES，LIGHTFOOT. Servitization of the manufacturing firm：exploring the operations practices and technologies that eliver advanced services［J］. International journal of operations & production，2014，34（1）：2-35.

⑤ 徐振鑫，莫长炜，陈其林. 制造业服务化：我国制造业升级的一个现实性选择［J］. 经济学家，2016（9）：59-67.

⑥ RABETINO，HARMSEN，KOHTAMAKI，et al. Structuring servitization-related research［J］. International journal of operations & production management，2018，38（2）：350-371.

⑦ RADDATS，KOWALKOWSKI，BENEDETTINI，et al. Servitization：a contemporary thematic review of four major research streams［J］. Industrial marketing management，2019，83：207-223.

中心”转向“以服务为中心”就是其商业模式的重大变革。这些学者的研究主要聚焦企业管理活动方面的制造业服务化，与传统的生产销售模式存在本质上的区别：第一，制造业企业对外销售的是产品的各种功能和服务，而不是实物产品本身；第二，制造业企业对其所生产和销售的实物产品拥有所有权；第三，制造业企业根据实物产品的使用情况，向消费这些产品的顾客收费；第四，制造业企业负责这些实物产品的维修与售后工作，消费者无须承担此项费用。

（三）制造业价值体系的服务化

上述两种形式的服务化均注重对买卖双方的市场关系进行分析，关注制造业企业通过什么样的方式来满足消费者的需求。在此基础上，一些学者开始研究制造业企业所提供的两种不同导向的产品（实物产品和服务产品）之间存在怎样的逻辑关系。何哲等（2008）基于供应链的角度提出“服务型制造”的概念，认为“服务型制造”是面向制造的服务和面向服务的制造，是产品经济和服务经济的融合①。Ng 等（2012）从价值的角度指出了实物产品和服务产品的差异：实物产品注重“交换价值”，主要是指产品的所有权发生转移；服务产品注重“使用价值”，主要是指当产品的使用权发生转移时，产品所有权不一定会发生转移②。刘斌等（2016）提出，制造业服务化可以提高我国企业在全球价值链的参与程度，特别是在运输服务、金融服务、产品分销服务等方面，服务化的价值链提升作用非常明显。同时，制造业服务化还可以提升产品质量和产品技术含量，从而促进企业的产品升级③。Kohtamaki 等（2019）④ 和 Sklyar 等（2019）⑤认为，制造业服务化是一个转型发展过程，需要利用企业外部的服务生态系统建立一套新的组织关系。王素云和沈桂龙（2019）提出，互联网信息

① 何哲，孙林岩，贺竹磬，等．服务型制造的兴起及其与传统供应链体系的差异［J］．软科学，2008，22（4）：77-81.

② NG，PARRY，SMITH，et al. Transitioning from a goods-dominant to a service-dominant logic：visualising the value proposition of rolls-royce［J］. Journal of service management，2012，23（3）：416-439.

③ 刘斌，魏倩，吕越，等．制造业服务化与价值链升级［J］．经济研究，2016，51（3）：151-162.

④ KOHTAMAKI，PARIDA，OGHAZI，et al. Digital servitization business models in ecosystems：a theory of the firm［J］. Journal of business research，2019，104：380-392.

⑤ SKLYAR，KOWALKOWSKI，TRONVOLL，et al. Organizing for digital servitization：a service ecosystem perspective［J］. Journal of business research，2019，104：450-460.

技术的发展是制造业服务化的动力，服务要素的功能应该从“价值增值”转向“价值创造”①。Tronvoll 等（2020）② 以及 Sousa 和 Silveira（2020）③ 认为，制造业服务化转型不仅包括核心制造业企业，还包括企业价值体系中的其他参与者。

从“制造业服务化”概念的演进过程不难发现，服务化的发展从“业务范畴”转向“企业管理活动”和“企业价值体系”，实现了从“微观个别业务环节的服务化”到“宏观管理活动、产业体系的服务化”的演进。从微观层面来看，制造业服务化就是制造业企业将服务这个环节在制造业内部融合的过程，通过生产差异化的产品满足用户的个性化需求，进而提高制造业企业的竞争力。从中观层面来看，制造业服务化就是制造业由“实物产品导向”转型为“用户体验导向”，制造业企业向产品价值链的两端进行延伸和发展，实现价值链从“低端”向“高端”的转换，并通过制造业和服务业的互补融合，形成“服务型制造”的新产业新业态。从宏观层面来看，制造业服务化发展是知识经济和技术进步所带来的新的发展趋势，是推动制造业高质量发展的历史必然。

随着“制造业服务化”概念的发展，学术界对制造业服务化的认识也逐渐深入。由于国内外学者专家所处地域和经济发展环境不同，因此学术界对制造业服务化的定义还没有一个统一的标准。但各国学者对“制造业服务化”的理解在本质上是相通的，都认为服务要素投入的增加既能提高制造业产品的附加值，又能提高制造业企业的利润和市场竞争力。

基于以上研究，本书总结出“制造业服务化”的定义，即制造业企业为了在市场竞争中获取优势，在“微笑曲线”上游的产品研发、中游的生产加工、下游的品牌营销等环节想方设法满足顾客的个性化服务要求，从销售“单一产品”转向销售“产品+服务”组合，进而转为对用户“提供集成服务”，最终实现整个价值链的升级。

---

① 王素云，沈桂龙．制造业服务化内涵重释：从价值增值到价值创造［J］．学习与探索，2019（10）：128-134.

② TRONVOLL，SKLYAR，SORHAMMAR，et al. Transformational shifts through digital servitization［J］. Industrial marketing management，2020，89：293-305.

③ SOUSA，SILVEIRA. Advanced services and differentiation advantage：an empirical investigation［J］. International journal of operations & production management，2020，40（11）：1719-1743.

二、制造业服务化的成因

传统的制造业生产，其自然资源能耗比较多，还会产生高污染，不能满足当前可持续发展的需要。服务化刚好可以改变产品的环境功能，发展服务所消耗的资源能耗比较少，对环境产生的破坏也相对较小。通过制造业服务化，制造业企业可以产生生态环境效益，提高生产效率，加快整个产业的发展，进而推动经济进步。具体来看，制造业服务化形成和发展的原因主要表现在四个方面：市场、战略、产业和经济。

（一）市场原因

由于市场存在多样化的需求，这对制造业企业在深度了解用户需求方面提出了更高要求，因此提供以产品和用户需求为基础的进一步服务，逐渐成为制造业服务化发展的一个重要手段。制造业企业可以与用户直接进行面对面的沟通交流，建立一个双向反馈的机制，增强制造业企业的市场敏感性，提升其市场适应能力。同时，制造业企业还可以更加准确地了解并满足用户的需求，或者以此为基础满足用户的各种个性化需要。

Mathieu（2001）① 和 Malleret（2006）② 认为，制造业企业通过提供服务，能够创造更多直接接触用户的机会，强化用户购买意愿，为用户提供解决问题的整体方案，最终达到诱导用户重复购买的目的。Robinson 等（2002）③ 和 Van Looy 等（2003）④ 进一步提出，制造业企业可以通过增加服务来创造更多的附加值，从而在市场竞争中获得优势。格朗鲁斯（2004）认为，制造业企业应该更加重视顾客与企业之间的关系，强化顾客价值⑤。Pal（2016）提出，制造业市场已经开始从“卖方市场”转向

---

① MATHIEU. Product services: from a service supporting the product to a service supporting the client [J]. Journal of business & industrial marketing, 2001, 16 (1): 39-61.

② MALLERET. Value creation through service offers [J]. European management journa1, 2006, 24 (1): 106-116.

③ ROBINSON, CLARKE HILL, CLARKSON. Differentiation through service: aperspective from the commodity chemicals sector [J]. The service industries journa1, 2002, 22 (3): 149-166.

④ VAN LOOY, GEMMEL, VAN DIERDONCK. Services management: an integrated approach [M]. Harlow: Pearson Education Limited, 2003.

⑤ 格朗鲁斯. 通过顾客关系服务化来强化顾客价值过程 [J]. 范秀成，译. 南开管理评论，2004 (6): 4-8.

“买方市场”①。

（二）战略原因

制造业企业通过对用户实行差异化战略来获取竞争优势，对潜在竞争对手制定进入壁垒，构成了战略层面制造业服务化的动因。通过制造业服务化，制造业企业可以提高自身的生产效率。在经济持续增长与技术快速迭代的双重驱动下，劳动分工不断细化，市场空间不断扩张，产品的生产制造流程实现专业化升级，企业内部的价值链和产业链均得到优化，企业的服务活动从企业内部转向企业外部，进一步推动生产性服务业发展壮大。此外，专业化的分工加快了生产性服务业实现规模经济，并且在产业关联度上与制造业形成互动。专业化、规模化和市场化程度日益提高的生产性服务业，会提升资源配置效率和要素利用率、提高产品的附加值、增强制造业企业的核心竞争力，进而促进整个制造业运行效率的提升。

Vandermerwe 和 Rada（1988）在研究中指出，大多数制造业企业认为“服务”是企业实施差异化战略的最优选择，可以提高产品的附加值，延伸产品的生命周期，增强企业的核心竞争力②。Quinn（1992）提出，由于知识经济的发展，“服务”可以提升制造业企业的增加值，由于这些服务有一定的技术要求，可以让用户更多的个性化需求得到满足，在提升本企业差异化竞争优势的同时，对潜在的竞争者增设了进入壁垒和行业限制③。Gadrey 等（1995）提出，制造业企业可以针对现有服务对象的不同需求，在技术创新、能力、人力成本和组织等方面进行差异化及区别化的安排等④。AEGIS（1999）认为，“产品+服务”的特定组合能够让制造业企业得到更多差异化的竞争优势。White 等（1999）研究发现，制造业企业可以通过分销、可行性研究、市场咨询等服务形式，了解用户的喜好，采取产品差异化策略，提供多样化、差别化、定制化产品，促进新产品的开

① PAL. Extended responsibility through servitization in PSS：an exploratory study of used-clothing sector［J］. Journal of fashion marketing and management，2016，20（4）：453-470.

② VANDERMERWE，RADA. Servitization of business：adding value by adding services［J］. European management journal，1988，6（4）：314-324.

③ QUINN. Intelligent enterprise：a knowledge and service based paradigm for industry［M］. New York：The Free Press，1992.

④ GADREY，ALLOUJ，WEOMSTEOM. New modes of innovation：how services benefit industry［J］. International journal of serviceindustry management，1995（3）：4-16.

发，从而更好地满足不同顾客的需求①。安筱鹏（2009）提出了“产品+服务”的制造业服务化转型方式，是一个从“被动”到“主动”、从“自发”到“自觉”、从“局部”到“全局”的系统过程②。

（三）产业原因

制造业服务化可以加快整个制造业的发展。Either（2003）对 D-S 垄断竞争模型进行研究发现，新产品的引进可以促进企业生产效率的提高，如果对制造业企业增加中间投入，还可以促进比较优势的增加。之后，Markusen（2009）将生产性服务业作为一种重要的中间投入引入 D-S 模型中进行分析，进而发现知识密集型生产性服务业具有报酬递增的特点，能在生产中发挥重要的作用。Riddle（1995）通过对交互经济模型进行分析，认为生产性服务业是一个过程产业，它可以刺激和促进商品的生产和流通，促进其他产业的增长，是工业产业加速发展的“粘合剂”，在制造业发展中具有重要地位。Grossman 和 Rossi-Hansberg（2008）的研究发现，制造业服务化受到互动发生的区域（国家内部或者国家之间）和生产的组织方式的影响③。

（四）经济原因

制造业企业服务化发展的一个关键原因，在于“服务”能够给制造业企业带来更高更稳定的利润。一般来说，随着产业间或企业间分工的进一步深化，在制造业企业的生产过程中，由于知识和技术更加复杂和专业化，市场的需求更加多元化，市场的不确定性越来越大，交易成本也会随之增加。在这样的市场环境中，制造业将对自身不具备比较优势的环节进行细分或者外包，让生产性服务业获得更大的发展空间④。一旦生产性服务业迅速发展，也会对相关制造产业产生反向的推进作用。制造业服务化可以促进现实经济的良性发展。

---

① WHITE, STOUGHTON, FENG. Servicizing: the quiet transition to extended product responsibility [J]. Tellus institute, 1999: 97.

② 安筱鹏. 推动“两化融合”的战略举措：从“生产型制造”到“服务型制造”[J]. 中国信息界，2009（4）：29-34.

③ GROSSMAN, ROSSI-HANSBERG. Trading tasks: a simple theory of offshoring [J]. The American economic review, 2008, 98 (5): 1978-1997.

④ 章润兰，刘明慧. 产业协同集聚、产业耦合协调与经济高质量发展：基于制造业与生产性服务业的实证分析 [J]. 商业研究，2022（6）：13-22.

Mathieu 等（2001）① 和 Brax（2005）② 都曾提出，对制造业企业而言，提供服务得到的收入比物品生产和销售带来的利润更大，能够迅速提高企业的绩效，也更有利于企业的可持续性发展。Oliva 和 Kallenberg（2003）提出，制造业企业提供的服务比实物产品的利润更高，“服务”是企业更稳定的收入来源③。Gebauer 和 Friedli（2005）提出，企业的服务系统是制造业企业高额利润的主要来源，提供服务获得的平均边际收益率，远远高于生产机器设备等产品的平均边际收益率，这是导致制造业企业出现服务化发展的一个关键影响因素④。张卫国（2014）认为，“用户支持服务”会直接影响制造业企业的收入和利润，而“产品支持服务”需要通过用户的行为间接对制造业企业的收入和利润产生影响⑤。解季非（2018）研究发现，如果服务市场基数越大，外部化的预期利润就会越高，服务的外部化倾向就越强⑥。

三、制造业服务化的影响因素

服务化转型是制造业企业实现从规模扩张向高质量发展跃升的关键路径，也是中国制造业突破 OEM 代工模式⑦、实现价值链攀升的初始路径。通过服务化转型，中国制造业将在全球产业分工中逐步迈进高端阶层。在服务化大潮中，并不是所有的企业都能获得成功，一些企业成功升级，一些企业则走入困境，那么，哪些因素会影响制造业的服务化转型？下面将从技术创新、人力资本、融资约束、行业发展水平、市场竞争程度、环保压力、行业自身特点、制造业企业规模八个方面进行分析。

（一）技术创新

“技术创新”最早是由奥地利学者熊彼特（1911）提出的，他认为技

---

① MATHIEU, VALERIE. Service strategies within the manufacturing sector: benefits, costs and partnership [J]. International journal of service industry management, 2001, 12 (5): 451-475.

② BRAX. A manufacturer becoming service provider: challenges and a paradox [J]. Managing service quality, 2005, 15 (2): 142-155.

③ OLIVA, KALLENBERG. Managing the transition from products to services [J]. International journal of service industry management, 2003, 14 (2): 160-172.

④ GEBAUER, FRIEDLI. Behavioral implications of the transition process from products to services [J]. Journal of business & industrial marketing, 2005, 20 (2): 70-78.

⑤ 张卫国. 浅析企业客户服务体系建设 [J]. 电子世界, 2014 (14): 297-298.

⑥ 解季非. 制造企业服务化路径选择研究 [J]. 中国管理科学, 2018, 26 (12): 138-148.

⑦ OEM 代工模式是指品牌企业将产品制造环节委托给第三方代工厂生产的商业模式。

术创新是对原有生产要素的重新组合，在改变原有生产模式的基础上最终形成新的经济系统。技术创新有助于企业形成竞争性资源、提高产品附加值，并且使产品拥有差异化优势，是企业重要的价值链活动①。大多数学者认为，技术创新将会从创新对象和企业活动两个方面对企业生产经营产生影响。企业通过技术创新增强自身核心竞争力是企业实现高质量发展的必然选择。一国经济的长期增长，最终取决于内生性技术进步和产业结构的升级。服务化是制造业企业产品创新的一种结果，并且通过这种新产品、新服务为企业带来更丰厚的经济利润。

学者们针对技术创新与制造业服务化的相互影响进行了广泛的研究。周杰、薛有志、李小玉（2017）在研究制造业服务化、技术创新产出与企业经营绩效的相互影响中发现，虽然制造业企业的技术水平对服务化转型有正向影响，但是制造业企业服务化却对技术创新产生反向作用②。李帅梅、姚远、卢玥（2019）在对 118 家制造业企业 2011—2017 年数据的研究中发现，制造业服务化转型会通过资本控制、市场需求和网络构建等途径，促进企业的技术创新，但服务化程度加深后反而对技术创新产生反向作用③。潘安、郝瑞雪、王迎（2020）在对 2000—2014 年 42 个国家制造业服务化对全球价值链分工地位影响的实证研究中发现，技术创新在劳动密集型、资本密集型和知识密集型制造业的服务化影响中均存在显著中介效应，其中对知识密集型制造业服务化的影响最为明显④。朱文兴、谢明珠、吴立珺（2018）在对制造业服务化的影响因素及驱动路径的研究中提出，处于价值链不同位置的服务化实现途径不同，价值链上游的服务化通过提升技术服务水平和完善研发创新体系来实现，价值链下游的服务化通过构建基于价值网的客户关系体系来实现⑤。

技术创新可以为促进制造业与服务业融合提供物质基础。在制造业服

① 周杰，薛有志，李小玉. 制造企业服务化转型价值效应研究：产业竞争程度的调节作用[J]. 科技进步与对策，2018（8）：70-75.

② 周杰，薛有志，李小玉. 制造企业服务化转型价值效应研究：产业竞争程度的调节作用[J]. 科技进步与对策，2018（8）：70-75.

③ 李帅梅，姚远，卢玥. 制造业服务化转型的技术创新效应[J]. 产业创新研究，2019（11）：48-51.

④ 潘安，郝瑞雪，王迎. 制造业服务化、技术创新与全球价值链分工地位 [J]. 中国科技论坛，2020（10）：104-113.

⑤ 朱文兴，谢明珠，吴立珺. 制造业服务化的影响因素及驱动路径研究 [J]. 江西理工大学学报，2018（12）：44-50.

务化过程中，通过融入高端的服务要素，可以促进制造业企业的转型升级。制造业服务化是对传统经营模式的重新塑造，这种塑造依赖于那些嵌入价值链中的“活动”行为，即技术创新。因此，技术创新是影响制造业服务化转型的重要因素。

（二）人力资本

人力资源是指能够推动整个经济和社会发展、具有劳动能力的人口总和，它是投入生产活动要素中最宝贵的资源。张国强、温军、汤向俊（2011）在研究中国人力资本、人力资本结构与产业结构升级关系中发现，如果其他条件不变，人力资本每增加1%，技术将进步0.834%，表明增加人力资本投入是提高投入产出效率和推动经济发展至关重要的途径①。

制造业服务化需要制造业企业在生产过程中增加技术、知识、信息等服务要素投入，而这些都与人力资源密切相关。黄群慧、霍景东（2014）通过实证分析发现，制造业高技能劳动投入比例越高，就越倾向于生产产品，制造业服务化系数相对较低；服务业从业人员占比越高，对制造业服务化有负面影响的概率越大②。梁敬东和霍景东（2017）认为，人力资本水平与制造业服务化系数呈正相关关系③。曹若楠（2018）在人力资源对制造业服务化影响研究中发现，高技能劳动占比与制造业服务化水平两者呈正相关关系，表明人力资本与制造业服务化水平密切相关，提高人力资本质量会使制造业服务化水平先大幅上升，再进入相对稳定状态。

不少学者的研究认为，人力资源对制造业服务化产生两种影响：一种是增加人力资本的投入可以促进制造业服务化的发展；另一种与之相反，认为制造业人力资本水平提高后制造业将会倾向于制造产品，减少服务化④。虽然人力资本对制造业服务化的影响有两面性，但总的来说，技术革新是制造业服务化的内在发展因素，人力资本不但是新技术的创造者，还可以成为新技术的传播者，是制造业服务化转型中的重要影响因素。

（三）融资约束

融资约束是指当企业主体在经营过程中面临投资机会时，由于自有资

---

① 张国强，温军，汤向俊. 中国人力资本、人力资本结构与产业结构升级［J］. 中国人口·资源与环境，2011（10）：138-146.

② 黄群慧，霍景东. 全球制造业服务化水平及其影响因素：基于国际投入产出数据的实证分析［J］. 经济管理，2014（1）：1-11.

③ 梁敬东，霍景东. 影响制造业服务因素：理论、实证与建议［J］. 财会学习，2017.2：1-6.

④ 曹若楠. 人力资本对制造业服务化的影响研究［D］. 太原：山西财经大学，2018.

金不足而不得不寻求外源融资时遭遇的融资困境状态。企业投资资金的筹集渠道分为内源融资和外源融资。其中，内源融资是通过企业内部保留利润实现，外源融资则是通过债务融资和股权融资筹集资金。

顾乃华、胡晓丹、胡品平（2018）对融资约束、市场结构与制造业服务化的研究发现，高技术行业发展高端服务化更容易受融资约束影响。在市场竞争强化的条件下，外部融资约束对制造业服务化的影响较大，内部融资约束对制造业服务化的影响较小，外部融资约束将极大地限制制造业创新能力的提高①。

资本是技术创新的内在动力，制造业要实现价值链的延伸，需要更多人力资本、研发设计、信息技术、营销管理、售后维护等优质服务要素的投入，而且由于服务化转型是一个长期的过程，需要大量且持续的资金投入，获得资金支持是企业能够进行制造业服务化的重要条件。

（四）行业发展水平

制造业服务化是将制造业企业价值链由以制造为中心向以服务为中心转变。随着服务化进程的推进，在产品整体附加值构成中，服务环节的价值占比将不断提升，而制造环节的贡献度则呈现下降趋势。高端制造业如汽车产业，在成熟阶段，其单纯的汽车制造投资回报率一般不到5%，而围绕汽车进行服务投资的回报率却高达10%，为获取更高的附加值，高端制造业需要延伸产业价值链，从而进一步研发与产品匹配的高端服务。而以资源消耗、廉价劳动力和巨大市场为主的低端制造业，由于其主要从事加工组装环节，处于产业链低端，因此企业提供的生产服务多以批发零售、运输仓储等低端服务为主。制造业整体发展水平也是影响制造业服务化转型的因素之一。

（五）市场竞争程度

在市场竞争激烈的情况下，迫于外在的压力，制造业企业为了减小竞争压力，在竞争中具有优势，企业服务化转型是一种重要手段。制造业企业通过投入更多的服务要素，如通信服务、金融服务、保险服务、其他商业服务等，可以提高企业的营利能力。此外，制造业企业通过为顾客提供销售全过程个性化、多元化的服务，如购买融资、运输、安装、修理、维护等，可以在同质化的产品中脱颖而出，与顾客建立长期良好的关系，提

① 顾乃华，胡晓丹，胡品平. 融资约束、市场结构与制造业服务化 [J]. 北京工商大学学报（社会科学版），2018（9）：11-22.

高顾客的忠诚度与满意度，获取竞争优势①。因此，市场竞争程度将影响制造业企业服务化转型的意愿与强度，竞争越激烈，制造业企业服务化转型的积极性就越高。

（六）环保压力

随着人们对资源枯竭和环境污染问题的关注度越来越高，作为资源使用和污染大户的制造业面临着巨大的压力。制造业服务化可以带来包括提高产品寿命、减少物料与能源消耗、便于回收利用等有利于环境保护的好处。许多学者对制造业服务化环境影响的理论进行了梳理。梁敬东和霍景东（2017）利用1995—2009年主要制造业国家的投入产出数据，实证检验了其对单位产出二氧化碳排放量的影响，得出了制造业服务化有利于节能减排的结论②。葛美瑜（2019）利用世界投入产出数据库测算制造业投入服务化水平，通过对40个国家制造业投入服务化水平对碳排放的影响进行分析，测算出碳排放与制造业投入服务化呈倒“U”形③。许冬兰和郭宇钦（2022）基于2000—2014年中国17个制造业的面板数据，分析出制造业服务化具有显著的绿色全要素生产率增长效应和绿色发展效应，认为环保压力与可持续发展需求迫使企业实施服务化转型④。

传统的制造业主要靠消耗油气、矿石、土地、森林等自然资源进行生产，在资源、能源日趋匮乏的趋势下，企业可以通过投入知识资本以及专业化的人力资本和技术资本进行生产，向客户提供“改短服务”⑤，从而降低企业的资源与能源消耗，扭转环境污染日趋严重、资源能源供求紧张的局面。在环保压力下，对资源、能源依赖较强的企业更需要进行服务化转型。

（七）行业自身特点

各制造业细分领域均存在显著的差异化特征，对服务化转型的需求也

---

① 王小波，李婧雯. 中国制造业服务化水平及影响因素分析［J］. 湘潭大学学报（哲学社会科学版），2016（9）：53-60.

② 梁敬东，霍景东. 制造业服务化与经济转型：机理与实证［J］. 首都经济贸易大学学报，2017(3)：65-72.

③ 葛美瑜. 制造业投入服务化对碳减排的溢出效应研究［J］. 环境科学与管理，2019（12）：21-25.

④ 许冬兰，郭宇钦. 制造业服务化的绿色发展效应研究［J］. 青岛科技大学学报（哲学社会科学版），2022（6）：33-42.

⑤ “改短服务”是指通过优化服务流程缩短交付周期或简化服务内容。

不同。高新技术行业的产品具有技术性强、结构复杂、零件多样等特点，单纯销售是不能满足客户需要的，为提高客户的满意度，企业必须向客户提供相关操作技术、维护、培训等服务。制造商的服务水平与客户的购买意愿呈显著正相关，这类型的制造业更注重售后服务，服务化更多体现在下游。白色家电、电子信息消费品以及衣饰家具等行业从生产加工向材料供应、研发设计、品牌建设、管理服务、营销推广等环节延伸，帮助制造业企业摆脱对资源、能源等要素的投入，这类型的制造业更注重售前服务，服务化更多体现在上游，旨在为客户提供个性化、专业化的服务。

（八）制造业企业规模

企业规模反映了生产要素（劳动力、生产资料、劳动对象）及产出的集中程度，其决定因素包括技术水平、盈利能力、运营效率以及交易成本、信息成本和管理成本等综合要素。规模经济效应主要体现在：通过专业化分工提升劳动生产率，摊薄固定成本以降低单位产品成本，实现大型设备的集约化应用和能效优化，从而增强企业的整体经济效益。因此，企业规模越大，其在竞争中就越具有优势。

制造业企业服务化主要依靠核心技术研发专业化、个性化的服务，因此核心技术对于服务化转型至关重要，但要掌握核心技术还需要大量资金投入。此外，制造业企业开展新兴服务业务需要大量的资金投入，短期内无法收回成本，这就导致企业将会面临市场、技术开发、经营等不确定性带来的风险。抗风险能力与企业规模存在同向变动关系，因此企业规模对制造业服务化的转型具有一定影响。一般而言，大型企业凭借规模优势更易获得资本青睐，其单位人力与技术投入成本相对较低，这种资源集聚效应显著提升了抗风险能力，特别是在服务化转型过程中。

为验证以上观点，本书通过对制造业企业发放问卷的方式，调查影响制造业企业服务化转型的因素。根据问卷统计结果发现，技术创新水平、人力资本和外部资金支持是影响制造业企业服务化转型的主要因素（见图 1-1）。

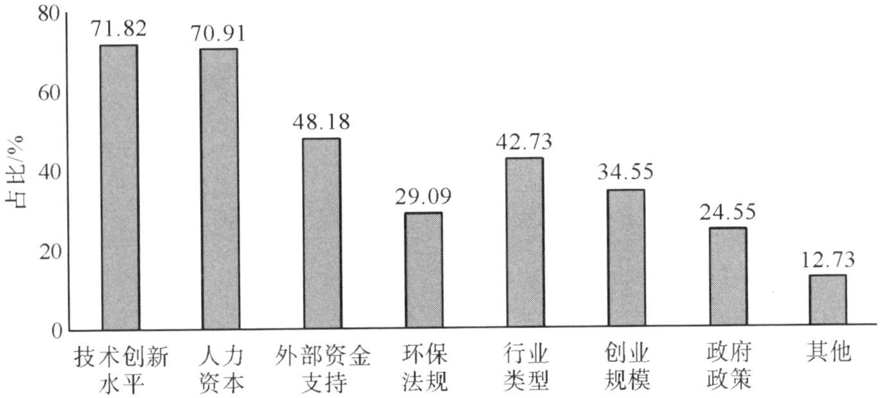

图 1-1　影响制造业企业服务化转型的因素

第三节　制造业服务化的理论依据

在工业经济向智能化经济迈进的背景下，已有学者考虑到分工细化对制造业发展的影响，进而推定服务化从深度、广度和维度拓展等方面对制造业产业升级的重大作用。然而，在制造业分工过程的发展中，交易成本不断增加，服务化程度的内在动力不足；同时，制造业服务化的规模效应在制造业产业升级中得到初步体现，还需我们进一步探究。鉴于上述原因，本节从社会分工理论、交易成本理论、规模经济理论、价值链理论、创新驱动理论、竞争优势理论多个角度梳理制造业服务化的理论依据就显得尤为重要。

一、社会分工理论

随着社会分工的持续细化和产业结构的深度调整，产品的专业化水平显著提升，推动生产性服务业从传统制造业中加速剥离并形成独立业态，进而催生了全球价值链中的“服务化”转型趋势。这不仅降低了制造业企业的内部成本，促进规模效应的产生，还提高了企业的劳动生产率和国际竞争力。可以认为，地区经济进步与发展带动制造业服务化，这是产业分工的必然结果。

（一）分工的源起

为什么要分工，其对产业升级和发展的作用如何？亚当·斯密（1776）在《国富论》中首次提出“分工”的观点，这也是分工的源起。斯密认为，“分工”主要就是“劳动分工”，通过分工的发展，可以提高劳动生产率和国民财富①。马克思（1884）提出分工可以分为“自然分工”和“社会分工”，并认为专业化分工的发展是经济发展和生产方式改革的核心特征②。马歇尔（1890）在《经济学原理》中提出，分工可以通过外部的产业集聚和内部的标准化生产实现报酬递增，进而促进组织的改进和经济的进步③。在这之后，阿林·杨格（1928）深入挖掘斯密定理，并在此基础上提出“杨格定理”，认为分工取决于市场规模，市场规模又取决于购买力，即生产的数量，也就是分工的水平④。熊彼特（1934）提出，分工的本质在于创新，要求企业实现产品创新、生产方式创新、市场创新、供给来源创新、组织形式创新⑤。

（二）专业化分工促进制造业服务化发展

专业化程度的提高，有助于完善制造业服务化的市场供给机制。以亚当·斯密为代表的学者们在分析区域比较优势时，常常笃定劳动效率的提升和地区比较优势差距的不断扩大，是专业化程度日渐提高的结果⑥。以阿林·杨格为代表的学者们进一步指出专业分工平衡了资源分配过程中的人力资本的配合和协调的关系，是改善劳动力价值创造和资源优化之间合理配比的重要运行方式，是实现社会经济持续发展和产业升级的基础⑦。

制造业服务化正是适应了社会分工不断深化这一趋势，从链条无缝衔接到延伸，最大限度地创造了现有稀缺资源带来的社会财富的可实现空间。交易市场不断开放、交易信息日益完善、市场规则逐渐公平合理等外部条件的改善，推动制造业服务化进程快速向智能化迈进。此外，随着全球价值链分工的深化和专业化水平的持续提升，国际市场需求多元化趋势

---

① 赵宏中. 国富论（导读版）[M]. 武汉：华中科技大学出版社，2013.

② 陶鹏. 马克思分工理论研究 [D]. 哈尔滨：黑龙江省社会科学院，2011.

③ 马歇尔. 经济学原理 [M]. 朱志泰，译. 北京：商务印书馆，2019.

④ 贾根良. 杨格定理与经济发展理论 [J]. 经济社会体制比较，1996（2）：58-60.

⑤ 熊彼特. 熊彼特经济学 [M]. 李慧泉，译. 北京：台海出版社，2018.

⑥ 王瑶. 斯密定理和规模经济：试论马歇尔冲突是一伪命题 [J]. 经济学动态，2011（5）：145-150.

⑦ 贾根良. 杨格定理与经济发展理论 [J]. 经济社会体制比较，1996（2）：58-60.

加速显现，正成为驱动制造业向服务化转型的核心动能。

随着制造业服务化的不断深化和演进，制造业企业从同质性模仿到异质性创新不断进行发展和变化。在资源短缺性和环境改变不确定性的双重影响下，制造业企业不仅要在以价值链缔结为纽带的现代化产业体系中寻找服务延伸和附加带来的新价值创造的端倪，更需要考虑个体行为在内外部竞争中如何达成个体利益和企业总体利益之间的最优均衡路径。为此，分工协作演化和分工竞争布局成为制造业企业推进制造业服务化策略的基础性依据。和传统分工依据有所区别的是，当前的智能化手段和便利化服务理念，成为制造业服务化进一步拓展价值的外在动力，成就了制造业服务化的演进趋势。

二、交易成本理论

（一）交易成本的提出

科斯（1937）在《企业的性质》中首次提出“交易成本”的概念，认为企业规模的增长可以节约市场交易费用，但同时又提高了企业内部的协调成本，只有当两者达到平衡时，企业才会停止扩张，由此开创了规模经济研究的新领域。杨小凯（1988）在《基于专业化递增报酬的分工理论》中对专业化和分工进行了对比分析，认为专业化分工带来了边际报酬递增与交易费用同步增长①。杨小凯和黄有光（1999）运用超边际分析法解决了分工与交易费用之间的“两难冲突”，提出制度安排可以形成有效率的专业化分工②。诺思（2008）进一步指出，从信息的易得性以及转移成本的节约角度分析，企业更加倾向于自我功能的不断增强，市场则更强调功能转移过程中的费用降低程度③。因此，随着现代经济技术水平的不断提高，企业内生性创新驱动与精益化运营正加速重构产业竞争格局。

（二）市场交易促进制造业服务化发展

随着市场服务化功能需求的逐步扩大，市场交易能力逐步提升，制造业服务化得以迅速发展。制造业服务化是企业追求最大利益和市场自然选

---

① 杨小凯. 基于专业化递增报酬的分工理论：一种微观经济学方法［M］. 北京：社会科学文献出版社，1988.

② 杨小凯，黄有光. 专业化与经济组织：一种新兴古典微观经济学框架［M］. 北京：经济科学出版社，1999.

③ 诺思. 制度、制度变迁与经济绩效［M］. 杭行，译. 上海：格致出版社，上海人民出版社，2008.

择的不断博弈的结果。在制造业服务化的过程中，企业既得利益和企业在市场上通过利益交换获得的利益进行比较，是企业执行制造业服务化策略的基本决策依据。据此，市场演化的发展和纵深需求的推进会影响企业服务化的程度，制造业企业会依照市场环境和企业自身的竞争策略，做出适当的调整和选择。制造业服务化一方面显示出企业自我潜能发掘的内在需求，以不断减少边际生产费用；另一方面则通过价值功能的不断完善，提高产品的附加值，在分工细化中寻找相对垄断利润的长期获取途径。

（三）制造业服务化有利于降低交易成本

通过制造业服务化，企业可以改善市场交易环境，提高市场信息化程度，促进交易效率的提升，降低自身的生产成本和交易成本，提升生产运营效率。制造业服务化是实现制造业产品生产过程和产品价值增值的共同需求与供给的作用结果，有助于实现企业在技术驱动下的价值延伸。一方面，市场上供给方通过功能开拓和服务升级引致消费者需求快速实现；另一方面，在成本未能显著降低的情况下，制造业服务化的质量和深度将有所欠缺，规模效应的实现将有赖于技术的不断提升和内外部环境的不断协调。

在全球价值链重构与产业边界融合的背景下，制造业企业亟须构建全球化竞争新范式：一方面，通过优化中间产品与终端产品的价值增值体系，建立动态化的全球价值分配机制；另一方面，以技术协同创新为纽带，系统推进硬技术攻关与软实力培育的双向赋能。在此过程中，深度挖掘中间产品的价值，构建模块化知识积累体系，将成为驱动制造业持续突破创新的战略支点。

三、规模经济理论

规模经济反映了企业规模与生产成本之间的关系。在现代经济发展演化中，规模经济理论对制造业服务化产生了推进作用。在规模经济下，制造业服务化的生产优势和分工效率得到了迅速提升。

（一）规模经济理论初探

亚当·斯密（1776）认为，规模经济的产生是分工和劳动的结果，劳动的熟练运用和相关技巧都会影响企业的规模①。马歇尔（1890）提出，

① 陈昕. 历史的“坐标”、经济的动力：试论从亚当·斯密到马克思分工思想的形成发展及其意义［J］. 中共太原市委党校学报，2020（5）：12-15.

大规模生产能够产生大量的工业利益，促进专门机构的产生与发展，进一步区分了技术、采购、管理、销售、经营等各个部门①。张伯伦（1933）的《垄断竞争理论》② 和罗宾逊（1933）的《不完全竞争经济学》③ 都曾提出“不完全竞争”的思想，认为现实的市场既非完全竞争也非完全垄断，而是完全竞争和完全垄断的混合，是这两种极端市场模式之间的一种“垄断竞争”状态。莱宾斯坦（1966）在《效率配置与 X 效率》中提出 X-非效率带来的“大企业病”，是企业发展规模经济的内在制约④。斯蒂格勒（1968）认为，需求和成本共同决定了厂商规模，并特意提出进入壁垒是一种生产成本，这种成本将由潜在的进入者承担，在位者不必承担，进入壁垒对厂商的规模有重要影响⑤。伊特韦尔（1996）提出，规模经济是指在技术条件不变的情况下生产一单位产品的平均成本递减⑥。

（二）规模经济发展推进制造业服务化

规模经济产生的源泉是分工深化，制造业服务化以规模经济为基础，因此分工深化与制造业服务化以企业规模经济作为实现的媒介。

第一，分工收益积累和规模经济效应，有助于制造业服务化的实现，主要表现为：制造业价值链不断拓展；附加服务在价值创造中不断深化和多元化；生产要素之间的融合程度加强；界限逐渐模糊并出现不可区分性的特征。通过和商业活动、物流交通以及智能服务的有效结合，制造业服务化产生的效益远远超过单个企业在市场上因制造业服务化的价值赋予而带来的个体利益的增加。由此可见，通过现代互联网自然市场和区域效率叠加引起的新价值确认，形成新时代规模经济总体扩展的新优势⑦。

第二，专业分工通过提升经营效率驱动企业规模演化。专业分工水平的市场化演进过程，逐步影响着制造业服务化的规模程度，进而改变了制造业服务化的演化趋势和进步的效率⑧。从目前企业制造业服务化发展趋

---

① 程晨. 阿尔弗雷德·马歇尔的经济演化思想研究［D］. 杭州：浙江大学，2022.

② 张伯伦. 垄断竞争理论［M］. 北京：华夏出版社，2013.

③ 李斯特. 政治经济学的国民体系［M］. 北京：华夏出版社，2013.

④ 喻小明. X 效率理论与企业 X 效率审计［J］. 当代财经，2008（1）：113-117.

⑤ 李太勇. 进入壁垒理论评述［J］. 经济学动态，1998（12）：62-66.

⑥ 伊特韦尔. 新帕尔格雷夫经济学大辞典［M］. 陈岱孙，译. 北京：经济科学出版社，1996.

⑦ 叶晓怡. 制造业服务化对我国制造业全要素生产率的影响研究［D］. 杭州：浙江财经大学，2020.

⑧ 谭亭亭. 专业分工与养殖规模演进［D］. 杭州：浙江大学，2017.

势和技术、服务的融合度分析，专业分工在传统企业和现代技术、服务的逐步细化与交互方面起到了重要的引领作用，专业分工在经济关系的逐步推进中决定了企业和相关行业演化的规模和演化的效率①。

第三，市场规模与分工深化密不可分，市场规模反作用于分工深化。随着制造业和企业自身技术能力与市场甄别能力的持续提升，基于智能技术的资源共享模式显著优化了要素配置效率。这一进程降低了传统生产对特定要素禀赋的依赖，推动市场分工向纵深发展，并加速了制造业服务化转型，使个性化定制成为产业演进的重要方向。

（三）制造业服务化提升企业生产效率

在规模经济下，制造业服务化更偏重于迂回生产，且通过将制造业功能的细分，逐步实现生产效率的提升，进而逐步改善制造业服务化的质量。申亮（2015）提出，可以从经济系统的动态演化过程分析迂回生产对制造业服务化效率提升的作用，并进一步说明了迂回生产需结合外部环境和内部制度进行综合设计的必要性②。

规模经济效应直接促使企业优化生产工序的选择、精炼与系统配置，这种基于规模效率的工序重构，持续推动着后工业时代制造业服务化功能的演进与完善。和直接生产产品的方式相比，迂回生产方式更偏好于从产品精细化、全面化等环节，关注工具的专业性对产品质量提升的作用。

从产业演进逻辑来看，生产环节的细化打磨通过提升生产迂回程度，显著增加了产品价值，同时提升劳动生产效率③。由于迂回生产增加了产品生成的过程和价值增值环节，增加了企业必要劳动的关键提质过程和技术完善流程，因此大幅度提高了制造业服务化的链条价值，进而对整个制造业整体效率的提升做出了重要贡献。

四、价值链理论

由于制造业企业的竞争环境和消费环境发生变化，传统简单的实体产品已经越来越难以满足消费者的需求，产业链的价值重心逐渐转向高价值服务环节，从而加速制造业向服务化方向转型。

---

① 王建军. 分工和产业组织演进与优化的经济学分析［D］. 上海：复旦大学，2007.

② 申亮. 制造业与物流业联动发展的经济机理及影响因素研究［D］. 西安：长安大学，2015.

③ 王盛. 分工、协调和产业组织形式演化［D］. 上海：复旦大学，2007.

（一）波特的价值链分析模型

以迈克尔·波特等为代表的学者们充分考虑了企业生产经营活动带来的产品总体价值，以及附着于产品上或者独立于产品但通过对产品功能和满足用户个性需求产生的价值增值[①]。波特（1985）所描述的“价值链”概念，是制造业服务化形成的新价值活动的直接体现。他认为，价值链的实质是价值形成环节中，不同对象和工艺过程按照产品设计的思路逐步开展的价值逻辑的展开与实现过程。以制造业服务化为工具的价值链理论，具有以下三方面内容：

1. 价值增值和企业竞争优势与不断创新活动有关

价值增值主要表现在企业生产经营活动能够在原有基础上创造出新的满足用户的功能和延伸服务。就当前制造业服务化工具而言，其可以帮助企业对现有产品的外观设计、功能细化和质量性能等方面进行不断发掘与革新，以便形成以企业集团或者战略联盟为基础的价值最大化的持续开发和探索。和传统的经营活动相同，价值增值需要企业依据价值空间和实现概率以及成本效益原则进行取舍，对技术能力尚待提升且市场前景不够明朗的增值服务会暂缓投入。

2. 制造业服务化价值链形成的主要经济活动更侧重于非传统的部分

现有的传统经济活动包括企业的材料和半成品内部流转、产品生产、产品销售、物流运输和售后服务等活动。这些传统的经济活动，是产品价值增值的显性方式，随着服务化价值增值的内容和范围的逐步增加，辅助性活动成为制造业价值链形成的关键部分。当前的辅助性活动主要包括设计活动、研发过程、具有开发创新能力的人力资源活动，以及对制造业服务化产生增值影响的设备和其他设施。

3. 制造业服务化价值链体系是综合且协同的

制造业服务化的核心目标在于通过整合企业现有技术资源、优化治理机制并依托产业竞争位势，系统性地重构价值创造路径，从而充分释放企业的潜在价值空间。因此，基于价值链分析框架，企业应系统识别研发、生产、供应链等关键环节的价值增值节点，通过资源配置优化和流程再造，构建具有持续性和韧性的价值创造机制。实证研究证明，单一价值增值环节的优化存在边际效益递减规律，企业必须通过建立配套支持体系

---

① 艾华. 基于价值链理论的四川电信ICT策略研究［D］. 成都：西南财经大学，2011.

（如数字化平台、服务生态系统等）来维持价值创造的可持续性。因此，在制造业服务化转型中，企业必须构建研发、生产、服务等环节的协同创新机制，通过系统集成实现价值链各节点的耦合效应，从而提升价值增值的综合水平。

（二）施振荣的“微笑曲线”学说

宏碁集团创办人施振荣（1992）提出“再造宏碁”的“微笑曲线”学说，并在此基础上提出“产业微笑曲线”①。“微笑曲线”也叫作“附加值曲线”，它以价值链为基础，对企业生产各个环节的附加值进行分析。服务业涉及制造业生产中的整个环节，制造业服务化带来全球价值链分工，会产生下游产业链服务化、上游产业链服务化以及同时拓展价值链的上、下游三种形式②。“微笑曲线”把制造业生产各个环节划分为七个部分，每个部分的附加值都不同，其中技术创新和研发设计位于价值链的上游，附加值较高；零件生产和装配加工位于价值链的中游，附加值较低；销售宣传、售后服务、品牌运营位于价值链的下游，附加值较高（见图 1-2）。

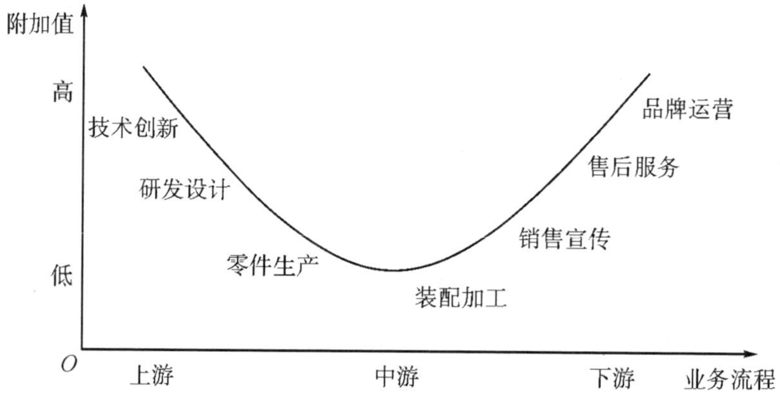

图 1-2 “微笑曲线”

从“微笑曲线”的图形不难发现，附加值最低的就是中游的零件生产与装配加工环节，这也说明传统的制造环节能够获取的价值增值非常有

① 盖心雨. 制造业服务化、数字经济与企业绩效［D］. 太原：山西财经大学，2022.

② CHU MIN CHANG，HE QIANG. Research on the integration development of manufacturing industry and the new generation of information technology industry in Liaoning Province［J］. Journal of Liaoning University of Technology（Natural Science），2021（4）：261-263，268.

限。也就是说，只有在传统的制造业中加入高附加值的研发设计、技术创新等，才能拓展整个制作产业的盈利空间，让制造业得到更大的增值。因此，为了实现制造业的长效性健康发展，产业价值链就必须向“微笑曲线”上产业附加值最高的两端攀升和扩张。

五、创新驱动理论

（一）创新驱动制造业服务化的基础理论

创新理论始于约瑟夫·熊彼特在其著作《经济发展理论》中提出的“创新”概念，由此揭开了企业以工艺和产品为基础的革新浪潮。随后，Gadrey（1995）等学者进一步以服务的对象存在异质性特征为依据，提出服务驱动创新的本质在于针对现有服务对象需求做出的技术创新、能力、人力成本和组织之间差异化、区别化的安排等[①]。具体而言，服务驱动创新的直接表现形式是满足用户个性化需要的产品和服务。在这之后，Tidd和Hull（2003）阐明了服务创新驱动的新内涵，即为用户寻找新的价值增值途径，应更加注重服务质量和服务化对用户需求的满足程度[②]。姚战琪（2023）进一步指出，制造业服务化包括技术创新、用户定制化服务和更加个性化的售后服务等形式[③]。随着制造业服务化逐步成熟，学者们更加笃定，服务化的创新形式应该不断延展，不仅要涵盖服务质量和服务内容，还应考虑组织对市场拓展和新市场开发的能力。

（二）制造业服务化的技术创新效应

制造业服务化的技术创新表现为知识积累和市场规模化的不断延展。知识积累是实现低层次的产业发展到产业逐步升级的过程演化，而市场规模的不断扩展则显示出技术在市场化背景下的全球传播和价值扩张。发展中国家制造业服务化程度相对较低，要想在全球制造业中获得一席之地，需要在借鉴欧美等发达国家产品研发和技术创新等基础上，提升投入-产出效率，进而在技术创新的思想指引下，将产品成本降至最低。

（三）制造业服务化的技术溢出效应

技术创新需要通过互联协作与动态互动机制，才能最大限度地验证其

---

① GADREY, ALLOUJ, WEOMSTEOM. New modes of innovation: how services benefit industry [J]. International journal of serviceindustry management, 1995 (3): 4-16.

② TIDD, HULL. Service innovation: organiza-tional responses to technological opportunities and market imperatives [M]. London: Imperial College Press, 2003.

③ 姚战琪. 服务贸易创新发展试点政策能否促进绿色创新［J］. 改革，2023（3）：91-107.

价值扩展效应。服务化对创新驱动的过程主要体现在三方面：第一，企业自身利益最优追求过程中的创新内容的不断扩大，即通过服务化水平的提升进一步建立企业和用户之间的纽带关系，进而提高企业技术附加值和产品附加值。第二，服务化水平取决于企业和用户之间的利益关系，即企业可以通过满足用户需求，实现企业价值，持续增长目标，扩大企业市场势力，增强其获利能力。第三，服务化创新驱动对企业组织形式的发展和创新也具有积极影响。服务化对用户个性化需求的满足促进了组织形式的不断演化和发展。即通过满足用户体验舒适度和自我价值的实现，调整现有的企业组织形式，保持企业创新能力的不断增强。

六、竞争优势理论

服务化策略不仅是企业创新驱动的基础，更是企业获得市场优势的重要手段。为此，学者们认为，树立竞争优势、实现企业因在市场上服务化发展和演化带来的定价优势，也是制造业服务化的主导因素之一。

和服务化策略相关的竞争优势理论，综合了管理学、经济学、市场营销学等诸多理论和实践成果。现有的研究认为，企业通过集聚内部运营优势和认知外部环境优势来获得有别于其他组织的核心竞争力，以至于在行业内或者特定市场区域形成企业的特有优势①。展开来说，对于内部运营优势而言，就是如何依据企业的优势资源和特定要素获取优于对手的竞争能力；对于外部环境而言，就是要根据现有的市场环境、社会经济环境获取在特定时间、空间范围内可以优于竞争对手的用户关系和资源配置形成的满足用户需求的附加值服务或者产品。

竞争优势理论更加强调成本优势和战略定位的差异对建立企业优势的影响。由此可知，那些定位于自身优势和对外部环境有清晰认知的企业，更易通过服务化策略加快利益的获取频率，拉大与其他企业之间的竞争差距。随着制造业技术和管理能力的不断发展，普拉哈拉德和哈默尔（1990）开始关注组织效率和内部技术能力在竞争优势形成中的重要作用，他们一方面强调企业内部组织资源和内部控制资源的重要性，另一方面又提出内部学习能力对资源优化配置的重要影响。制造业企业要在行业中建立服务优势，需要双轮驱动：对内强化核心竞争力建设，对外动态适应市场环境变化。

---

① 宗艺. 制造业服务化对碳排放的影响［D］. 杭州：浙江大学，2023.

第四节　制造业服务化的发展历程

从制造业服务化的发展历程（见图 1-3）来看，其主要经历了三个阶段，即初始阶段、发展阶段和成熟阶段。

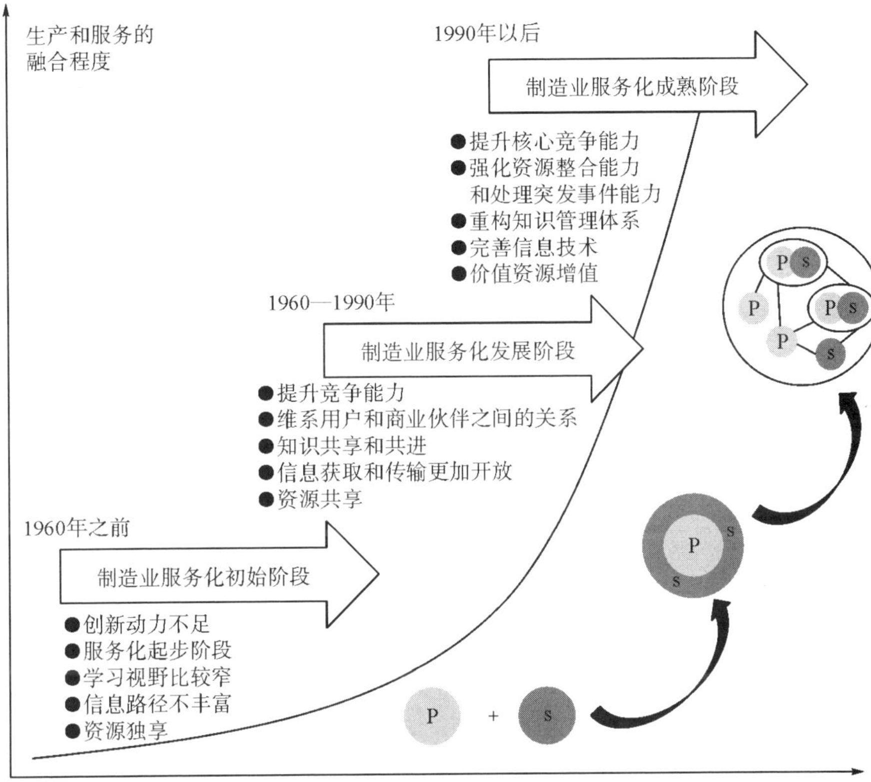

图 1-3　制造业服务化的发展历程

一、制造业服务化的初始阶段

在工业化中后期，制造业企业技术水平有了较大的提升，但是和用户群之间的互动关系尚不密切，产品的统一化、规模化生产在该阶段仍然占据主导地位。此时，制造业领域仍普遍存在工业产品卖方市场主导的现象，因此企业主动服务的意识并未真正体现。由于制造业企业将企业价值增值的重点放置于产品的周转速度和市场占有方面，服务化导向仍不清晰，制造业服务化处于起步阶段，具体表现在以下五个方面：

第一，创新动力相对不足，以数量和产品质量作为企业技术开发的重点。相应地，企业将焦点集中于同质产品质量保证的技术创新和技术改进方面，以及异质产品的成本降低和数量增加方面。此时，服务化程度较低，主要形式为产品基本功能的使用和调试等。然而，上述附加业务不是企业价值增值的重点。

第二，在服务化起步的初始过程中，企业更在意内部挖掘和技术能力的全面提升。在产品质量至上和降低成本以提升产量的指导思想下，为强化企业的竞争优势，提高现有条件下的产品附加值，企业更偏向于将服务化内容集中于技术进步和创新方面，并没有从产品形成的全方位过程去考虑服务化质量和服务化水平。此时，企业因产品相对畅销也未投入更多的精力和资金在销售环节，企业销售方式和销售策略相对单一。

第三，学习视野较窄，企业局限于模仿创新，自主创新需求不足。企业以价值增值和价值创造为目的，导致了其在分析当前形势后，在基于成本效益的原则下，通过引入外来创新技术获取交易技术后，加以模仿和改进，能够节省成本，快速挖掘自身价值增值潜力。因此，此时的企业革新更倾向于在现有基础上的改进和创新。

第四，实现服务化增值的信息路径还不丰富。企业在开展服务化探索过程中需要全面了解市场信息和一些宏观经济政策的变化及调整。在服务化初始阶段，用户资料可以通过企业在市场的交换行为中获取，并在与市场上其他企业之间的合作和交往中获取行业技术、管理经验及相关知识等。企业由此在信息全面分析的基础上，进一步加快资源整合，获取竞争优势和价值链结构的建构。

第五，资源独享。在服务化初始阶段，企业治理结构还较为松散，企业部门间的联系不够紧密。职能部门之间的配合度不高，因而服务效率较为低下。此时，企业尚不具备价值链的完整结构，资源使用和分配还停留在部门利益维护阶段，因而需要从企业服务化和企业总体目标之间的平衡入手，发掘企业服务化价值，提升企业服务水平。

二、制造业服务化的发展阶段

制造业创新技术的不断发展，使得市场上产品种类和数量逐步多元化，卖方市场已经演变为买方市场，用户成为决定市场利益分割的主导方。寻找新的产业价值链以实现企业价值增值的最佳路径，成为本阶段服务化发展的重要原因。和上一阶段相比，本阶段企业已经考虑以创新加快企业服务化的步伐，将简单的售后咨询业务扩展为主动依据用户需求开展服务内容，并营造用户满意的企业形象。此阶段的服务化内容日渐细致和人性化，具体表现在以下五个方面：

第一，服务化发展成为企业提升竞争能力的重要手段。由于市场已经转变为买方市场，企业获取资源的难度不断增加。现有社会和经济环境的明显改善，使得企业即便在行业中占据一定优势地位，如果服务质量不能有效提升，服务创新未能达到用户需求，依然难以维持企业的竞争优势。因此，如何塑造企业在新形势下的核心竞争力，以获得稳定的用户资源，进而增加企业价值，成为本阶段服务化的关注重点。

第二，服务化发展的重点是维系用户和商业伙伴之间的关系。此阶段的买方市场环境要求企业需要加强与用户和商业伙伴的关系，以不断发掘新的价值增值环节。从企业产品成本的节约，到新技术达成后的生产效率改善与产品性能提升，企业服务化发展需要借助新技术、新知识和新资源不断提升价值链的形成效率和周转能力。因此，从企业内部人财物与其他企业之间进行交流和共享，成为服务化发展的重要内容之一。知识、技术和信息的共享与协同，不仅加强了企业与其商业伙伴和用户之间的利益连接，更重要的是获取了社会与经济价值链的延伸和优化，有助于增加社会总体财富。

第三，知识共享和共进成为服务发展阶段的重要变化。随着网络技术在社会生活中的运用比重不断加大，不同企业之间的联系不断加强，企业之间技术共享和新知识的传播速度不断加快。不论是企业合作伙伴或者是竞争对手之间的互相学习还是企业自我内部的学习，都变得更加容易且更加可信。服务化发展阶段更加在意激励性创新和交叉性知识储备的作用，在价值挖掘和价值实现方面则更加在意良性竞争的相互促进作用，因而企业的资源显性与隐性共享成为服务化发展新趋势。

第四，信息获取和传输更加开放。随着人际网络关系的不断加强和优化，以及互联网技术水平的不断提升，在服务化发展阶段，企业学习能力随着信息获取的可靠性和效率改善，将变得更加强大。此阶段明显的变化在于，企业自身信息和其他群体的信息更加公开且能够快速检验真伪，由此企业可便捷地收集和整理出有利于企业价值增值的各种信息，并适时调整其战略决策和战略重点。

第五，以资源整合和优化为基础的资源共享已成为服务化阶段的新趋势。和上一阶段相比，企业不再控制自身资源，而是依据其未来发展方向，以产品及服务价值链的轨迹分享资源和交换资源：一方面，和以价值链为纽带的战略同盟之间形成资源互补和共享；另一方面，从产业发展的角度，主动将内外部资源进行协调和配置，突破企业发展瓶颈，实现现有资源的优化整合，挖掘行业和产业的价值潜力。

三、制造业服务化的成熟阶段

本阶段的价值增值途径主要依靠对用户需求的满足和用户未来需求的开发与升华。和上一阶段相比，服务化在制造业中的地位已经超过了产品质量的维护和产品数量的增加。以个性化和舒适程度满足用户需求为基础的服务化成熟阶段，不仅需要具备及时消化最新知识的能力，更需要提升创新能力，并建立快速响应产品性能升级和功能迭代趋势的机制。此阶段的制造业服务化还要求组织系统能够通过提升管理效率快速实现用户的需求；同时，企业创新能力、管理能力和依据外部环境的决策能力都要求全面提升，具体表现在以下五个方面：

第一，企业更加注重通过服务化策略提升核心竞争能力。当产品基本物理性能无法助力企业增强竞争能力时，通过服务化质量和服务化功能多元化与实用化延伸企业价值链成为企业服务化不断发展的现实选择。以外在需求为出发点，提供符合用户需求的异质性服务内容，满足不同层次用户的多方面需求成为此阶段的重点。除了技术能力通过内外部合作加以实现外，企业通过战略联盟的方式提高自身综合管理能力、加快产品输出效率，也尤为关键。

第二，企业服务团队资源整合能力和处理突发事件能力逐渐强化。针对用户的需求，制造业企业利用服务团队形成的研发能力、技术创新能力、维护用户关系能力，通过建立数据库资源，对用户需求动向以及竞争对手技术水平和服务水平进行全面分析，以便捷、富有预见性的产品和项目实现企业价值增值的目标。同时，面对风云突变的市场环境，制造业企业要通过服务化团队整合各种资源、掌握最新关键信息，提升突发事件应对能力，以维护企业价值增值的连续性和持久性。

第三，制造业服务化需要重构知识管理体系。智能化技术和大数据系统的不断进步与成熟，对企业服务化手段的要求渐次提高，企业需要建立知识管理的高速迭代机制，从而实现知识储备的动态更新与即时应用。此时，制造业服务化更需要依循适合企业核心竞争力要求的知识管理标准，通过对用户、供应商和竞争对手的分类和及时信息分析确定制造业服务化的重点内容，减少因不了解市场行情造成的企业竞争能力下降和价值增值无法实现的损失。

第四，制造业服务化质量同信息技术完善有直接关系。制造业企业通过将数据存储于云端，或者借助云端资源获得企业决策的重要依据。在获得相应数据后，制造业企业可以依靠处理数据能力尽快掌握企业面临的内外部信息，从而在信息共享和便利条件下，充分了解用户动向和企业竞争对手的优势，做出符合企业增强竞争能力和价值增值的决策。

第五，制造业服务化的成熟是价值资源增值的重要途径。随着制造业服务化进入成熟阶段，企业资源获取途径愈加丰富。和前述阶段的企业相比，本阶段的企业通过资源共享，优化价值链资源配置，同步提升知识管理水平和品牌价值创造能力，实现经营效能的显著提升。制造业服务化进入成熟阶段的主要标志还表现为和其他企业之间形成的价值链的完整性和价值挖掘的合理性。换而言之，制造业服务化的逐步成熟使得社会财富增值效率显著提高，创造价值的路径更趋公平、合理。

第五节　本章小结

制造业是国民经济的支柱，服务业是经济增长的主动力，随着社会分工的加深，经济专业化发展水平逐渐提高，服务业特别是生产性服务业在制造业全部投资中所占的比例继续增加。制造业和生产性服务业之间的关系发生转变，两者已经不再是简单的供需关系，它们已逐渐进入高度关联的阶段，并逐渐形成复杂的产业融合新趋势。本章从产业融合的视角，对制造业与生产性服务业的互动融合催生出的新产业、新业态、新模式——“制造业服务化”进行系统论述，提出制造业服务化就是指制造业企业为了在市场竞争中获取优势，在“微笑曲线”上游的产品研发、中游的生产加工、下游的品牌营销等环节想方设法满足顾客的个性化服务要求，从销售“单一产品”转向销售“产品+服务”组合，进而转为对用户“提供集成服务”，最终实现整个价值链的升级；并以此为基础，阐述制造业服务化的源起、基本内涵、影响因素、理论依据、发展历程等内容。

第二章　制造业服务化的动力机制

制造业服务化的动力机制，可以从制造业发展的内部环境和外部环境进行分析。从内部环境来看，消费需求升级是企业发展的动力源泉，消费者需求方式发生变化，开始追求更加方便快捷的产品和服务，拉动制造业企业通过实施柔性制造满足消费需求，构建以用户需求为导向的产品服务体系，通过发展服务型制造业实现消费需求升级。同时，由于服务化有助于提高企业收益，为追求利润最大化的目标，制造业企业从生产成本、销售成本、交易成本、管理成本等方面控制企业成本。从外部环境来看，随着新一代信息技术的迅速发展，世界经济进入智能化发展模式，各国现有的制造模式面临巨大的挑战。另外，由于市场需求变化日新月异，制造业产品的种类也逐渐增多，产品更新速度不断加快，这要求制造业企业不断缩短产品研发周期、提高产品质量、改进生产方式。新一代信息技术正深刻重塑制造业竞争新格局，引发服务需求的上升，并驱动制造业服务化。同时，全球竞争加剧导致价值链重心转移，国内行业竞争驱动产品差异化发展，制造业企业可以通过一体化解决方案提升核心竞争力。政府部门还可以在服务价值投入、吸收、产出等阶段制定各种宽松的优惠政策，以引导促进制造业服务化。

在此基础上，本章系统分析了制造业服务化的动力机制，并提出了消费需求升级拉动制造业服务化、企业利润目标推动制造业服务化、信息技术发展驱动制造业服务化、市场竞争加剧带动制造业服务化、政府政策引导促进制造业服务化等观点（见图 2-1）。

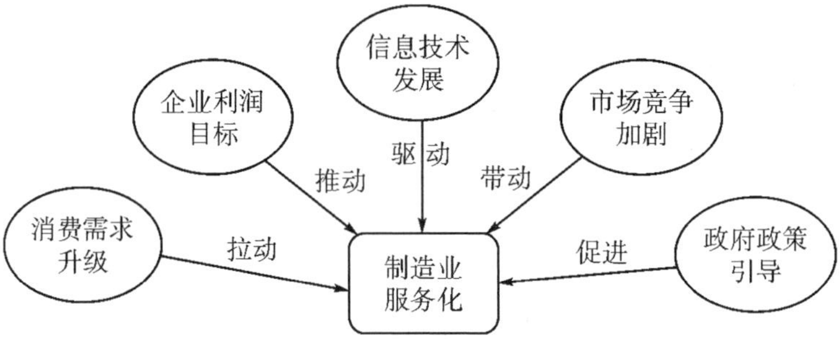

图 2-1　制造业服务化的动力机制

第一节　消费需求升级拉动制造业服务化

一、消费需求升级是企业发展的动力源泉

消费者是产品的最终体验者，制造业企业的产品必须按照消费者的偏好和需求进行设计与生产。满足消费者的需求是企业生产经营的首要任务，消费者是否认可这个产品，是衡量产品质量好坏的重要标准，也会直接决定企业是否盈利①。企业必须以消费者为导向，强调从消费者的角度进行思考，时刻把满足消费者的需求放在首位，这样的企业才有发展的潜力。

随着经济社会的发展，人们的收入水平不断提高，消费能力和消费层次也不断提升。大部分消费者不再满足于物品本身，而是希望企业能够提供与之相关的服务，消费者对服务化产品的需求是制造业企业服务化的动力源泉②。消费者不断追求产品和服务的个性化、柔性化、多元化，要求企业提供更加多样化和便捷性的产品，传统单一形式的产品或服务不再能够满足其需求。消费需求的变化会改变整个制造业企业的产业链，影响企业的生产行为，最终拉动制造业的服务化发展。制造业企业在转型发展过程中需要洞察消费者的需求变化，并为其精准地提供服务型产品。

① 邓于君，蒋佩衿．"互联网+"背景下广州制造业服务化转型升级的动力机制、面临问题及策略建议 [J]．广东行政学院学报，2018，30（5）：83-89.

② 梁敬东，霍景东．影响制造业服务因素：理论、实证与建议 [J]．财会学习，2017（3）：1-6.

二、通过提供柔性制造满足消费需求发展

传统制造业企业的主要生产方式是刚性制造，即通过自动化生产线，大批量生产高度标准化、单一化的产品。这种刚性制造的生产过程主要依靠大量的机床和各类专业的机械设备，对人工管理的工序要求较低，简单的操作就能控制产品的质量和单位成本。这种通过刚性制造生产出来的产品，产品形式和生产工艺比较单一，产品的同质化程度非常高，一旦投入生产线进行生产，后续则很难进行改进。通过刚性制造出来的产品，由于缺乏自身个性，不能快速应对市场反应，很容易形成库存产品，从而不能满足日益变化的市场需求。

20 世纪 60 年代，美国等西方国家提出并逐渐实施柔性制造①。“柔性制造”是相对于“刚性制造”而言的，它是一种自动化生产制造系统，在最少的人为干预下，通过计算机控制数台全自动数控机床，对产品进行小批量、多品种的组装和加工。柔性制造通过以需定产，包括机器柔性、工艺柔性、产品柔性、维护柔性、生产柔性、扩展柔性、运行柔性、制造技术柔性等多个方面。21 世纪以来，柔性制造的生产模式已经开始广泛应用，比如“产品定制”，就是一种以消费者为导向进行以需定产的方式，它与传统的大规模量产的生产方式有显著的区别。

柔性制造可以快速提升企业生产线对企业外部与内部环境变化的系统适应能力，以满足新产品开发要求。柔性制造的设备利用率比较高，企业通过对现有的生产线进行简单调整，就可以生产不同的产品。柔性制造抵抗外部干扰的能力比较强，如果在生产时出现机械故障，系统能自动绕过故障机床，自动维持整个系统的运行和生产。柔性制造还能完成急件与插件任务，提高了生产的灵活性和用户的满意度。伴随信息技术的发展，智能机器人、计算机仿真技术在制造业广泛应用，制造业企业可以更加智能地进行信息搜集分析、生产模拟、风险预警、收益预估等工作。

三、以产品服务为导向迎合消费需求提升

随着经济的发展，物质产品的供给越来越丰富，制造业企业所面对的消费市场需求也在不断发生变化。但是，刚性制造所生产出来的产品之间

---

① 吴婷. 供给侧改革下广东省制造业企业服务化的动力机制研究［J］. 科技和产业，2019，19（11）：98-101.

的可替代性非常强，功能定位比较弱，面对大量高度同质化的物质产品，消费者希望在消费产品时，能满足自己的个性化需求。同时，由于信息技术的进步与发展，制造业的生产设备更加高端、生产工艺更加复杂、生产技术更加高级、零配件更加精细，企业可以为消费者提供远程技术支持，以及对产品进行售前的咨询介绍、售中的产品展示、售后的运输配送、上门安装、定期保养和报废回收等系统的专业服务，这是制造业企业服务化发展的重要动力。

消费者在选择产品进行消费时，不仅希望得到产品本身，还希望企业能够提供相关的“产品服务包”。这个“产品服务包”包括：实物产品、研发设计、技术水平、信贷融资、物流运输、安装配送、售后服务等一系列配套服务①。“产品服务包”可以满足消费者的需求，大幅度延长产品的寿命，形成差异化竞争优势，提升消费者的满意度。要想推动制造业服务化发展，制造业企业就要建立“产品服务导向”的经营理念，以消费者需要为根本目标，优化自身产品结构，提升产品的生产质量，提高企业的经营管理水平。

消费者对其所购买的产品及服务的品质越来越重视，甚至可以说，根据产品的功能选择产品，已经成为消费者的消费目的。这个消费功能的实现，不仅需要依靠有形的物品（goods）来完成，还需要依靠其中所隐含的服务包（service pack），这也是制造业企业对消费者的一种承诺②。一旦购买了企业的某种服务包，消费者就能实现他们需要的功能。如4S店，就是汽车的生产者为满足消费者在服务方面的需求而推出的一种业务模式，它通过提供整车销售（sale）、零配件（sparepart）、售后服务（service）、信息反馈（survey）等“一条龙”产品及服务，让消费者获得更强的满足感③。

四、通过制造业服务化实现消费需求升级

互联网和电子商务的发展打破了产品生产在时间和空间上的限制，迅速拓展了制造业的市场范围。对于消费者来说，其可以更加充分地了解企

① 陈茜．我国制造业服务化的动力机制研究［D］．长沙：湖南大学，2020.

② 简兆权，伍卓深．制造业服务化的内涵与动力机制探讨［J］．科技管理研究，2011，31（22）：104-107，112.

③ 童铃．制造业服务化的动力机制研究综述［J］．江苏商论，2021（3）：74-77.

业及产品信息，及时反馈自己的消费需求，甚至可以参与企业的生产制造活动。对于制造业企业来说，其可以及时掌握市场需求，消除供求双方的信息不对称，提高企业对市场需求的反应速度。借助互联网，消费者和企业的连接更加紧密，互动更加频繁，沟通更加便捷。融入了现代信息技术的产品，也将变得更加智能，可以反向提升和刺激用户的服务需求，促进市场需求向产品服务需求转变，提升制造业企业的产品价值和市场竞争力。

在产品日新月异的电子商务时代，为应对新的消费需要，制造业企业需要不断地调整发展战略、改变市场定位、提升产品质量、优化产业结构，在日益复杂的市场需求中寻找自身的核心竞争力。随着信息技术的发展，制造业的生产技术和管理水平大幅度提升，呈现出与其他产业的融合发展趋势，逐渐形成“互联网+制造业”“智能协同+主动服务”等融合发展模式。

制造业企业通过调整和优化产业结构，推动产品向价值链的两端拓展；在产品生产前期的研究开发、生产中期的设计改进、生产后期的信息反馈等环节，都开始与设计、研发、金融等服务业协同发展甚至融合；促使现代服务在制造业中的比重逐渐增大，促进生产型制造转向服务型制造，推动产生新的商业模式和业态，逐步形成新型产品服务体系，加快了制造业服务化进程。

第二节　企业利润目标推动制造业服务化

一、通过制造业服务化提高企业收益

随着经济的发展和社会的进步，制造业企业的基本活动不能再停留于产品的研发、设计、生产、营销等环节，服务成为提升企业竞争力的重要一环。根据“微笑曲线”理论，产品的生产制造环节位于产业链的最低端，附加值较低，利润也相对薄弱。在整个产业链中，除了生产制造外，其他每一个环节都有大量服务的投入。为了获取更多的经济利益，企业必须发展加工制造以外的环节，从而使企业的盈利模式转向产品价值链的更高端环节。因此，企业向研发、设计、营销、售后服务领域拓展，提高对产业链上、下游服务环节的市场控制能力，成为制造业企业的最优选择，

也是企业的市场竞争力和市场地位的体现。

服务是一种高附加值的商品，能给企业带来更高的利润。服务还是一种很难模仿的差异化商品，能够让企业在日新月异的市场环境中获取竞争优势。对于制造业企业来说，服务化发展能够提高企业的生产效率与管理水平，增加企业的利润。企业通过优化服务，促进服务与产品的有机融合，可以延伸产品的生产周期，让产品产生不可替代的差别竞争优势，能给企业带来更加稳定的收益，实现更高的利润率。

在实际生产中，一些企业将部分经营活动环节进行外包，让自身能够专注于主营业务的发展，也让这些外包活动由专业的服务公司经营进而实现规模经济效应。一些企业通过市场兼并的方式，兼并那些专业化程度较高、区域性较强、服务能力优秀的企业，以便于制造业企业能够顺利进入和拓展服务市场。还有一些企业通过搭建供应链的方式，通过系统采购、统筹生产、统一销售等方式，建立全过程的供应链和产业体系，与供应链的所有成员进行资源共享、风险共担、合作共赢，提升整个供应链的运营效率，强化制造业企业的自身竞争优势。

制造业企业通过服务化发展成功转型的案例也非常多，如 IBM（国际商业机器公司），在进入 21 世纪后，其就对自身进行重新定位，专注发展信息技术和软件，提供业务解决方案，提供全球金融和计算机相关服务①。截至 2020 年年底，IBM 的服务收入已经远远超过产品销售收入，成为公司营业收入的重要来源。

二、通过制造业服务化控制企业成本

从产业层面来看，制造业服务化主要表现为将高水平信息技术知识和高技能人力资本等服务投入制造产业，促进整个行业生产技术水平和产品质量的提升，也使得整个制造产业的发展方式从初级向高级发展转变。特别是经济全球化的发展和信息科技革命的涌现，使得制造业服务化开始渗透到企业生产经营活动的全过程。在中间投入方面，相对于实体要素而言，服务要素所占的比重越来越大。在产出方面，企业不再提供单一的实物产品，服务本身也成为产品的一部分，并且服务在全部产出中的占比也逐渐升高。从成本的角度来看，我们可以从生产成本、销售成本、交易成

---

① 高文群. 制造业服务化的动力机制和模式选择 [J]. 中共贵州省委党校学报，2014 (1)：29-32.

本、管理成本等方面对制造业服务化发展进行系统分析。

（一）生产成本

生产成本是指制造业企业在产品生产过程中产生的各种费用支出。当前中国制造业的发展受到环境资源的约束，传统的经济增长方式难以适应新的市场发展，制造业转型升级需要打破传统产业升级对资源和要素的依赖。而生产性服务业是知识技术密集型产业，附加值比较高，可以成为制造业发展的新动力。如果在制造业转型发展的过程中增加生产性服务业的投入，可以让制造业共享服务业的熟练劳动力，帮助制造业节约生产成本，实现行业规模经济的发展，最终提高整个制造业的生产绩效。

随着制造业服务化的发展，企业对专业化生产性服务业的需求不断增加，生产性服务部门的规模逐渐扩大并形成规模经济效应，使得制造业企业可以通过更低的成本获得更高质量的服务。企业的经营范围开始从线下发展到线上，并把有限的资源集中用于企业的核心业务，并通过业务外包和产业联盟等形式，把非核心业务交由其他企业，从而实现企业生产流程的再造①。通过这种方式，企业在发展自身基本业务的同时，有效降低了经营成本，提升了制造企业的竞争力。企业通过产出服务化，让资源配置更有效率，有效减少过剩的低端产能，促进产品和服务的转型升级，降低资源错配导致的成本上升。

（二）销售成本

销售成本是指制造业企业在销售商品和提供劳务的过程中所产生的各种费用支出。制造业企业通过发展信息服务和运输服务，可以有效节约销售费用和场地占用费用等销售成本。通过发展“微笑曲线”的高附加值环节，制造业企业产业链向两端延伸，加大研发设计、市场营销、运输配送等服务环节的投入力度，从而改善制造业企业投入失衡问题，同时提高制造业资源配置效率。制造业企业通过服务化发展，逐渐提升了生产性服务业的专业化水平。为了提高企业自身的市场竞争力，制造业企业开始着力发展具有核心竞争力的环节，集中现有资源突破关键技术，大幅提高产品的附加值，抑制企业的销售成本，实现产业链一体化发展。

（三）交易成本

交易成本是指制造业企业在商品交易过程中，交易双方在买卖前后所

① 杨宛冰．制造业服务化对中国制造业全球价值链提升的影响研究［D］．天津：天津商业大学，2022.

产生的与此交易相关的各种费用支出。制造业要紧抓新一轮发展的机遇，通过各种途径获取正向的知识技术溢出效应，进行制造业服务化发展，可以在整个行业实现专业化的分工，进而促进行业劳动生产率的提高，降低制造业的交易费用。在这个过程中，生产性服务业的投入对制造业服务化的发展起到正向的促进作用，让企业能够集中资源研发设计核心产品，有助于提升制造业企业的利润空间。将专业化的服务要素融入制造业的生产经营，为制造业发展提供智力支持，能够实现产品的价值增值，推动整个制造业的高质量发展。

制造业企业的交易成本可以分为生产性交易成本和制度性交易成本。其中，生产性交易成本主要存在于企业内部，主要表现为使用市场的价格机能的成本；制度性交易成本主要发生在企业外部，主要存在于交易双方的信息不对称以及不完全竞争的市场环境中。通过制造业服务化，让服务要素渗透到制造业生产过程的各个关键环节，优化企业内部各个生产环节之间的衔接与协同，降低企业生产部门和运营管理部门之间互动交流的成本支出，以此达到降低企业内部的生产性交易费用的目的。另外，制造业服务化发展使得提供生产性服务的企业数量日益增加，生产性服务业市场的竞争逐渐激烈，交易价格更加公开透明。制造业企业可以根据自身服务化水平选择具有比较优势的专业化生产环节，并用相对更低的成本购买外部的专业化服务，形成规模经济效应和范围经济，从而降低信息不对称和市场竞争不完全所带来的制度性交易成本。

（四）管理成本

管理成本是指制造业企业在生产经营管理过程中所产生的各种费用支出，它是财务成本的深化和发展。设计成本、差别成本、质量成本、沉没成本、重置成本、机会成本、委托代理成本等，都属于典型的管理成本。制造业服务化发展要求制造业能树立市场服务意识，深入了解市场和用户的差异化需求，让用户得到满足感；深刻认识服务化的意义，把服务提升到与产品同样的高度，可以在产品的设计、生产、销售、维修等过程中提供优质的个性化增值服务；树立“用户至上”的管理理念，高度重视用户，深入挖掘用户需求，为用户提供服务价值包，依靠品牌服务吸引更多用户；培育用户对制造业企业的忠诚度，让用户对企业形成强烈的偏好，促进双方形成利益共同体。

企业通过引进先进的经营管理理念，发展新兴的商业模式，发展知识密集型的服务要素，可以降低传统制造业企业的管理成本，解决管理效率低下的问题，获得更加有利的竞争位置。比如，发展制造业金融服务，可以通过高水平的资本运作，迅速从资本市场上筹集企业的研发资金，盘活企业的资产存量，降低企业资产管理的成本。

三、通过制造业服务化延长企业供应链

在新的市场竞争环境下，制造业企业的利润来源不再是单纯的产品生产，而是根据用户的需求提供个性化的定制服务，在满足用户需求的同时，实现自身服务化发展的转型升级。为满足用户的需求，部分制造业企业把自身的发展定位从产品制造转向服务定制，主要包括提供高效的物流运输服务、完善的供应链管理服务和优质的电商交易服务。

（一）高效的物流运输服务

在产品的销售中，一些产品的时效性比较强，如果物流运输的工作效率不高，就会影响到用户的正常使用。为保证正常的生产经营，用户往往会多储备一些关键产品备用，以防不时之需。但是，这些备件产品的购买一方面由于产品的价值较高而占用用户大量的资金，另一方面由于产品超过时效，备件产品无法使用。为解决用户的问题，制造业企业依托物流平台，整合物流运输资源，主动为用户提供专业化物流运输服务，建设高效的配送网络，以满足用户对备件产品的实时需求。用户只需要在使用该物流运输服务时付出相对较低的成本，就能节省购买和存储大量备件产品的费用。

（二）完善的供应链管理服务

通过制造业服务化，制造业企业可以为用户提供高质量的供应链管理服务：第一，通过构建高效的供应链协作平台，打通产业链上、中、下游的各个利益相关方，将产品和服务的供给纳入统一的管理系统，提升企业的备货效率，为用户提供便利的购销服务；第二，打造信息管理平台，实现产品信息的共享，对原材料供应、产品生产、物流运输、流通管理等环节进行实时的信息监控，对产品的供需进行快速调整，实现即时的配送和自动订购服务；第三，完善产品库存制度，及时为用户提供库存信息，帮助用户对原材料和零配件进行管理，及时进行补货发货服务，降低用户的仓储成本；第四，通过完善供应链管理服务，在提升制造业企业利润空间的同时，还能提高各个利益相关方的工作效率，实现共赢和长远发展。

（三）优质的电商交易服务

随着信息技术的发展应用，产品销售与电子商务平台不断交融，制造业企业要在激烈的市场竞争中获取优势地位，还应该为用户提供优质的电商交易服务。部分制造业企业依赖自身稳定的客源，习惯传统的线下交易，很少提供电商平台服务，但在新的经济发展背景和市场环境下，用户对电商交易服务的需求逐渐增强，因此制造业企业可以构建优质电商交易服务机制，形成线上和线下联动的产品销售体系，全方位拓展企业的销售渠道。制造业企业通过制造业服务化，完善和发展线上电商平台，与用户进行实时互动沟通，让用户能够及时反馈自身的需求，并对产品生产进行全方位的监督管理，促进企业可以及时改进产品质量，提供更加丰富的服务类型，全面改善企业的生产经营情况，提升产品市场份额和企业盈利能力。

第三节　信息技术发展驱动制造业服务化

当前，全球市场需求千变万化，产品种类逐渐增多，产品更新速度不断加快，新一代信息技术正深刻重塑制造业竞争新格局。因此，制造业应该深度融合新一代信息技术，通过智能化生产与服务模式创新，推动制造业向服务化转型发展。

一、信息技术发展带来制造业发展变革

第二次世界大战结束后，信息技术与计算机的发展给制造业带来了新的活力。1946 年，全球出现的第一台电子计算机（ENIAC）标志着制造业正式进入信息化时代。20 世纪 50 年代，生产出的第一台数控机床标志着制造业开始进入数控时代。20 世纪 60 年代末期，集成电路技术得到迅速发展，随着局域网、万维网等信息技术相继应用，催生了一批先进的制造模式①。

进入 21 世纪后，新一代信息技术的兴起和产品服务系统、云计算、大数据的应用，促使服务化的手段和途径变得更加多样化，这给制造业带

① 陶飞，戚庆林．面向服务的智能制造［J］．机械工程学报，2018，54（16）：11-23.

来进一步变革，也衍生出新的制造理念，如“制造网格”“工业产品服务系统”和“云制造”。在此背景下，世界各国都把制造业发展提上国家战略的高度。例如，美国提出“工业互联网”计划，德国提出“工业 4.0”计划，中国实行《中国制造 2025》，等等。各国都期望通过新一代信息技术和人工智能的发展，促进智能制造的实现。第二次世界大战结束后制造业的发展历程见图 2-2。

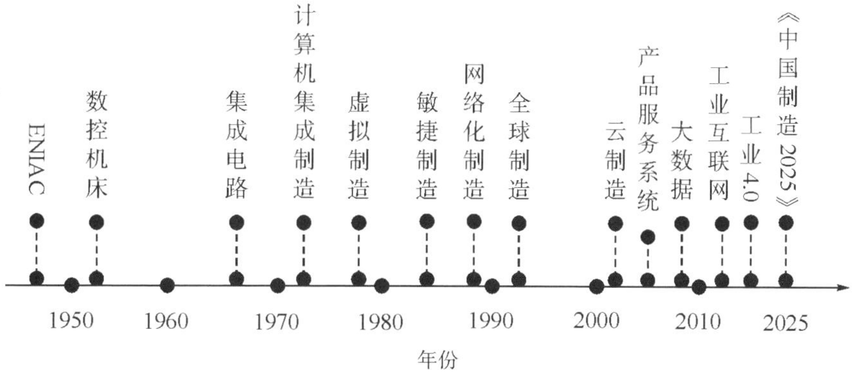

图 2-2　第二次世界大战结束后制造业的发展历程

二、技术进步促进价值链高端环节发展

制造业服务化的本质，即要求制造业企业与服务要素进行不同方式的组合，以提高制造业企业原有生产要素的组合效率。而产品工艺和相关生产流程的技术进步，带来了制造业企业和消费者对服务需求的升级，促使产业链向“微笑曲线”的两端延伸发展。科学技术的进步，促进新工艺和新技术不断进步，大大提高了产品的科技含量和智能化水平，产品的结构更加复杂，零配件的精细程度不断提高，产品的安装要求更加精密。技术进步使得产品生命周期的各个环节对服务的需求都大幅度上升，制造业企业不仅要提供产品，还要提供与这些产品配套的服务。

在产业链的上游，制造业企业通过对能源管理和供应链管理方面进行技术改进，进行智能化升级，节约管理费用，提高采购和要素组合效率；通过计算机辅助产品设计、工艺规划、数据库管理，实现大规模定制，大幅度提升企业的研发效率。除此之外，大型制造业企业开始通过网络教育进行员工培训，节约了大量的人力资本培训费用。

在产业链的中游，制造业企业通过把计算机通信技术、软件系统、传感技术等信息技术融入企业的生产制造过程，逐步对企业投入智能化设备进行智能化生产，同时进行产品生命周期管理和远程故障诊断，重塑制造业企业的管理流程，对原料采购、产品设计、生产加工、质量管理等环节进行优化和系统集成，迅速提高原有企业的生产效率。

在产业链的下游，制造业企业通过信息技术改进创新商业发展模式，对用户关系构建信息化管理系统，根据大数据和云计算服务，充分发掘潜在用户和已有用户的消费需求，创新和改进原有的生产方式，大力发展电子商务、数字化产品、个性化定制等。

三、新一代信息技术驱动制造业服务化

随着新一代信息技术的发展，“传统 IT+制造”转为“New IT +制造”，出现智能化、社会化、服务化、网络化、绿色化趋势（见图 2-3）。新一代信息技术驱动制造业服务化主要表现为三个阶段。

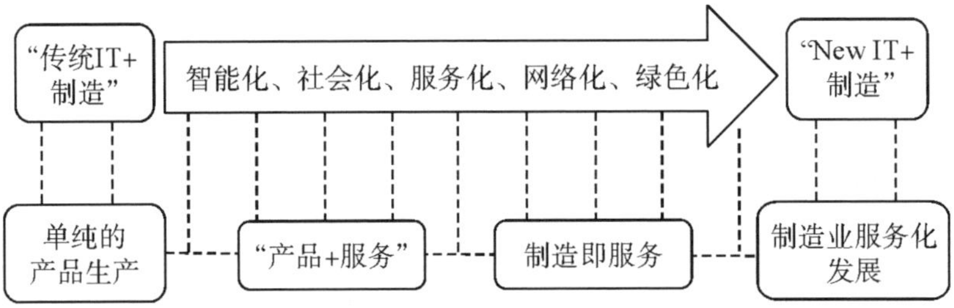

图 2-3　信息技术发展驱动制造业服务化

第一阶段：以网络技术为代表的传统 IT 与制造业的融合。在这一阶段，信息技术发展带来了生产和经营管理的变革，降低了企业的生产成本，提高了企业产品质量①。

第二阶段：新一代信息技术 New IT 与制造的融合发展实现智能制造。物联网、云计算、大数据、人工智能等新一代信息技术的应用，帮助制造业企业实现了各项数据指标的实时处理，优化了企业的生产决策系统。当前，新一代信息技术已经渗透到企业生产制造的各个环节，推动制造业企

① TAO FEI，QI QING. Service-oriented intelligent manufacturing [J]. Journal of mechanical engineering，2018（8）：11-23.

业的生产方式向智能化、社会化、服务化、网络化和绿色化转变①。

第三阶段：智能制造的实现促进制造业服务化。借鉴“服务”的理念，新一代信息技术发展为制造业的消费者提供了产品制造所需的各种服务，实现了价值的延伸②。随着 New IT 的引入，单纯的产品生产所带来的附加值越来越低，制造业企业开始向价值链的高端环节发展，希望通过“产品+服务”来实现产品的增值。因此，制造业服务化成为制造业企业发展的新方向。

在这之后，随着信息技术和人工智能的高速发展，制造业与服务业之间的关系更加密切，边界的清晰度逐渐模糊，两者之间的融合程度逐渐提高，相互依存的发展趋势更加明显。服务业与制造业的融合将催生新的业态，推动产业结构不断优化升级。从产业结构来看，制造业与服务业的相互渗透更为显著；从企业活动的角度来看，企业的发展重心已经转变为产业链和一体化成长模式。发展智能制造为制造业服务化提供动力源泉，发展高端服务为制造业服务化提供发展动能，因此制造业应该不断扩大服务业需求和供给，创新制造业服务化的发展模式和组织模式，促进智能制造与高端服务的产业融合发展。

第四节　市场竞争加剧带动制造业服务化

一、全球竞争加剧导致价值链重心转移

随着交通、通信和信息技术的发展，各种资源与要素能够方便快捷地在全球范围内进行配置，极大地提升了产品或服务的国际贸易化程度，有效地打破了地方保护主义和区域性垄断，使得全球经济逐渐进入服务化时代，极大地提升了企业的国际竞争力和投资回报率。比如，汽车产业如果依靠单一的汽车制造，其投资回报率仅为 3%～5%，如果在汽车产品中加

① CHEN WEI, CHEN YIN ZHONG, YANG BAI. Service-oriented manufacturing、Intellectual capital and technological innovation [J]. Scientific research management, 2021, 42 (8): 17-25.

② WANG XIN ZHE. Promoting the deep integration of the new generation of information technology and manufacturing industry and promoting high-quality development of real economy [J]. Information technology and standardization, 2018 (12): 4.

上服务，则投资回报率可迅速提高到7%~15%①。由于利润向“微笑曲线”的两端转移，制造业企业为了获取更高的利润，开始把发展的重心转向价值链上游和下游的服务环节。

从国际竞争来看，我国传统制造业企业的发展主要依靠生产大量低附加值的同质化商品。但随着消费者多样化需求的产生，以及近几年我国土地和人力成本的迅速上升，我国的传统制造业企业不再具有竞争优势。同时，东南亚一些国家通过价格低廉的劳动、土地及其他要素，吸引发达国家跨国企业对其进行投资，这对我国传统制造业企业的发展构成了巨大的生存压力。

在激烈的市场竞争环境中，要解决这一问题，制造业企业必须调整战略定位，选择制造业服务化策略。因为服务存在于企业价值链的所有环节，制造业的每一个环节都可以进行服务化转变，通过各个环节产品与服务的结合，以满足顾客全方位的需求。同时，由于服务还具有独特性和持久性的特征，制造业企业可以用合适的服务提高产品的附加值，找到产品自身的比较优势，提升用户的体验价值，培养顾客对品牌的忠诚度，形成并增加品牌效应，提升企业无形资产的价值，形成企业独有的竞争优势，进而获取更多的市场份额。由于通过服务化发展所构建起来的竞争优势难以让其他企业所模仿，因此制造业可以形成比较稳固的竞争优势，增强企业抵御风险的能力。

二、国内行业竞争驱动产品差异化发展

由于市场经济的发展和日新月异的技术进步，制造业企业通过规模化和标准化的生产方式，在提高企业生产效率、扩大生产规模的同时，也使产品同质化的程度加深，产品供给过剩，从而加剧了行业之间的竞争②。随着市场化改革的深化，同质化的生产方式，已经不能满足时代发展需求，在行业竞争日趋激烈、产品逐渐同质化的今天，制造业企业如何抢占先机，在市场竞争中占据有利地位，是制造业企业实现可持续发展的关键所在。

面对同行业的众多竞争对手，依靠标准化的生产方式和产品质量的提

① 梁敬东，霍景东. 影响制造业服务因素：理论、实证与建议［J］. 财会学习，2017（3）：1-6.

② 张亚娜. 陕西省制造业服务化转型升级的动力机制［J］. 营销界，2021（39）：26-27.

高等传统的生产方式，已经无法让制造业企业获得核心竞争力。对制造业企业来说，应该寻求差异化的生产方式，通过各种技术手段提高产品的质量，以求在激烈的市场竞争中获得一席之地。而“服务”刚好具有高度的异质性①，可以为企业实施差异化战略提供原动力，服务时间、服务地点、服务人员、服务对象都会影响服务的质量，这为制造业可持续发展和产业升级提供了可能。

如果制造业企业提供单一的产品和技术，比较容易被竞争对手模仿和复制，但如果这个产品附加了有差异的服务，则很难被复制和模仿。根据波特的“差异化战略”理论②，产品的差异化程度越深，产品的可替代性就越小，企业讨价还价的能力也就越大，在市场竞争中的地位就越高。通过服务化战略，制造业企业可以提高产品的差异化程度，降低同类产品之间的替代性，以满足消费者差异化的个性需求，增加企业的市场份额，获取更加稳定的长期利润。可以认为，市场竞争驱动产品差异化发展，成为推动制造业服务化的重要动力。

三、一体化解决方案提升企业核心竞争力

随着市场竞争的加剧，制造业企业更加重视能够为企业带来可持续竞争优势的核心竞争力。由于可分配的资源是有限的，制造业企业需要集中精力发展自己最擅长的业务，提升企业的核心竞争力，而对于核心业务以外的环节，就只能通过外包或购买的方式实现。通过核心竞争力的促动，制造业企业就能在激烈的市场竞争中获得发展的机会，从而进一步提升产品和服务的价值。

制造业企业在经营时所面对的用户需求不只是产品本身，还包括整个产业链上的其他环节。这就对制造业企业提出了更高层次要求，即要求企业能够对产业链上、下游资源进行系统性优化与整合，最终以用户需求为中心提供一体化解决问题的方案。受到商流、物流、信息流等资源配置与整合方式的影响，企业的核心竞争力也会随之变化。

制造业服务化转型，将企业的生产制造过程与用户服务需求高度融合，在增强企业核心竞争力的同时，还能提升其对上、下游企业的讨价还价能力。随着制造业服务化发展程度的加深，制造业企业开始为用户提供

---

① 陈少杰. 制造业服务化的成因及动力机制分析［J］. 商业时代，2010（26）：120-121.

② 陈茜. 我国制造业服务化的动力机制研究［D］. 长沙：湖南大学，2019.

一体化解决问题的方案，不仅可以满足用户的个性化需求，还可以为用户提供系统化服务①。通过现代信息技术手段，制造业企业可以把用户的个性化需求与产业链上游的原料采购、库存、组装等环节密切对接，同时考虑产业链下游的物流、配送、安装、维修等环节，实现覆盖产品全过程的智能化生产和系统化服务。通过这些全新的价值增值服务，制造业企业能够从传统产品生产商转变为服务供应商、集成商，并在这个过程中，通过服务化转型，同时融入信息、知识、技术等资源，最终转变为企业的核心竞争力。

通用电气公司也是提供一体化解决方案的服务型企业，通过实施工业网络战略，对多项业务进行服务升级，并在其内部设立了专门的软件开发部门，负责开发航空、医疗、制造等业务领域的应用软件。通用电气公司通过发挥其在价值链上的优势，将主营业务外延至金融、运输、信息技术等领域，逐步减少原有的电气电子产品的制造和销售。随着通用电气公司生产性服务业的发展，其服务业务收入在总收入中的占比从 1980 年的 16%迅速提升到 2013 年的 60%②。同时，通用电气公司通过对互联网数据进行有效收集监控，并利用大数据进行整合分析，建设工业云平台（GE Predix 应用平台），为用户提供预测性解决方案（GE's predictivity solution），帮助用户提高各类产品及服务的使用效率。在航空应用方面，通用电气公司通过运用信息技术，为意大利航空（Alitalia）提供预测性解决方案，一年可以帮助用户节约 1.5%左右的燃油，相当于每年节省了约 1 500 万美元。

第五节　政府政策引导促进制造业服务化

制造业服务化是实现制造强国的一个重要途径和方向，政府部门会积极制定各种宽松的优惠政策，引导促进制造业服务化（见图 2-4）。从服务价值的角度来看，按照服务价值在制造业中的流动顺序，制造业服务化可以分为三个阶段：服务价值投入阶段、服务价值吸收阶段、服务价值产

① 吴婷. 供给侧改革下广东省制造业企业服务化的动力机制研究［J］. 科技和产业，2019，19（11）：98-101.

② 朱荪远. 制造业服务化发展的模式和趋势［J］. 竞争情报，2015，11（3）：50-57.

出阶段①。在这三个不同的阶段，政府政策对制造业服务化发展的作用也有所差异。

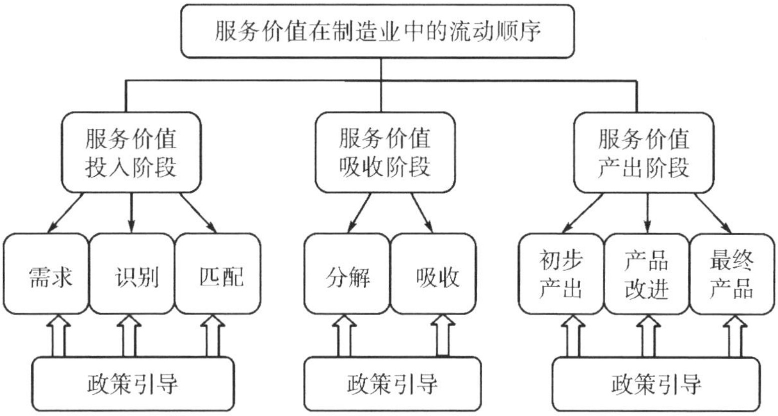

图 2-4 政府政策引导促进制造业服务化

一、服务价值投入阶段的政府政策引导

在服务价值投入阶段，服务价值被引入制造领域，包括需求、识别、匹配三个环节。第一，在需求环节，受到市场竞争压力和行业发展趋势的影响，制造业企业根据自身的不同需要对服务价值产生需求，以期能够保持企业现有的竞争优势，甚至提高企业自身的核心竞争力，这也是制造业服务化的基础和起因。第二，在识别环节，制造业企业要对行业内部资源与系统外部环境特别是政府的制度及政策环境进行详细分析和辨识。第三，在匹配环节，制造业企业把已经通过识别的要素与本企业的资源进行对接，评估计划引进的服务价值与现有资源如何匹配的问题，并根据企业内部需求与市场外部环境的变化进行调节。

在制造业服务化过程中，制造业企业需要识别我国当前的服务经济发展水平和制造业进口服务贸易开放程度。从服务价值的来源来看，可以分为国外的服务价值及本国的服务价值。先进制造业发展需要先进的知识技术和信息密集型服务，而这种优质的服务价值主要依赖进口。如果大量引进国外的服务价值，虽然可以迅速提高本行业的进口服务贸易开放度，但

① 崔月莹. 先进制造业服务化水平测度及其影响因素分析［D］. 哈尔滨：哈尔滨理工大学，2022.

直接从国外进口服务价值，会对本国的服务价值产生冲击，从而减少制造业企业对国内服务价值的需求，在短期内会影响国内服务经济的发展水平。政府通过制定相关政策，可以发挥进口服务价值的产业关联和技术溢出效应，在国内延长服务产品的产业链；政府还可以适当引导制造业企业引进与之相关的国内服务价值，促进国内服务经济发展。另外，政府实施积极的支持政策可以降低制造业企业的市场交易成本，缓解企业的现金流压力，降低企业的不确定风险。

二、服务价值吸收阶段的政府政策引导

在服务价值吸收阶段，服务价值被制造业企业嵌入吸收，包括分解和吸收两个环节。第一，在分解环节，制造业企业把引入的服务价值分解细化为可以直接参与制造业产品的生产若干部分。第二，在吸收环节，制造业企业把分解后的服务价值融入吸收到制造业产品中。在这个过程中，制造业企业需要对外部市场环境做出正确反应，保证分解出来的服务价值能够被制造业产品所吸收。同时，融入了服务价值的新产品可以直接或间接地提高制造业的劳动生产率，较高的劳动生产率又会反向促进制造业企业服务价值吸收能力的提高，两者良性循环可以迅速提升制造业企业的市场竞争地位。

在此阶段，政府针对服务化出台的各种政策会直接影响服务价值的被吸收情况，同时可以对特定领域进行优先鼓励性发展，从而为制造业企业的服务化发展提供方向和指引。比如，政府在信息技术和科学服务方面的政策鼓励，可以提高制造业企业自身的技术创新能力，进而提升整个行业的生产效率。政府还可以在资源和环境保护方面制定引导政策，鼓励自然资源消耗比较少的制造业企业优先发展，促进其吸收更多的服务价值，从而减少对自然资源和环境的破坏。制造业企业也需要仔细研判政府政策和市场外部环境，制定更加稳妥的服务化策略，以期能够准确分解和吸收服务价值。

三、服务价值产出阶段的政府政策引导

在服务价值产出阶段，制造业企业把融入了服务价值的产品生产出来并提供给消费者，可以分为初步产出、产品改进、最终产品三个环节。在初步产出环节，制造业企业把吸收的服务价值进行加工和生产，得到含有

初步服务价值的产品，但这个初步生产出来的服务产品在产品质量和性能、满足消费者需求以及适应外部市场变化等方面可能还存在一些问题，还需要进一步补充和完善。在产品改进环节，不断演进和发展的行业要求以及内外部的市场环境变化都会对劳动生产率提出更高要求，直接影响制造业企业最终服务产品的质量，因此制造业企业必须充分了解市场变化和消费者需求，对初步产出进行改进。在最终产品环节，制造业企业给消费者提供经过充分改进的最终服务价值产品，借以满足国内市场和国际市场的需求。

在此阶段，政府政策的引导可以为制造业企业服务价值产品的生产和改进提供方向。随着国家可持续发展理念的不断深入，制造业企业应该主动进行技术改进，减少对自然资源的消耗，降低对不可再生资源的需求。制造业企业生产出来的服务价值产品，其目标消费市场是国内市场还是国外市场取决于国内服务经济的发展水平。国内服务经济的发展水平越高，对服务价值产品的需求就越大，国内市场接纳能力也就越强。本行业服务贸易的开放水平越高，则生产出来的服务价值产品出口到国外市场的可能性越大，可以迅速提高服务价值产品的销售收益。制造业企业在经历了服务价值投入、吸收、产出三个阶段后，可以根据自身服务化转型的实践经验，寻找制造业服务化过程的不足，从而有针对性地进行调整和改进，促进整个制造业的优化升级。

第六节　本章小结

当前，新一代信息技术正在重塑制造业竞争新格局，从而引发服务需求的上升并推动制造业服务化转型。从系统外部来看，随着信息技术的迅速发展，全球经济进入智能化发展模式，各国现有的制造模式面临巨大的挑战。从系统内部来看，消费需求升级是制造业企业发展的动力源泉，通过发展服务型制造业实现消费需求升级。同时，全球竞争加剧导致价值链重心转移，国内行业竞争驱动产品差异化发展。面对市场需求日新月异的变化，制造业企业不得不缩短产品研发周期、提高产品质量、改进生产方式，以此提升企业的核心竞争力，实现利润最大化目标。此外，政府部门也在积极制定各种宽松的优惠政策，以引导促进制造业服务化发展。为此，本章对制造业服务化的动力机制进行系统分析，并提出了消费需求升级拉动制造业服务化、企业利润目标推动制造业服务化、信息技术发展驱动制造业服务化、市场竞争加剧带动制造业服务化、政府政策引导促进制造业服务化等观点。

第三章　制造业服务化的事实考察

当前，中国制造业服务化的发展态势良好，对经济增长的贡献率逐年提升，服务投入水平不断提高，服务业务的盈利能力逐步增强，不仅有效提升了企业的绿色创新效率，还推动了产业结构的优化升级。然而，受区域经济发展水平、资源禀赋、政策支持等因素影响，制造业服务化的区域发展仍存在较大差异。为了对以上事实进行验证，以衡量中国制造业服务化发展的真实水平，本章对中国制造业服务化水平进行了测算。本章通过导入制造业服务化测算原理，从制造业服务化的测算思路和假设入手，依据贸易经济学原理，借鉴非竞争性投入产出模型，通过静态消耗分析和动态消耗分析、制造业服务化投入产出分析、地域和内涵分解、贸易流中的附加值增值核算以及制造业服务化与增值的关系分析，测算出不同行业的服务化程度比率及其增长比率、总体服务化水平比率和考虑区域差异的服务化程度比率。最后，本章从增值来源和投入水平两个方面对制造业服务化进行国际比较。

第一节　制造业服务化的发展概况

中国制造业规模庞大、门类齐全，在部分高科技领域具有较强的竞争力优势，这得益于中国制造业企业不断加大服务化转型力度，提升企业的市场竞争力，提高制造业服务化水平。中国制造业服务化转型从21世纪初开始，经过20余年的发展演化，呈现出制造业的经济增长贡献率逐年提升、服务化不同阶段的服务投入水平不断提高、制造业企业服务业务的盈利能力逐步增强、制造业服务化有效提升企业绿色创新效率、制造业服务化的区域发展差异较大等特征。

一、制造业的经济增长贡献率逐年提升

新中国成立后，中国制造业得到了长足的发展。2010 年，中国超过美国成为全球制造业第一大国。当前，中国是世界唯一拥有联合国产业分类当中全部工业门类的国家，在世界 500 多种主要工业产品当中，中国有 220 多种工业产品的产量位居全球第一。中国部分行业的技术已处于世界先进水平，人口技术红利逐渐显现，制造业增加值呈现持续增长态势。2022 年，中国制造业增加值为 33.5 万亿元，连续多年占据世界第一位（见图 3-1）。

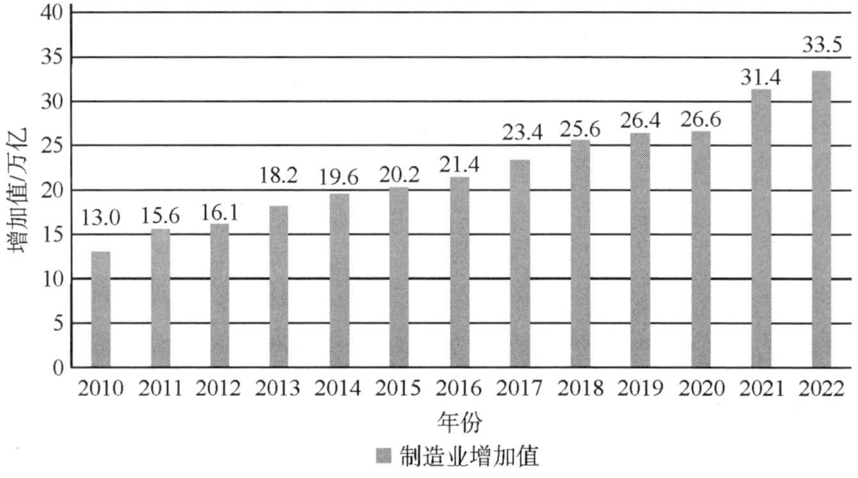

图 3-1　2010—2022 年中国制造业增加值

数据来源：根据 2010—2022 年发布的中国统计公报整理。

从 2010—2022 年制造业增加值占 GDP 的比重来看，保持在 30%上下波动。特别是随着制造业服务化的推进，近年来中国制造业增加值在 GDP 的占比开始不断增加，对经济增长的贡献率逐渐提高。2022 年，中国制造业增加值占 GDP 比重增长到 27.7%。中国制造业增加值在全球制造业增加值中的占比，也从 2010 年的 16%提高到 2022 年的 30%（见图 3-2）。制造业取得如此辉煌的成绩，是近年来我国不断推进制造业服务化进程的结果。

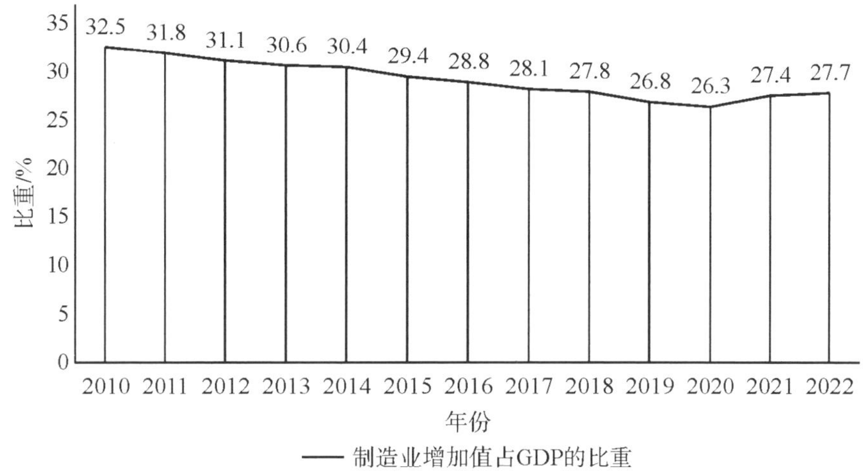

图 3-2　2010—2022 年制造业增加值占 GDP 的比重

数据来源：根据 2010—2022 年发布的中国统计公报整理。

随着新一轮产业革命的兴起，全球产业竞争模式发生转变，中国的经济发展阶段已逐渐迈入后工业化时期，经济增长从高速发展转向中高速发展的“新常态”。在这一转型过程中，传统粗放型经济发展模式所积累的结构性矛盾日益凸显，对当前制造业的转型升级形成了多重制约。当前中国仍然处于世界产业链和价值链中、下游阶段，中高技术制造业的增加值和竞争力还较低，中国制造业发展面临高端被封锁、低端有竞争、生产成本不断上涨等困境。从 2015—2022 年制造业的利润及其增长率来看（见图 3-3），近年来中国制造业的利润波动较大，特别是在 2018 年、2019 年、2022 年这三年，利润增长率都是负数，要防范“去工业化”现象。这对制造业发展提出了更高的要求，我国应该进一步聚焦新型工业化目标，筑牢制造业根基，加快制造业服务化发展的步伐，最终实现制造强国建设。

二、服务化不同阶段的服务投入水平不断提高

在制造业服务化过程中，服务投入分为生产性投入、分配性投入、消费性投入和社会性投入。在制造业服务化投入过程中，消费性投入和社会性投入所占的比例较小，对服务的总体投入影响不大，生产性投入和分配性投入才是影响服务投入水平的重要指标。随着社会分工的加深，经济专业化发展水平逐渐提高，服务业特别是生产性服务业在制造业全部投资中所占的比例持续增加。

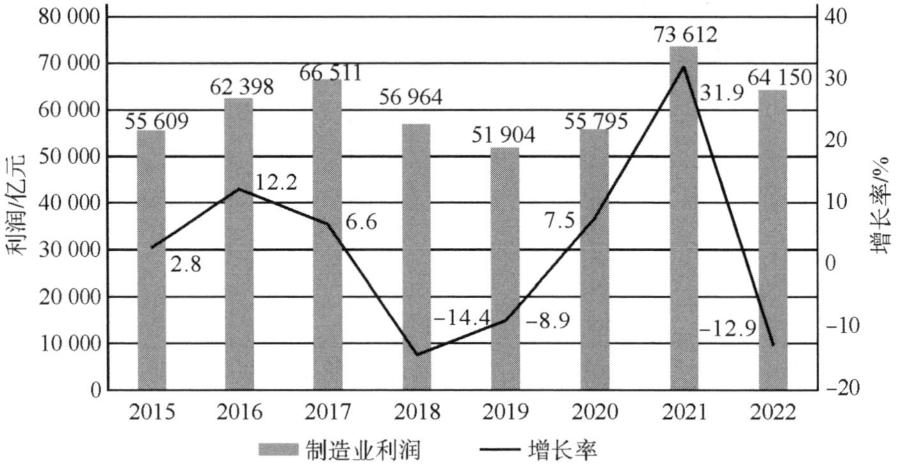

图 3-3　2015—2022 年制造业的利润及其增长率

数据来源：根据 2015—2022 年发布的中国统计公报整理。

（一）第一阶段：2001—2004 年

2001 年以前，中国主要凭借劳动力成本优势，通过发展劳动密集型产业和承接国际低端制造业转移，积极参与全球产业链分工与合作。2001 年中国加入世界贸易组织（WTO）后，国内企业直接到外国公司生产订单的模式逐渐被淘汰，原来粗放型的经济增长方式也难以维持，这使得国内制造业不得不进行生产设备和技术的自主开发。此时，工业产品的卖方市场仍为制造业，企业的主动服务意识还没有真正树立，制造业企业将企业价值增值的重点放在了产品周转速度和产品市场占有方面，服务投入水平还比较低。

（二）第二阶段：2005—2010 年

2005—2010 年，伴随着中国整体经济发展稳健，服务业配套设施完善的速度得到提升，制造业投入服务化水平开始呈波动上涨趋势。在新的市场竞争环境下，制造业企业的利润来源不再是单纯的产品生产，而是根据用户的需求提供个性化定制服务，在满足用户需求的同时，实现自身服务化发展的转型升级。为满足用户的需求，部分制造业企业把自身的发展定位从产品制造转向服务定制，其服务投入水平大幅度提高。

（三）第三阶段：2011—2014 年

2011—2014 年，在制造业面临转型升级和提高附加值的双重压力下，为了提高整体竞争力和盈利能力，其不断加大对服务要素的投入力度。制造业企业不单只针对软件进行开发、应用，还开始对用户体验、售后服务等方面进行改进。为了提高效率，制造业企业开始尝试将部分流程外包，并开始关注品牌及其价值。制造业企业在保证产品质量的基础上，更加充分地发掘产品的延伸功能，突出产品的产业链和价值链。在此阶段，制造业企业已经意识到传统生产方式难以维持高速增长，服务化是主要的发展方向。服务化资本的大量投入，成为企业获取新利润增长的主要方式。大型企业开始通过创新技术、整合资源以实现服务化转型，而中小企业虽然有转型的意向，但还面临较大的困难。

（四）第四阶段：2015 年至今

2015 年以后，在智能时代的大背景下，制造业服务化涉及深度整合以及综合创新，制造业投入服务化的质量和发展水平进一步提升。为提升用户的满意度和市场竞争力，制造业企业在生产、产品开发、售后等流程中实现了全程管理。不少制造业企业已将服务化落实到具体实践当中，而且取得了明显的收益。其中，国有企业制造业服务化程度明显高于非国有企业。就企业产权性质而言，国有企业和非国有企业相比，其政策支持水平、资金获取能力等决定了制造业服务化程度的主要因素，具有显著优势。从资本投入回报率分析，国有企业借助自身较为雄厚的资金实力，多是基于国家战略强有力的支持，更偏好于依据国家战略提升制造业服务化的决策。上述基本推断在后续实证模型结果中将进一步说明和验证。

三、制造业企业服务业务的盈利能力逐步增强

在全球服务化的巨大趋势下，中国制造业服务化是传统制造业拓展盈利空间、重塑竞争优势的一条必由之路。在现代制造业链条中，只有在“微笑曲线”的两端才能够得到更高的产品附加值，而处于产业链中间的制造环节，其附加值相对较低。因此，制造业企业通过在投入产出环节中不断增加服务要素的投入，从单纯的产品生产转向提供“产品+服务”，带来了更多的价值增值，也为制造业创造了更多的利润。

当制造业水平提升到一定阶段时，制造业服务化水平会对企业绩效产生积极影响。制造业服务化的形成和演化对制造业企业产生了积极的影响，制造业企业以服务化为载体，推动自身创新能力的持续提升，从而扩大企业的市场份额，提升企业的核心竞争力；并通过对价值的挖掘，拓展企业利益获取的途径。

近年来，服务贸易进出口总额增速较快，政府出台了一系列支持政策

以鼓励制造业企业实现服务化转型，为我国制造业服务化提供了有利条件。2007年，国务院发布的《国务院关于加快发展服务业的若干意见》强调，要大力发展面向生产的服务业，以促进现代制造业与服务业的有机融合、互动发展。在政府的大力扶持下，我国制造业企业的服务化水平从2007年的21.9%上升到2021年的28.5%①。后续在制造业服务化的测算和制造业服务化的绩效评价模型中，将会对制造业企业服务业务的盈利能力进行深入分析和验证。

根据工业和信息化部公开的数据：2021年，第三批服务型制造示范企业的服务营收在总营收的占比已经达到48%②。特别是制造业企业的服务业务创造的收入，其年收入能达到5%~10%的增长率。与产品销售所创造的2%左右的增长率相比，制造业企业的服务业务所创造的利润是生产业务的3~7倍。由此说明，这些服务型制造示范企业的服务业务盈利能力大幅增强，其带来的巨大示范效应，为其他制造业企业如何增加企业利润提供了发展的动力。

四、制造业服务化有效提升企业绿色创新效率

制造业服务化发展会刺激市场需求的加速变化与迭代升级，从而激励企业持续创新。基于信号传递理论，企业之间的市场交流机制具有信息传播功能。为持续推进制造业服务化转型升级，制造业企业在通过服务化满足用户需求的同时，还应积极履行环境保护等社会责任，以此塑造并传播其在社会经济活动中的正面形象。同时，在声誉机制的影响下，制造业企业还应将绿色创新技术的推广作为其经营决策的重要组成部分。锦标赛机制将加速绿色创新的外溢效应扩展，这一过程既需要持续提升技术水平，又能在企业之间的模仿竞争中推动绿色创新的大规模市场化应用。

随着制造业服务化向高质量发展阶段纵深推进，制造业企业对高级生产要素的持续投入将促进绿色创新机制的不断完善。通过建立创新人才的开放式交流合作平台，高质量创新成果和技术将实现价值倍增效应，从而持续提升企业的绿色创新效率并扩大其示范效应。同时，制造业企业在决策过程中

---

① 数据来源：根据本章第二节对制造业服务化的测算得知。

② 崔国强. 第五届中国服务型制造大会聚焦制造企业服务收入测算[EB/OL].中国经济网，(2022-09-13)[2025-02-17].http://www.ce.cn/xwzx/gnsz/gdxw/202209/13/t20220913_38101401.shtml.

还受制于自身市场竞争能力、资源水平等，当企业服务化水平较低时，由于缺乏必要的创新能力和内在驱动力，往往会减少对绿色创新的资源投入；而在企业服务化水平不断提高的条件下，制造业企业的持续盈利能力会不断增强，因此它们会主动加大绿色创新投入力度，从而提升绿色创新效率。

关于制造业服务化如何通过创新活动实现企业创新能力的持续提升，从而进一步提升企业绿色创新效率，后续我们将构建制造业服务化绿色创新效率模型进行深入分析和验证。

五、制造业服务化的区域发展差异较大

中国制造业服务化的区域发展不均衡，还存在较大差异。总体来看，东部地区制造业服务化水平相对较高，中、西部地区制造业服务化水平相对较低，这也符合我国经济发展的现实状况。东部地区依托特色产业集聚基础和数字化技术深入应用，率先开始制造业服务化转型。2018 年，全国首批六个服务型制造示范城市中，有五个都在东部地区。

总体来说，东部地区产业发展水平较快，积累了大量的资金和技术资源，开始服务化的时间比较早。和中、西部地区相比，东部地区市场环境更为开放，市场化程度相对较高，技术创新水平和市场需求更偏好服务化趋势，服务化水平更高。东部地区的制造业企业面临的市场竞争程度更加剧烈，这也促进了企业加大技术创新的力度。在构建用户黏性的过程中，制造业企业为了提升盈利能力、确保利润持续增长，往往会更加倾向于采取服务化转型的发展策略。

中、西部地区由于区位条件不如东部地区优越，受到区位条件和各类生产资源的限制，市场发育程度不高，企业资源积累能力偏弱，很难在短期内建立起规模效应，从而阻碍了制造业服务化策略的实施。但随着东部地区产业联动的反哺作用，中、西部地区也会在稍晚的时候进入制造业服务化快速发展阶段，并通过和东部地区产业链条的构建，缩短和东部地区制造业服务化水平的差异。

另外，政府出台的各项促进制造业服务化转型的政策，对不同地区发挥的作用是不相同的，如对东部地区制造业服务化转型的正向积极影响，比西部地区更为显著。对于东部地区和中、西部地区制造业服务化的区域发展差异问题，后续我们在制造业服务化的测算和制造业服务化的绩效评价模型中将继续进行深入分析和验证。

第二节　制造业服务化的测算

一、制造业服务化的测算原理

制造业服务化的测算是分析一国服务化水平的重要手段，是反映服务化水平在经济增长贡献的重要衡量标准。为了说明中国制造业服务化发展的程度，本节导入制造业服务化测算原理，从制造业服务化的测算思路和假设入手，依据贸易经济学原理，借鉴张杰、陈志远、刘元春（2013）提出的出口国内附加值率（DVAR）测算方法①和杨玲（2015）提出的非竞争性投入占用产出模型②，通过静态消耗分析和动态消耗分析，采用制造业服务化投入产出分析、地域和内涵分解、贸易流中的附加值增值核算等方法，测算出不同行业服务化程度比率及其增长比率、总体服务化水平比率和考虑区域差异的服务化程度比率。

（一）制造业服务化测算的基本假设、基本思路和初始设定

就制造业企业本身而言，制造业服务化可以延伸其价值增值链条，在利润层面和企业社会影响力等方面增强企业的区域竞争能力和国际竞争能力。从制造业服务化的宏观经济视角分析，以企业为社会发展的细胞，尽量从社会环境和经济政策方面发掘企业可延展的价值资源，展现企业在现有配置方式下的效率情况，成为当前制造业服务化测算的主要理论基础。

依循当前制造业服务化的理论指导，我们可以从区域制造业服务化投入、产出与服务功能逐步显性化、服务化在区域经济所占比重和增值情况全面说明制造业服务化带来的效率增长效果。以全球产业一体化为总体背景，通过制造业服务化建立全球价值可延展的合作共进关系，形成价值网络的不间断传播路径，对于全球资源合理导向匹配和利润链条最大限度地运转意义重大。为此，本书从资源消耗和制造业服务化利润增值的角度，对制造业服务化进行测算。

---

① 张杰，陈志远，刘元春. 中国出口国内附加值的测算与变化机制［J］. 经济研究，2013，48（10）：124-137.

② 杨玲. 生产性服务进口贸易促进制造业服务化效应研究［J］. 数量经济技术经济研究，2015（5）：37-53.

1. 制造业服务化测算的基本假设

制造业服务化往往因市场环境、企业战略、成本效益的差异性，在不同行业继续以分工形式的推进中产生较大的区别。在以市场趋利为导向的企业经营战略中，企业（供给方）的服务化成本控制能力与市场（需求方）因时代变迁产生的异质性、多样性需求特征，共同构成了影响制造业服务化水平的关键因素。因此，在制造业服务化的测算中，行业本身的技术完善程度以及企业在行业中的地位等因素，都在制造业服务化的测算中起重要作用。据此，制造业服务化程度的测算应着重考虑以下充分且必要条件：

第一，制造业服务化是制造业企业以逐利为目的，追求价值延伸的选择。

第二，制造业服务化中的产业区分界限清晰。

第三，制造业企业具有自主投资和增值的决策权。

第四，制造业服务化具有政策保障和配套支持。

第五，制造业服务化要考虑消费量和生产投入规模的匹配影响。

2. 制造业服务化测算的基本思路

价值链一体化通过双重机制推动制造业服务化转型：一是通过优化资源配置降低服务化过程中的资源损耗；二是通过重构价值分配机制实现利润创造与资源消耗的动态平衡。制造业服务化的测算模型通过内在机理描述并展现了制造业服务化在价值生成到价值实现的动态变化，同时对其形成过程进行了全面分析，为最终的制造业服务化绩效评价提供有力的理论支持。许和连、成丽红、孙天阳（2017）从微观制造业企业的角度，测算了制造业服务化对企业出口国内增加值率（DVAR）的影响①。彭水军、袁凯华、韦韬（2017）在贸易增加值的视角下，测算了制造业出口过程中的服务增加值②。

制造业服务化价值链上各环节能源消费量的增加会产生资源消耗增量边际成本的增长，因此制造业企业对不同生产环节加以资源和技术的投入，并提高技术嵌入与赋予程度，会全面影响其行业价值链上能源消耗的

---

① 许和连，成丽红，孙天阳．制造业投入服务化对企业出口国内增加值的提升效应：基于中国制造业微观企业的经验研究［J］．中国工业经济，2017（10）：62-80.

② 彭水军，袁凯华，韦韬．贸易增加值视角下中国制造业服务化转型的事实与解释［J］．数量经济技术经济研究，2017，34（9）：3-20.

总量水平。以此可推断，对全球不同行业开展资源补充，加强技术开发和创新，并以行业特征适配不同的资源结构，会导致资源消费总量的持续增长。

3. 制造业服务化测算的初始设定

在全球价值链活动中充当价值转移和价值增值的不同产业，其资源消耗和增加主要体现在其以生产、加工和价值增值为目的的能源消耗总量。通过深入剖析能源消耗总量的来源，其总量多少取决于该产业总产出值大小和节约产业能源总量的技术水平高低。依据现代生产原理，产业产出水平越高，需要耗费的能源消费总量越大；与之相反的是，当产业的技术能力越强，该产业所耗费的能源消费总量越小。由此可知，制造业服务化的模型需要借鉴边际增长模型。本书依据构建新古典经济学理论的经济增长模型——索罗增长模型，希冀通过分析该模型中资本要素、劳动要素和技术要素等投入情况，刻画出产出过程和产出总额的最终结果。

具体模型表示如下：

$$y(t) = F[K(t), A(t), L(t)]$$

上述模型中，F 是投入的考虑资本、劳动力和技术水平的生产过程函数，其中 K 是资本投入的数量或者相关规模，A 是技术投入的数量和质量，L 则是劳动力成本。上述模型符合古典经济学在规模报酬一定的条件下，要素投入的边际产出值虽然保持正值，但是会呈现边际增加值逐步递减的规则。基于资源稀缺的经济学假定，上述函数式中的 F 值具备了路径收敛的“稻田条件”①。表达式如下：

$$\lim_{x\to 0} F_x = \lim_{x\to 0} F_l = \infty$$

$$\lim_{x\to\infty} F_l = \lim_{x\to\infty} F_x = 0$$

上述“稻田条件”显示，投入要素在规模较小的条件下，一单位投入要素会产生较多的边际产出产品，但是随着要素投入量不断增加，边际产出产品增加额会逐步减少。依据经济学原理的前提假设，当劳动要素投入的年增长率为 n，技术要素的增长率为 g，且两者不会因时间的推移发生改变时，如果上述产出的产值主要用于消费活动和投资活动，假设社会规模以等额速率发生演化，单位资本投入率等于单位储蓄率，为了实现上述

① WHITE A L, STOUGHTON M, FENG L. Servicizing: the quiet transformation to extended producer responsibility [J]. Tellus institute, 1999: 97.

均衡，假设边际储蓄率等于边际资本投入率，假设储蓄增长率为 s，且不会因为时间的变化而发生变化，资本投入不存在折旧率，则有

$$\frac{\dot{L}(t)}{L(t)}=n$$

$$\frac{\dot{A}(t)}{A(t)}=g$$

$$\frac{\dot{K}(t)}{K(t)}=s$$

其中，$\dot{L}(t)$、$\dot{A}(t)$、$\dot{K}(t)$ 分别是 $L(t)$、$A(t)$、$K(t)$ 关于时间的导数。

因此，该模型根据资本、劳动力和技术的投入，运用新古典经济学的生产函数，提出了以下设想：

第一，生产函数的不同要素共同作用于产业组织总产出的产品，要素函数 F 为单调递增函数，F 函数符合经济学中的稻田条件。

第二，随着要素水平投入质量的提高和产业技术能力的加强，相关产业的能量消耗总量的增长速率会不断递减。在现有经济原理的指引下，我们可以推断出，因当前制造业服务化技术和劳动力水平以及资本的协同变化对最终产品的价值提升和价值链的延伸具有重要意义①，以此可以探讨模型的动态变化过程和静态变化过程对价值产出的影响。

（二）制造业服务化的静态投入分析

为了演示制造业服务化投入后产业资源耗费的真实情况，我们运用演绎方法，假定在某产业中，产出的增加值划分为两个行业，即行业 A 和行业 B，依据简化原则，对具有不同价值链的企业进行归类演绎，设定出能源消耗的总体函数②，以此说明贡献产出产品和技术发展水平，成为生产能源耗费量大小的主要因素。据此，得出了产业 X 的能源消费量产出方程如下③：

$$E(t)=E_1(t)+E_2(t)=G_1[Y_1(t), T_1(t)]+G_2[Y_2(t), T_2(t)]$$

① 戴翔. 中国制造业出口内涵服务价值演进及因素决定［J］. 经济研究，2016，51（9）：44-57，174.

② VANDERMERWE，RADA. Servitization of business：adding value by adding services［J］. European management journal，1988，6（4）：314-324.

③ SHAFIK，BANDYOPADHYAY. Economic growth and environmental quality：time-series and cross-country evidence［M］. Washington DC：World Bank Publications，1992.

上述方程中，T 值代表了和能源消费量增加水平相关的技术水平，我们假设在行业 A 中，投入要素增加的水平在产业 N 中获得的总产出值所占比重为 $\varphi(t)$；同时，上述行业 B 中，投入要素增加的水平在产业 N 中获得的总产出值 Y 的比重为 $1-\varphi(t)$。

为了说明技术水平的影响，我们假设行业 A 为获得既定的行业产出价值，投入的研发支出为 p_1，与之相应的是行业 B 投入的研发支出为 p_2，由此可表示出产业 X 投入来源行业的能源消费函数为

$$\begin{cases} E_1(t)=Y_1(t)^{\alpha_1}\times[p_1\times Y_1(t)]^{\beta_1}=[\varphi(t)\times Y_1(t)]^{\alpha_1}\times[p_1\times\varphi(t)\times Y_1(t)]^{\beta_1} \\ E_2(t)=Y_2(t)^{\alpha_2}\times[p_2\times Y_2(t)]^{\beta_2}=\{[1-\varphi(t)]\times Y_2(t)\}^{\alpha_2}\times\{p_2\times[1-\varphi(t)]\times Y_2(t)\}^{\beta_2} \end{cases}$$

上述方程中，p 值代表不同产业投入的研发支出所占不同行业的比例；α 代表不同行业为达到预定产出总值需要增加的行业耗费能源的总量，即技术水平的不断提高对减少单位能量消耗量的积极影响，其中 $0<\alpha<1$；β 则代表各行业技术水平不断提高有可能减少行业能源消耗或者降低单位消耗量，即技术能力的有效性的体现过程，其中 $-1<\beta<0$。将上述式子整理代入后，可变形为

$$\begin{aligned} E(t) &= E_1(t)+E_2(t) \\ &= \left(\frac{1}{p_1}\right)^{\alpha_1+\beta_1}\times[\varphi(t)\times Y(t)]^{\alpha_1+\beta_1}+\left(\frac{1}{p_2}\right)^{\alpha_2+\beta_2}\times \\ &\quad \{[1-\varphi(t)]\times Y(t)\}^{\alpha_2+\beta_2} \\ &= \lambda_1\times[\varphi(t)\times Y(t)]^{\mu_1}+\lambda_2\times\{[1-\varphi(t)]\times Y(t)\}^{\mu_2} \end{aligned}$$

其中，$\lambda_1=\left(\frac{1}{p_1}\right)^{\alpha_1+\beta_1}$，$\lambda_2=\left(\frac{1}{p_2}\right)^{\alpha_2+\beta_2}$ 分别表示行业 A 和行业 B 对产业 X 能源消费总量的影响系数；$\mu_1=\alpha_1+\beta_1$，$\mu_2=\alpha_2+\beta_2$ 分别表示产出和技术水平共同对该产业能源消费量的影响弹性，且 $0<\mu_1$，$\mu_2<1$。将上面两个式子分别取对数，求以时间 t 的导数，可得到以下等式：

$$\frac{\dot{E}_1(t)}{E_1(t)}=\mu_1\times\left[\frac{\dot{\varphi}(t)}{\varphi(t)}+\frac{\dot{Y}(t)}{Y(t)}\right]$$

$$\frac{\dot{E}_2(t)}{E_2(t)}=\mu_2\times\left[\frac{-\dot{\varphi}(t)}{1-\varphi(t)}+\frac{\dot{Y}(t)}{Y(t)}\right]$$

则产业 X 的能源消费量随时间的变化率和行业投入的能源消费变化率共同决定：

$$\dot{E}(t) = \dot{E_1}(t) + \dot{E_2}(t)$$

$$= E_1(t) \times \mu_1 \times \left[\frac{\dot{\varphi}(t)}{\varphi(t)} + \frac{\dot{Y}(t)}{Y(t)}\right] + E_2(t) \times \mu_2 \times \left[\frac{-\dot{\varphi}(t)}{1-\varphi(t)} + \frac{\dot{Y}(t)}{Y(t)}\right]$$

整理后，可得

$$\dot{E}(t) = \left[\frac{E_1(t) \times \mu_1}{\varphi(t)} - \frac{E_2(t) \times \mu_2}{1-\varphi(t)}\right] \times \dot{\varphi}(t) +$$

$$[E_1(t) \times \mu_1 + E_2(t) \times \mu_2] \times \frac{\dot{Y}(t)}{Y(t)}$$

依据上式可得，在价值链延展中的产业 X 能源消耗量的变化率和该产业投入要素的增加值所占比例 $\varphi(t)$ 同随时间变化的边际增加率 $\dot{\varphi}(t)$ 与产业产出增长比 $\frac{\dot{Y}(t)}{Y(t)}$ 关系密切。

（三）制造业服务化的动态消耗分析

随着制造业资源的动态变化，其增加值会因时间变化对本行业的资源消耗的增长率产生动态的影响①②。假设制造业的增加值随着时间推移，其变化率为 $\dot{\varphi}(t)$，依据变化率可以分析出制造业消费增长率的真实情况，并以此说明制造业服务化的动态消耗过程。对 $\dot{\varphi}(t)$ 整理如下：

$$\left[\frac{E_1(t) \times \mu_1}{\varphi(t)} - \frac{E_2(t) \times \mu_2}{1-\varphi(t)}\right] = \frac{\mu_1 \times \lambda_1 \times [\varphi(t) \times Y(t)]^{\mu_1}}{\varphi(t)} -$$

$$\frac{\lambda_2 \times \{[1-\varphi(t)] \times Y(t)\}^{\mu_2}}{1-\varphi(t)}$$

$$= \mu_1 \times \lambda_1 \times \varphi(t)^{\mu_1 - 1} \times Y(t)^{\mu_1} - \mu_2 \times \lambda_2 \times$$

$$[1-\varphi(t)]^{\mu_2 - 1} \times Y(t)^{\mu_2}$$

$$= \frac{\mu_1}{p} \times \left[\frac{\varphi(t)}{p}\right]^{\mu_1 - 1} \times Y(t)^{\mu_1} - \frac{\mu_2}{p} \times$$

$$\left[\frac{1-\varphi(t)}{p}\right]^{\mu_2 - 1} \times Y(t)^{\mu_2}$$

① 吕越，黄艳希，陈勇兵. 全球价值链嵌入的生产率效应：影响与机制分析［J］. 世界经济，2017，40（7）：28-51.

② 高翔，刘啟仁，黄建忠. 要素市场扭曲与中国企业出口国内附加值率：事实与机制［J］. 世界经济，2018，41（10）：26-50.

上述算式中，我们假设在产业 X 投入的研发支出中，行业 A 和行业 B 所占比例完全相同，即 $p_1 = p_2 = p$，则随着时间变化率 $\dot{\varphi}(t)$ 的不断推进，不同行业要素投入增加比重取决于该行业产出水平和该行业技术能力提高的共同影响，其影响对行业 A 和行业 B 的弹性分别为 μ_1 和 μ_2。

因技术发展具有不确定性，所以我们需要根据上述弹性数值的变化过程进行具体分析，情况如下：

第一，当 $0 < \mu_1 < \mu_2 < 1$ 时，来源于行业 A 的投入产出对行业能源消费量的正向影响与行业技术水平对行业能源消费量的负向影响之差小于行业 B，即在行业 A 的产出水平和技术提升能力质量一起作用下对本行业的能源消耗量水平的弹性影响力更加羸弱，此时 $\frac{\mu_1}{p} \times Y(t)^{\mu_1} < \frac{\mu_2}{p} \times Y(t)^{\mu_2}$。则当 $\left[\frac{\varphi(t)}{p}\right]^{\mu_1-1} < \left[\frac{1-\varphi(t)}{p}\right]^{\mu_2-1}$ 时，$\varphi(t) > 1-\varphi(t)$ 时，此时 $\frac{E_1(t) \times \mu_1}{\varphi(t)} - \frac{E_2(t) \times \mu_2}{1-\varphi(t)} < 0$，即来源于行业 A 的增加值占产业 X 总产出水平 Y 值的比例大于 1/2 时，来源于行业 A 产生的增加值所占比例会依循时间的推移造成产业 X 的能源耗费总量不断下降。

当 $\left[\frac{\varphi(t)}{p}\right]^{\mu_1-1} > \left[\frac{1-\varphi(t)}{p}\right]^{\mu_2-1}$ 时，无法确定 $\frac{E_1(t) \times \mu_1}{\varphi(t)} - \frac{E_2(t) \times \mu_2}{1-\varphi(t)}$ 的正负。

第二，当 $0 < \mu_1 = \mu_2 < 1$ 时，不同行业投入水平的产出对行业能源消费量的正向影响与行业技术水平对行业能源消费量的负向影响之差相等，此时 $\frac{\mu_1}{p} \times Y(t)^{\mu_1} = \frac{\mu_2}{p} \times Y(t)^{\mu_2}$。

（1）当 $\varphi(t) > 1-\varphi(t)$ 时，此时 $\frac{E_1(t) \times \mu_1}{\varphi(t)} - \frac{E_2(t) \times \mu_2}{1-\varphi(t)} < 0$，即来源于行业 A 的增加值所占产业 X 的产出水平 Y 值比例超过 1/2 时，随着时间的不断推延，在全球价值链的共同作用下，该产业 X 的能源耗费总量不断减少。

（2）当 $\varphi(t) < 1-\varphi(t)$ 时，此时 $\frac{E_1(t) \times \mu_1}{\varphi(t)} - \frac{E_2(t) \times \mu_2}{1-\varphi(t)} > 0$，即来源于行业 A 的增加值占产业 X 总产出水平 Y 值的比例低于 1/2 时，行业 A 的

增加值占产业 N 的增加值的比例按照时间不断演化，会造成产业 N 能源消耗总量的不断增加。

（3）当 $\varphi(t)=1-\varphi(t)$ 时，此时 $\frac{E_1(t)\times\mu_1}{\varphi(t)}-\frac{E_2(t)\times\mu_2}{1-\varphi(t)}=0$，即当分别来源于行业 A 和行业 B 的增加值所占产业 X 总产出水平 Y 值的比例一样时，来自不同行业的增加值所占比例不管如何调整，都不会造成产业 X 能源消耗水平总量的变化发生改变。

第三，当 $0<\mu_2<\mu_1<1$ 时，来源于行业 A 的产出对行业能源消费量的正向影响与行业技术水平对行业能源消费量的负向影响之差大于行业 B，即行业 B 的产出水平和技术能力增强水平均会使本行业能量消耗水平弹性影响降低，此时 $\frac{\mu_1}{p}\times Y(t)^{\mu_1}>\frac{\mu_2}{p}\times Y(t)^{\mu_2}$。则当 $\left[\frac{\varphi(t)}{p}\right]^{\mu_1-1}>\left[\frac{1-\varphi(t)}{p}\right]^{\mu_2-1}$ 时，$\varphi(t)<1-\varphi(t)$，此时 $\frac{E_1(t)\times\mu_1}{\varphi(t)}-\frac{E_2(t)\times\mu_2}{1-\varphi(t)}>0$。即当来源于行业 A 的增加值所占产业 X 总产出水平 Y 值的比例不超过 1/2 时，来源于行业 B 的增加值所占产业 X 比例随着时间推移会造成产业 X 的能源消耗总量上升；当 $\left[\frac{\varphi(t)}{p}\right]^{\mu_1-1}<\left[\frac{1-\varphi(t)}{p}\right]^{\mu_2-1}$ 时，无法确定 $\frac{E_1(t)\times\mu_1}{\varphi(t)}-\frac{E_2(t)\times\mu_2}{1-\varphi(t)}$ 的符号。

通过对上述三种情况的分析可以说明，不同行业增加值在产业 X 所占比例对该产业能量消耗量会产生不同影响，其影响程度主要和不同产业产出值水平及技术能力增强水平产生的弹性造成的影响有关。因此，不同产业投入结构的调整和变化对制造业服务化的资源消耗水平的增加或者减少有不同影响。其资源消耗和产出增加取决于不同来源产业的比重和贡献水平，以及产业的性质。

结合当前制造业服务化发展的情况，我们将现有的制造业分解为制造业和服务业，并假定行业 A 和行业 B 分别代表制造业和服务业的分类。如果制造业和服务业对能源消耗的标准有所差别，两者因技术水平和产出能力的差异可能在制造业比重过大时，能源消耗弹性较大。具体而言，如果行业 A 的增加值较大时，该产业的能源消耗水平较高，若其增加值比重小于 1/2 时，制造业增加值的提升会加大能源的消耗，制造业服务化水平相对较低。但是上述模型也显示，如果该比重大于 1/2 时，制造业和服务业的结构调整对能源消耗的影响无法确定。如果行业 B 所占比重较大时，即当其比重大于 1/2 时，服务业的增加值增大，会降低能源的消耗水平；然而，当其比重小于 1/2 时，服务业增加值的影响情况将无法确定。

综上所述，制造业服务化的影响结果可以从其资源的消耗程度进行全面分析。在技术水平提升有限的情况下，制造业服务化对产业的增加值贡献能力不足，随着技术水平和投入增加值的提升，在服务化程度不断提升的情况下，能源消耗将逐步减少。由此可知，技术水平突破某个临界点时，制造业服务化的增值能力才逐步提高。

二、制造业服务化的测算方法

制造业在参与社会分工时，会依据价值链在产业中的延展情况和本行业在产业中的地位及产业链的阶段进行相应的决策。依照前述的机理分析和动态过程分析，在行业参与制造业发展和升级初期，因产业价值链技术水平相对不高，在产业低端发展阶段，会因参与者众多，产业能量消耗较多，增值能力较低。随着该制造业产业的技术能力和投入效率不断提高，制造业产业更加偏重服务化的部分，通过服务化水平的提高，一方面降低能源消耗，另一方面增加产出价值。因此，制造业服务化的测算可以通过投入产出矩阵进行分析。

（一）制造业服务化的投入产出分析

从制造业分工体系来看，只有制造业所获得的增值才能真正地衡量制造业的真实收益。但是传统计算增值的方法不能准确测算各个制造业的盈利程度，为此，以 Foster－McGregor 和 Stehrer（2013）①、Javorsek 等（2015）②、Johnson 和 Noguera（2017）③ 等为代表的学者从国际贸易和区域贸易的角度提出，国内出口增加值可以衡量一个国家（或地区）所获得经

① FOSTER－MCGREGOR N，STEHRER R. Value added content of trade：a comprehensive approach［J］. Economics letters，2013，120（2）：354-357.

② JAVORSEK M，CAMACHO I，CHOWDHURY R M H. Trade in value added：concepts，estimation and analysis［D］. Economic and Social Commission for Asia and the Pacific Working Paper，2015.

③ JOHNSON R C，NOGUERA G. A portrait of trade in value added over four decades［J］. The review of economics and statistics，2017，99：181-203.

济利益的增加值。Lanz 和 Maures（2015）① 以及 Baldwin 等（2015）② 认为，制造业服务化是在全球价值链背景下的制造业投入服务化，可以用制造业出口贸易中来源于服务行业的增加值占比衡量，并可以通过制造业的交易额和出口贸易增加值进行测度。Hummels 等（2001）③ 提出，可以利用 OECD 提供的投入产出表测算一个国家的贸易增加值。文东伟和冼国明（2010）④ 对贸易增加值进行分解分析，并扩展了出口垂直专业化指标。Koopman 等（2011）⑤ 通过整合增加值统计法和通关统计法构建多部门投入产出数据库，对国际贸易中的增加值进行全方位测算。程大中（2015）⑥ 从需求的角度出发，采用后向关联的方法，根据增加值的不同来源对一国的总出口进行分析。Francois 等（2007）⑦ 和程大中等（2017）⑧ 从供给的角度，采用前向关联的方法，分解各个行业的出口增加值。不同区域非竞争状态投入产出分析见表 3-1。

在投入产出矩阵中，我们使用了 KPWW 的测算方法来说明国际贸易增加程度。通过上述投入产出表的列示，我们计算出世界不同国家和地区、不同行业开展贸易活动的增加值（TIVA）。我们假设有 M 个地区，同时，这些地区有 W 个行业，以上行业产出的产品既是中间产品也是最终消费品，多个不同区域投入产出模型用式（3-1）表示。

---

① LANZ R, MAURER A. Services and global value chains: servicification of manufacturing and services networks [J]. Journal of international commerce economics & policy, 2015, 6 (3): 155-214.

② BALDWIN R, FORSLID R, ITO T. Unveiling the evolving sources of value added in exports [J]. Joint research program series, 2015 (2): 171-209.

③ HUMMELS D, ISHII J, YI K. The nature and growth of vertical specialization in world trade [J]. Journal of international economics, 2001, 54 (1): 75-96.

④ 文东伟，冼国明. 中国制造业的垂直专业化与出口增长 [J]. 经济学（季刊），2010，9 (2)：467-494.

⑤ KOOPMAN R, POWERS W, WANG Z, et al. Give credit where credit is due: tracing value added in global production chains [J]. National bureau of economic research working papers, 2011, 6 (10): 164-261.

⑥ 程大中. 中国参与全球价值链分工的程度及演变趋势：基于跨国投入—产出分析 [J]. 经济研究，2015，50 (9)：4-16，99.

⑦ FRANCOIS J, WOERZ J. Producer services, manufacturing linkages, and trade [J]. Social science electronic publishing, 2007, 8 (3-4): 199-229.

⑧ 程大中，魏如青，郑乐凯. 中国服务贸易出口复杂度的动态变化及国际比较：基于贸易增加值的视角 [J]. 国际贸易问题，2017，413 (5)：103-113.

表 3-1　不同区域非竞争状态投入产出分析

变量			中间使用				最终使用				总产出
			国家 A	国家 B	…	国家 P	国家 A	国家 B	…	国家 P	
			1…N	1…N	…	1…N					
中间投入	国家 A	1…N	a_{11}	a_{12}	…	a_{1P}	Y_{11}	Y_{12}	…	Y_{1P}	X_1
	国家 B	1…N	a_{21}	a_{22}	…	a_{2P}	Y_{21}	Y_{22}	…	Y_{2P}	X_2
	…	…	…	…	…	…	…	…	…	…	…
	国家 P	1…N	a_{P1}	a_{P2}	…	a_{PP}	Y_{P1}	Y_{P2}	…	Y_{PP}	X_P
增加值			V_1	V_2	…	V_P	—	—	—	—	—
总投入			X_1	X_2	…	X_P	—	—	—	—	—

$$\begin{bmatrix} X1 \\ X2 \\ \cdots \\ Xp \end{bmatrix} = \begin{bmatrix} A11 & A12 & \cdots & A1P \\ A21 & A22 & \cdots & A2P \\ \cdots & \cdots & \cdots & \cdots \\ AP1 & AP2 & \cdots & APP \end{bmatrix} \begin{bmatrix} X1 \\ X2 \\ \cdots \\ Xp \end{bmatrix} + \begin{bmatrix} Y1 \\ Y2 \\ \cdots \\ Yp \end{bmatrix} \tag{3-1}$$

其中，X_r、Y_r，($r=1,\ 2,\ 3,\ \cdots,\ p$) 都是矩阵的 N 维列向量，各自代表了特定某个地区 r 的 P 个行业的总产出水平和最终消费品产量。A_{mr} 则代表某个地区 r 对另一个地区 S 的直接消耗水平系数矩阵，即地区 S 对地区 r 的投入直接水平量占据地区 r 总产出水平比例的矩阵。由于地区 r 总产出产品其中一部分作为该地区和其他地区中间的投入产品，其他的部分作为本地区和相关地区的终极消费产品，因此地区 r 的总产出可以用式（3-1）右侧第一项和第二项之和表示。将式（3-1）右侧第一项移到左边得到式（3-2）。

$$\left(\begin{bmatrix} 1 & 0 & \cdots & 0 \\ 0 & 1 & \cdots & 0 \\ \cdots & \cdots & \cdots & \cdots \\ 0 & 0 & \cdots & 1 \end{bmatrix} - \begin{bmatrix} A11 & A12 & \cdots & A1P \\ A21 & A22 & \cdots & A2P \\ \cdots & \cdots & \cdots & \cdots \\ AP1 & AP2 & \cdots & APP \end{bmatrix} \right) \begin{bmatrix} X1 \\ X2 \\ \cdots \\ Xp \end{bmatrix} = \begin{bmatrix} Y1 \\ Y2 \\ \cdots \\ Yp \end{bmatrix} \tag{3-2}$$

将上述等式加以整理可得

$$\begin{bmatrix} X1 \\ X2 \\ X3 \\ X4 \end{bmatrix} = \begin{bmatrix} 1-A11 & -A12 & \cdots & -A1P \\ -A21 & 1-A22 & \cdots & -A2P \\ \cdots & \cdots & \cdots & \cdots \\ -AP1 & -AP2 & \cdots & 1-APP \end{bmatrix}^{-1}$$

$$\begin{bmatrix} Y1 \\ Y2 \\ Y3 \\ Y4 \end{bmatrix} = \begin{bmatrix} B11 & B12 & \cdots & B1P \\ B21 & B22 & \cdots & B2P \\ \cdots & \cdots & \cdots & \cdots \\ BP1 & BP2 & \cdots & BPP \end{bmatrix} \begin{bmatrix} Y1 \\ Y2 \\ Y3 \\ Y4 \end{bmatrix} \tag{3-3}$$

其中，B_{mr} 是地区完全消耗量系数矩阵，即 Leonitief 逆矩阵，表示当地区 r 每增加一单位最终使用时，对地区 m 的完全消耗不仅包括投入要素直接用以消耗的总量，还包括上述要素的间接消耗总量。根据 Leonitief 逆矩阵的数值和增加值率矩阵，我们将不同地区以消耗量增加值来源进行分解，结果为

$$\mathrm{TIVA} = \begin{bmatrix} \mathrm{TIVA}11 & \mathrm{TIVA}12 & \cdots & \mathrm{TIVA}1P \\ \mathrm{TIVA}21 & \mathrm{TIVA}22 & \cdots & \mathrm{TIVA}2P \\ \cdots & \cdots & \cdots & \cdots \\ \mathrm{TIVA}P1 & \mathrm{TIVA}P2 & \cdots & \mathrm{TIVA}PP \end{bmatrix} = \hat{\mathrm{V}}\mathrm{B}\hat{\mathrm{E}}$$

$$= \begin{bmatrix} \hat{V}1 & 0 & \cdots & 0 \\ 0 & \hat{V}2 & \cdots & 0 \\ \cdots & \cdots & \cdots & \cdots \\ 0 & 0 & \cdots & \hat{V}p \end{bmatrix} \begin{bmatrix} B11 & B12 & \cdots & B1P \\ B21 & B22 & \cdots & B2P \\ \cdots & \cdots & \cdots & \cdots \\ BP1 & BP2 & \cdots & BPP \end{bmatrix} \begin{bmatrix} \hat{E}1 & 0 & \cdots & 0 \\ 0 & \hat{E}2 & \cdots & 0 \\ \cdots & \cdots & \cdots & \cdots \\ 0 & 0 & \cdots & \hat{E}p \end{bmatrix}$$

$$= \begin{bmatrix} \hat{V}1B11\,\hat{E}1 & \hat{V}1B12\,\hat{E}2 & \cdots & \hat{V}1B1P\,\hat{E}P \\ \hat{V}2B21\,\hat{E}1 & \hat{V}2B22\,\hat{E}2 & \cdots & \hat{V}2B2P\,\hat{E}P \\ \cdots & \cdots & \cdots & \cdots \\ \hat{V}PBP1\,\hat{E}1 & \hat{V}PBP2\,\hat{E}2 & \cdots & \hat{V}pBPP\,\hat{E}P \end{bmatrix} \tag{3-4}$$

其中，$\hat{V}_r$ 表示国家 r 增加值比率的矩形方阵，对角线为向量 $\hat{V}_r$，表示地区 r 不同行业的增加值比率，该方阵将 m 个地区的 p 个行业（所有行业）的生产增加值的比率；$\hat{E}_r$ 表示地区 r 开展经济活动的矩形方阵。式（3-4）中第三行的矩阵就是该地区经济活动的增加值矩阵，用来表述某个地区贸易增加值（TIVA）的来龙去脉。上述矩阵中对角线元素表示不同地区跨区域经济活动增加值中来自该地区内部的自己创造的价值，而不在对角线的那些元素则展现了跨越不同地区开展贸易活动产生的增加值中，非本地区创造的增加值。故而，每一个列元素都标明了本地区开展不同区域间贸易活动

产生的该地区的增加值和在其他地区贸易活动中产生的增加值。譬如，任意一个不是对角线元素，代表了非本地区经济活动产生的增加值，在对角线上的元素则表明了本地区产生的价值增值。按照元素序号则代表了不同国家增值部分来自不同的国家，如元素 1 代表国家 1 的来源，而元素 m 则代表来自国家 m 的增加值来源。

对制造业服务化进行资本投入而产生的价值增值，往往内蕴于不同制造业表现出的总的产出价值水平中。由此可知，服务业增值部分所占制造业的总增值部分可定义为制造业服务化率，其表达式如下：

$$Serr,\ i=\sum{}_{m}\sum{}_{j\in s}Vm,\ j(Bmr)\,jiEr,\ i/Er,\ i \tag{3-5}$$

其中，下标 i 代表所属制造业的不同行业，j 则代表不同的服务业，因为 j 隶属于 s 集合，所以 s 集合代表了所有的服务业。依据 2016 年的世界投入产出数据库（WIOD）所列示的 44 个国家的农业、工业和服务业的中间产品与最终产成品的相关数据，本书依据《国际标准行业分类》，将上式中的产业分为 19 个制造业产业和 30 个服务业产业。结合上述等式元素，针对制造业服务业增加值所属行业可表示为集合 s 中 20–49 编码中的所有服务行业，上式中的 $V_{m,\ j}$ 则表示地区 m 中的 j 类服务业价值增加比率的向量元素。上述的系数消耗矩阵 $(B_{mr})_{ji}$ 表示不同地区的能源消耗量。$E_{r,\ i}$ 则表示地区 r 所创造的制造业 i 的出口价值总量。$V_{m,\ j}\,(B_{mr})_{j}\,E_{i,\ j}$ 矩阵组合表示特定地区 r 的某制造行业 i 所内嵌的服务业增加值从地区 m 的服务业 j 那部分获得。借鉴上述进出口贸易的测算方法，本书将其运用于国内制造业服务化的增值测算。

（二）制造业服务化依据地域和内涵的投入分解

1. 不同地域比较优势形成的增值

基于制造业服务化的增值可依据不同地域的比较优势获得，其一方面因全球价值链可形成贸易往来而实现的机制增值，另一方面以当前双循环理论为出发点，国内不同地域也因各自不同的技术优势、资源优势和区位优势等在服务投入和其他投入的差异性，可将相应的服务要素和其他生产要素的投入分解为国内部分和国外部分，其中制造业产生的服务增值可依据地区不同和国家的差异分解为国内增值部分和国外形成的增值部分。通过上述投入产出分析，参照世界投入产出表，国家 r 的制造业 i 出口内涵服务增加值 $s_{r,\ i}$ 可以表示为 $\sum{}_{m}\sum{}_{j\in s}Vm,\ j(Bmr)\,jiEr,\ i$ 与 $\sum{}_{m=r}\sum{}_{j\in s}Vm,\ j(Bmr)\,jiEr,\ i$ 两项之和。因此，国家 r 的制造业 i 出口内涵国内来

源服务化率为

$$Serr,\ i\_D = \sum_{m=r} \sum_{j \in s} Vm,\ j(Bmr)\ jiEr,\ i/Er,\ i \qquad (3-6)$$

国家 r 的制造业 i 出口内涵国外来源服务化率为

$$Serr,\ i\_F = \sum_{m \neq r} \sum_{j \in S} Vm,\ j(Bmr)\ jiEr,\ i/Er,\ i \qquad (3-7)$$

2. 服务水平增值分解

除了地域的影响外，依循服务业活动的特征、功用和性质的差异，对服务业投入的差异还可以考虑按照四分法进行分类和匹配。由此将服务业划分为生产性服务业、分配性服务业、消费性服务业和社会性服务业，并且分别将上述要素划分为不同的集合类型，且假定上述集合彼此独立，没有交集。以此设定出上述集合分别为：生产性服务业集合为 s_1 ，分配性服务业集合为 s_2 ，消费性服务业集合为 s_3 ，社会性服务业集合为 s_4 。根据上述定义过程，可得出制造业内涵式增值为

$$Sr,\ i = \sum_{m} \sum_{j \in s_1} Vm,\ j(Bmr)\ jiEr,\ i + \sum_{m} \sum_{j \in s_2} Vm,\ j(Bmr)\ jiEr,\ i + \sum_{m} \sum_{j \in s_3} Vm,\ j(Bmr)\ jiEr,\ i + \sum_{m} \sum_{j \in s_4} Vm,\ j(Bmr)\ jiEr,\ i \qquad (3-8)$$

式（3-8）可以进一步从国内和国外进行细分，分别划分为国内的服务化率和国际的服务化率。由此形成国内来源的生产性服务化率、分配性服务化率、消费性服务化率、社会性服务化率和国际的生产性服务化率、分配性服务化率、消费性服务化率、社会性服务化率。由此，等式进一步分解如下：

$$\begin{aligned} Serr,\ i = [& \sum_{m=r} \sum_{j \in s_1} Vm,\ j(Bmr)jiEr,\ i + \\ & \sum_{m=r} \sum_{j \in s_2} Vm,\ j(Bmr)jiEr,\ i + \\ & \sum_{m=r} \sum_{j \in s_3} Vm,\ j(Bmr)jiEr,\ i + \\ & \sum_{m=r} \sum_{j \in s_4} Vm,\ j(Bmr)jiEr,\ i + \\ & \sum_{m \neq r} \sum_{j \in s_1} Vm,\ j(Bmr)jiEr,\ i + \\ & \sum_{m \neq r} \sum_{j \in s_2} Vm,\ j(Bmr)jiEr,\ i + \\ & \sum_{m \neq r} \sum_{j \in s_3} Vm,\ j(Bmr)jiEr,\ i + \\ & \sum_{m \neq r} \sum_{j \in s_4} Vm,\ j(Bmr)jiEr,\ i]/Er,\ i \end{aligned} \qquad (3-9)$$

对式（3-9）右侧内容做出如下说明：第一项为国家 r 第 i 个行业的出口的增加值为本国家生产性的增加量；第二项为国家 r 第 i 个行业的出口增加值为本国分配性的增加量；第三项为国家 r 第 i 个行业的出口增加值为本国消费性的增加量；第四项为国家 r 第 i 个行业的出口增加值为本国社会服务性行业的增加量；第五项至第八项则分别说明了来源于国外的相应增加值量。

3. 技术能力和附加值的影响

在技术能力和知识水平与信息功能不断完善的前提下，一些高科技产业具有较高的附加值、知识含量和信息蕴含水平，因此它们更易通过服务业的内嵌化实现价值的飙升。上述产品主要的分类依据来自联合国产品分类，依据 WIOD 的分类，制造业服务化的行业一共分为 30 个，这些行业主要有信息技术、包含研究发展支出等服务行业，还包括金融等资本化服务产业。通过对价值链上不同产品的附加值进行比较，我们可以对上述高附加值产业进行进一步分析，由此明确制造业服务化可能带来的效应。制造业服务化的高端程度比率可以分解为：专业类别、科学技术类等行业的服务化比率、和金融与保险类行业相关的服务化比率以及和现代物流相关制造业服务化比率。

（三）制造业开展出口贸易活动的附加值增加值核算

式（3-10）表示不同国家多个行业在不同区域开展贸易活动的多区域投入产出模型（MRIO），该模型能更准确地探究出特定国家出口贸易活动内涵的附加值（国内行业单位产出的增加值）。相关矩阵为 C^{d}，如 c_r^{d}，表明了第 r 个国家不同行业的增加值水平。为了反映出不同国家和不同行业之间的增加值总额，可以将国家与行业增加值系数矩阵 C^{d} 和能量消耗量系数矩阵 B_{mr} 相乘，由此获知不同国家和不同行业产生的全景增加值系数矩阵。和前述相一致，在对角线上的各个元素代表了本国产生的增加值，没有在对角线上的元素，则代表了跨区域贸易活动产生的国外部分的增加值：

$$C^{d}B=\begin{bmatrix} C_1^{d} & 0 & \cdots & 0 \\ 0 & C_2^{d} & \cdots & 0 \\ \cdots & \cdots & \cdots & \cdots \\ 0 & 0 & \cdots & C_p^{d} \end{bmatrix}\begin{bmatrix} B11 & B12 & \cdots & B1P \\ B21 & B22 & \cdots & B2P \\ \cdots & \cdots & \cdots & \cdots \\ BP1 & BP2 & \cdots & BPP \end{bmatrix}$$
$$=\begin{bmatrix} C_1^{d}B11 & C_1^{d}B12 & \cdots & C_1^{d}B1P \\ C_2^{d}B21 & C_2^{d}B22 & \cdots & C_2^{d}B2P \\ \cdots & \cdots & \cdots & \cdots \\ C_p^{d}BP1 & C_p^{d}BP2 & \cdots & C_p^{d}BPP \end{bmatrix} \tag{3-10}$$

一国总出口贸易活动既有出口到他国的最终产品，也存在一些用于深加工的中间部分的产品。式（3-9）中的 E_r 代表了某国的制造业出口形成的总价值，该矩阵与 $C^{d}B$ 的乘积可以表明不同国家和不同行业出口活动产生的全部附加值的矩阵：

$$C^{d}BE=\begin{bmatrix} C_1^{d} & 0 & \cdots & 0 \\ 0 & C_2^{d} & \cdots & 0 \\ \cdots & \cdots & \cdots & \cdots \\ 0 & 0 & \cdots & C_{\mathrm{P}}^{d} \end{bmatrix}\begin{bmatrix} B11 & B12 & \cdots & B1\mathrm{P} \\ B21 & B22 & \cdots & B2\mathrm{P} \\ \cdots & \cdots & \cdots & \cdots \\ B\mathrm{P}1 & B\mathrm{P}2 & \cdots & B\mathrm{PP} \end{bmatrix}\begin{bmatrix} E1 & 0 & \cdots & 0 \\ 0 & E2 & \cdots & 0 \\ \cdots & \cdots & \cdots & \cdots \\ 0 & 0 & \cdots & EP \end{bmatrix}$$
$$=\begin{bmatrix} C_1^{d}B11E1 & C_1^{d}B12E2 & \cdots & C_1^{d}B1\mathrm{P}EP \\ C_2^{d}B21E1 & C_2^{d}B22E2 & \cdots & C_2^{d}B2\mathrm{P}EP \\ \cdots & \cdots & \cdots & \\ C_{\mathrm{P}}^{d}BP1E1 & C_{\mathrm{P}}^{d}BP2E2 & \cdots & C_{\mathrm{P}}^{d}BPPE\mathrm{P} \end{bmatrix} \tag{3-11}$$

式（3-10）和式（3-11）代表了不同国家和不同行业产生的出口贸易活动的总增加值，

式（3-12）表示国家 r 制造业 i 的出口总附加值：

$$\mathrm{Add}_{r,\ i}=\sum{}_{m}\sum{}_{j\in S}c_{m,\ k}^{d}(Bmr)kiEr,\ i \tag{3-12}$$

其中，下标字母 j 代表制造行业，k 代表除制造业之外的其他行业，当然 k 也可以等于 j，S 是所有行业的总和，i 代表了特定地区，矩阵之间的关系前已述及，本节不再赘述。

（四）制造业服务化与附加值增加值的关系

在全球贸易自由的背景下，价值链的不断延展使得行业分工更倾向于纵深的发展趋势。产品的推出和功能的日趋多元，给各行业贸易增加值的最大化带来了机遇。产业的升级来自制造业服务化的种类日趋多元，价值不断累加。在减少资源消耗的基础上，制造业服务质量也随之在功能完善和价值拓展的优化中得以提升。式（3-11）表明，随着投入质量的不断提高，附加值的产出力度也愈发加大。产业附加值的不断发掘和丰富，对投入增加的效率性提供了目标和方向。制造业服务化的深度发展，有利于产业逐步向深度、内涵式增长的良性趋势扩展。

式（3-11）中的列向量显示，本国出口贸易中的资源消耗程度与其最终的附加值的产出情况之间的关系，不仅取决于产品本身的出口需求，更取决于产品附加的服务能力，即制造业服务化带来了潜在增值的幅度和持久性。因此，也映射出服务业类型和种类对最终的增值能力具有重要的影响。和传统的制造业只重视产品本身的价值效用不同，当前的制造业服务化在全球价值链不断扩展中，从产品设计端开始，就加入了产品价值不断增值的循环过程中。通过开展跨国生产和运营活动，即利用跨国公司等组织转移形式，将一些初级工艺低附加值产品放置海外，而服务化增加值较高的产业尽量留置国内。例如，将耗费能量较低的广告产业、设计环节等作为制造业服务化的最终发展方向。

此外，将传统制造业和新兴服务业有机结合起来，即如何将资本密集型产业与劳动密集型产业以价值链延伸的形式提高其价值水平，将进一步减少制造业的资源消耗，以此扩张服务化的价值，有利于提升服务化质量。例如，从设计环节入手，通过 3D 打印技术，将服装行业、数据行业等通过虚拟仿真的技术，减少资源的消耗量，通过节约消耗，增加服务化的价值；同时，可以通过对现有精密仪器等制造业的全程监控，并运用大数据等技术，结合金融行业、法律职业等服务化行业，精细深耕行业潜能，最终实现制造业服务化水平的高级化转化。由此可知，运用现代化技术在提高产品质量的同时，还进一步拓展了产品的延伸功能。

三、制造业服务化的测算结果

（一）中国制造业服务化的总体水平

中国制造业服务化转型经过多年的发展演化，服务化率呈现总体上升趋势。根据上面的测算方法，我们计算了 2004—2021 年中国制造业服务化总体发展水平，如图 3-4 所示。

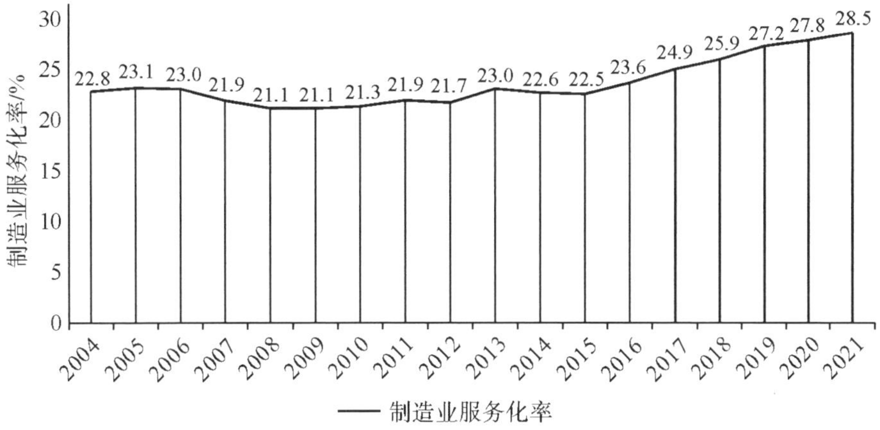

图 3-4　2004—2021 年中国制造业服务化总体发展水平

总体来看，中国制造业服务化率从 2004 年的 22.8%上升到 2021 年的 28.5%，基本呈上升趋势，但在个别年份也存在一定的波动。其中，2006—2008 年服务化率水平连续两年出现下降，此后几年一直保持稳定，直到 2012 年之后，才出现明显的上升趋势。这主要是因为在此期间，制造业企业处在产业转型时期，普遍存在结构调整，这一时期企业流动资本也较为紧张，无法投入更多的资金加大服务化力度。但在产业转型后，制造业企业的产业创新能力不断加强，制造业服务化水平得到迅速提升。

（二）中国制造业服务化的行业分析

中国制造业服务化的测算还要考虑制造业服务化的行业特征，为此，我们依据上面所述的计算过程，结合全球投入产出表，对不同制造业的服务化率进行比较测算，并分析其横向差异和纵向发展。

1. 不同行业划分依据

本书对制造业服务化行业的划分主要参考《国际标准行业分类》和《国民经济标准行业分类》，并合并了国民经济标准中的行业至国际标准中，以便更好地和国外制造业进行比较；同时，按照国民经济标准与国际标准的内容对比，将国民经济标准中的 29 个制造行业标准合并为国际标准中的 17 个。

2. 制造业服务化行业细分分析

表 3-2 描述了 2004—2021 年中国 17 个制造行业的服务化投入比率，根据前述分类标准：C10~C12 是指农副食品加工业、食品制造业、饮料制

造业和烟草制品业；C13~C15 是指纺织业，纺织服装、鞋、帽制造业，皮革、毛皮、羽绒及其制品业；C16 是指木材加工及竹藤棕草制品业；C17 是指造纸及纸制品业；C18 是指印刷业，记录媒介的复制；C19 是指石油加工炼焦及核燃料加工业；C20 是指化学原料及化学品制造业、化学纤维制造业；C21 是指医药制造业；C22 是指橡胶制品业、塑料制品业；C23 是指非金属矿物制品业；C24 是指黑色金属冶炼及压延加工业、有色金属冶炼及压延加工业；C25 是指金属制品业；C26 是指通信设备计算机及其他电子设备制造业，仪器仪表、文化办公用机械制造业；C27 是指电气机械及器材制造业；C28 是指通用设备制造业、专用设备制造业；C29~C30 是指交通运输设备制造业；C31~C32 是指家具制造业、文教体育用品制造业。

表 3-2 显示，2004—2021 年，中国制造业总体服务化率呈现出了先下降后上升的整体趋势。其中，2006—2008 年，中国的总体制造业服务化水平陷入低谷，展现了金融危机的影响，随着经济的不断复苏，制造业服务化趋势提高，此后一直呈现上升态势。多数行业的制造业服务化率处于上升状态，且取值为正。上述数据也表明，服务在制造业中的比重逐年加大，其他投入将不断减少，也体现出技术和人力服务成本的增值能力不断提升。

对比制造业服务化的行业细分差异，2004—2021 年不同行业的制造业服务化率平均比例相差较大。通过数据分析可知，和电子相关的制造业服务化率水平较高，总体平均值超过了 25%。2011 年，通信设备及计算机类制造业服务化率达到了 28. 38%。而 2021 年，通信设备产业、电气机械等产业的制造业服务化率水平全部超过了 32%，分别为 33. 37%、32. 93%。相比较而言，食品类、文教类以及仪器仪表类产业的制造业服务化率较低，其平均值不到 20%，最低达到 17. 14%；随着时间的推移，食品类制造业服务化水平也在提高，2021 年已经上升为 22. 14%。2004—2021 年，制造业服务化率增长最快的门类为中药制造行业，通用设备和专业设备制造业服务化增长率也超过了 20%，非金属类等制造业服务化率相对增长较缓慢，而木材加工等产业只有 1. 08%的增长率，在行业中的服务化增长率中垫底。

表 3-2　2004—2021 年中国 17 个制造行业的服务化投入比率

单位：%

行业	2004	2005	2006	2007	2008	2009	2010	2011	2012	2013	2014	2015	2016	2017	2018	2019	2020	2021
C10~C12	15.93	17.28	17.47	17.35	16.17	15.63	15.97	16.23	16.47	17.33	16.95	17.31	17.98	19.31	19.85	20.84	21.38	22.14
C13~C15	20.35	21.79	23.01	22.18	21.07	20.23	20.16	20.48	20.34	21.01	21.81	21.76	22.31	24.21	25.03	27.23	28.19	28.47
C16	21.90	21.91	22.08	20.38	17.93	18.68	19.23	19.32	19.06	19.63	18.98	18.71	19.06	20.43	21.19	22.18	22.61	23.08
C17	24.81	24.62	24.41	22.87	21.78	22.41	22.16	22.38	22.21	22.84	22.59	22.49	23.47	24.89	25.78	26.63	27.01	27.82
C18	21.85	21.56	20.71	20.13	19.68	21.17	20.68	20.93	20.97	21.83	21.94	21.69	22.86	24.69	25.59	27.27	27.38	28.63
C19	18.47	20.68	22.23	20.34	19.43	18.37	18.43	19.36	17.92	20.21	19.17	19.75	21.17	21.53	22.29	24.38	24.56	25.16
C20	24.27	24.39	24.06	22.74	21.87	22.09	22.18	22.78	22.31	24.01	22.89	22.84	24.57	25.79	26.87	28.53	28.79	29.63
C21	21.04	20.97	20.35	20.58	20.72	22.48	22.72	23.19	23.03	23.68	23.29	23.72	23.95	25.28	26.19	27.91	28.31	29.23
C22	23.43	23.57	22.96	21.78	22.32	21.80	21.90	2267	23.02	24.18	23.95	24.32	25.47	26.82	27.86	28.57	29.06	30.02
C23	25.29	25.58	25.47	23.29	22.07	22.09	21.87	22.54	21.65	23.21	22.56	21.67	23.38	24.65	25.61	27.04	28.13	29.02
C24	24.62	24.81	23.69	21.93	21.33	20.57	20.85	21.91	20.57	22.67	21.82	20.89	22.81	24.39	25.52	26.91	27.41	28.36
C25	25.67	25.61	25.43	23.61	22.31	21.27	21.72	22.32	22.19	24.51	24.09	23.64	25.19	26.72	27.91	28.95	29.34	30.13
C26	26.31	27.04	27.14	26.71	26.52	27.58	27.81	28.38	28.71	30.29	29.53	29.51	30.17	31.09	31.89	32.35	33.02	33.37
C27	26.19	25.98	25.47	24.31	23.80	23.21	24.07	25.57	24.82	27.07	26.51	26.16	27.41	28.78	30.03	31.45	32.26	32.93
C28	23.81	24.19	24.29	23.14	22.61	22.59	22.78	23.67	23.63	25.58	25.41	24.89	26.41	27.67	28.81	30.24	30.79	31.23
C29~C30	24.77	24.46	24.11	23.18	23.22	23.47	23.79	24.86	25.07	26.29	26.04	26.07	27.49	28.29	29.58	31.21	32.17	32.86
C31~C32	18.52	18.73	18.61	17.21	15.87	15.18	15.49	16.17	16.21	16.88	17.19	17.02	17.59	19.52	20.18	21.37	22.31	23.13

数据来源：以上数据按照测算过程的公式整理所得。

（三）中国制造业服务化的区域分析

前述的制造业服务化率仅考虑了行业特征，还需考虑区域特征，才能完整反映中国制造业服务化率的综合情况。本书对我国部分省份的制造业服务化水平进行了测算，分别以 2007 年、2012 年和 2017 年作为测算的节点。从区域差异分析中国不同省份的制造业服务化水平的差异，虽然在前述章节将制造业服务化进行了四分法，即生产性服务投入、分配性服务投入、消费性服务投入和社会性服务投入，但是依据测算方法分析，生产性服务投入和分配性服务投入在投入中占据主要比重，后两者投入较少。故而，本书主要考察生产性服务投入和分配性服务投入（见表 3-3）。

1. 制造业服务化的区域总体分析

表 3-3 显示，总体上制造业服务化率最高的省份有北京、上海、浙江、福建和贵州等。其中，北京的服务化率水平最高，三个时间节点的平均比率为 32. 99%；上海和天津也不遑多让，三个时间节点的平均比率分别达到了 28. 56%和 25. 85%。而制造业服务化率较低的省份主要有内蒙古、吉林、江苏、山东、重庆、四川、山西和甘肃等。其中，服务化率水平最低的为内蒙古和吉林，三个时间节点的平均比率分别为 14. 12%、16. 11%；较低的省份还有山西和甘肃，三个时间节点的平均比率分别为 18. 38%、16. 25%。

表 3-3　2007 年、2012 年、2017 年中国部分省份制造业服务化率

单位:%

省份	2007 年		2012 年		2017 年	
	生产性	分配性	生产性	分配性	生产性	分配性
北京	9. 13	17. 81	15. 37	19. 15	17. 21	20. 31
天津	11. 78	19. 76	8. 71	13. 86	9. 38	14. 07
河北	4. 23	9. 71	6. 72	8. 93	7. 07	10. 02
山西	4. 65	13. 51	11. 05	6. 81	12. 03	7. 09
内蒙古	5. 34	16. 41	7. 75	3. 12	6. 82	2. 94
辽宁	5. 47	9. 29	8. 71	10. 72	9. 31	11. 15
吉林	3. 18	2. 27	10. 47	10. 61	11. 07	10. 73
黑龙江	4. 48	13. 07	7. 18	11. 61	8. 39	12. 02
上海	21. 23	14. 04	14. 53	10. 67	13. 89	11. 32
江苏	8. 17	8. 76	7. 03	8. 42	6. 91	8. 92

表3-3(续)

省份	2007 年		2012 年		2017 年	
	生产性	分配性	生产性	分配性	生产性	分配性
浙江	8. 53	12. 37	13. 61	10. 81	14. 71	11. 27
安徽	3. 64	19. 55	7. 71	14. 34	8. 92	11. 45
福建	5. 61	14. 21	8. 67	11. 91	9. 76	13. 01
江西	4. 90	14. 37	4. 17	11. 66	4. 04	12. 06
山东	6. 55	6. 06	6. 06	10. 23	5. 79	11. 17
河南	3. 27	11. 31	4. 52	17. 41	5. 03	17. 74
湖北	10. 15	9. 31	6. 37	6. 12	6. 81	6. 92
湖南	4. 12	8. 34	4. 72	15. 71	5. 15	12. 37
广东	10. 31	7. 60	7. 41	8. 29	8. 27	9. 05
广西	4. 21	11. 31	5. 47	8. 61	6. 34	9. 26
海南	6. 61	11. 32	8. 74	11. 31	9. 21	12. 04
重庆	4. 51	7. 21	6. 97	10. 62	7. 86	12. 35
四川	6. 79	11. 08	8. 71	6. 39	11. 21	9. 03
贵州	11. 07	15. 52	9. 69	16. 31	8. 37	17. 02
云南	9. 39	16. 57	7. 12	11. 29	6. 94	11. 65
陕西	3. 69	3. 15	7. 81	7. 23	8. 09	8. 74
甘肃	4. 19	3. 21	8. 35	11. 71	9. 21	12. 08
青海	7. 79	5. 73	8. 87	4. 89	9. 03	5. 39
宁夏	6. 37	8. 25	10. 67	9. 71	11. 41	10. 02
新疆	7. 31	10. 35	9. 11	16. 93	10. 11	17. 09

数据来源：根据 2007 年、2012 年和 2017 年的《中国地区投入产出表》相关数据整理。

2. 制造业服务化投入差异性分析

本书将中国区域制造业出口贸易中投入的服务按照功能和性质分为生产性服务、分配性服务、消费性服务和社会性服务，因此我们可以从服务投入差异性分析区域制造业总体服务化差异的原因。生产性服务投入和分配性服务投入是中国区域制造业总体服务化差异的主要来源，从表 3-3 的数据来看，具体表现为以下两方面：

第一，作为中国制造业服务化率最高的北京和上海两个城市，上海的生产性服务投入高于分配性服务投入，北京则呈现相反的特征。例如，上海生产性服务化平均水平为 16. 55%，分配性服务化率为 12. 01%，北京用于生产性服务化投入的平均比率为 13.90%，分配性服务化率为 19.9%。从年份变迁过程来看，北京的平均分配性服务化水平较高，历年来，分配性服务化水平都高于生产性服务化水平。而上海的生产性服务化水平远高于分配性服务化水平，说明上海资源配置能力更趋于稳定。

第二，2017 年的数据显示，北京、上海、浙江、山西、吉林等省份的生产性服务水平较高，其中东部地区所占比重较大。分配性服务化水平较高的省份主要有北京、天津、安徽、河南、湖南、贵州和新疆，中、西部地区所占比重较大。生产性服务化水平高于分配性服务化水平的省份主要有上海、浙江、江西、内蒙古、青海和宁夏，中、西、东部地区均有涉及，说明随着制造业服务化水平的不断提高，不同地区均重视了生产性服务的质量和比重的增加。

3. 制造业服务化的区域差异分析

表 3-3 显示，中国制造业服务化存在地区差异问题。表 3-3 列出的省份包括了中、西、东部地区，不同省份在开展服务化水平提升工作时，其工作重点仍然集中在生产性制造业服务化和分配性制造业服务化方面的资本投入。但是，细分发现，不同地区资本投入的侧重点依然有所区分。

首先，从总体分析，东部地区进行生产性服务投入的比重更大。虽然，近年来东部地区的投入水平有所降低，但是降幅不多。中部地区在生产性服务投入方面所占比重反而最小，其原因可能在于西部地区政策性支持带来的服务性投入比例的增加。具体来看，2007 年，东部地区生产性服务投入明显低于西部地区，可能的原因在于，东部地区开展产业升级活动，无暇顾及和全球价值链对接中形成的价值增值活动，而西部地区产业处于扩张期，在默认的全球分工体系中处于产业制造端，初级产品参与程度较深，容易获取全球制造的中介业务，但是并不能分配高端服务产生的增值红利。2012 年，东部地区生产性服务投入比重不断上升，西部地区反而下降，说明在完成新一轮产业升级后，东部地区开始在全球产业链条深层扩展中占据了和西部地区不同的相对重要的地位，东部地区服务化水平逐步提升，并开始深入高端领域。2017 年的数据显示，东、西部地区生产性服务投入均呈现上升且稳定的态势，彰显东、西部地区均在全球价值链分配体系中获得稳定的地位和回报。与之相应的是，中部地区上述三个时间节点中的生产性服务投入均表现不佳，一方面说明中部地区在全球产业链中的位置尚未得以稳固，另一方面也揭示出中部地区在产业升级和价值链参与方面还在积极探索。

其次，中部地区分配性服务资本投入比重较大。在上述三个时间节点中（2007 年、2012 年和 2017 年），中部地区始终将资本投入重点集中在分配性服务方面，生产性服务投入比重较小。一方面，由于中部地区地理位置较为优越，能够在物流配送中占领价值增值制高点；另一方面，在和国际市场对接方面，中部地区难觅优势，不仅表现为初级产品的资源优势难及西部地区，还表现为制造业高端服务化能力不足，无法形成以点带面的产业集群优势。为此，中部地区只能通过在中间业务积极参与获取价值链中的服务价值增值。

4. 高端服务投入细分分析

以区域特征为基础考虑中国不同地区参与全球价值链分工体系中的高端服务化的投入水平存在不同，这里需要通过对上述高端服务内容进行细分，以便明确高端服务投入在制造业服务化中的价值深挖能力和价值延展潜力①。依据前述制造业服务化率的计算方法，不同地区高端服务投入的内容涉及交通、技术、贸易、金融、商业、研发等多个领域。依据前述服务化率计算方法，2007 年、2012 年、2017 年中国部分省份制造业高端服务投入行业分解见表 3-4。

为了和前述区域分析保持一致，所选年份仍然是 2007 年、2012 年和 2017 年。其中，交通运输行业投入水平较高的地区主要是天津、福建等，但是包括上海、山东等地区的交通运输行业的投入水平相对较低，可能的原因在于这些地区本身具备了较好的交通条件，不必再加大投入力度。商业服务业投入较大的地区包括北京、天津、广东等，但是上海、江苏和浙江等发达地区投入水平并不高，主要原因在于这些发达地区基本服务基础较好，不需要投入更多的设施。上述服务业投入中，金融与租赁业相对其他服务业投入率更高，也说明了金融行业在制造业中的重要地位。其中，西部地区的青海、宁夏等投入水平也较高，和国家政策支持关联度关系密切。

① 姚战琪. 制造业服务化对中国制造业参与全球价值链的影响［J］. 哈尔滨工业大学学报（社会科学版），2019，21（4）：126-133，2.

表 3-4　2007、2012、2017 年中国部分省份制造业高端服务投入行业分解

单位:%

省份	2007 年						2012 年						2017 年					
	交通	技术	贸易	金融	商业	研发	交通	技术	贸易	金融	商业	研发	交通	技术	贸易	金融	商业	研发
北京	3.16	2.63	1.49	6.23	7.01	5.02	4.93	1.02	10.95	3.35	2.37	2.14	4.03	1.32	13.84	5.36	4.79	1.31
天津	8.07	0.95	6.13	3.92	3.59	1.21	9.21	0.83	9.93	5.48	2.28	0.59	2.91	0.34	12.01	4.87	2.42	0.23
河北	5.89	0.87	5.39	1.39	1.68	0.61	5.92	0.29	3.63	2.24	0.87	0.23	5.17	0.58	3.47	4.38	0.69	0.22
山西	8.73	0.49	3.21	1.82	0.42	0.31	6.79	0.48	6.31	3.16	0.47	0.12	2.89	1.26	3.68	6.84	1.09	0.09
内蒙古	3.27	0.79	0.93	4.01	2.52	0.62	8.13	0.18	7.93	3.28	0.58	0.19	1.71	0.23	1.18	6.26	0.49	0.19
辽宁	5.09	1.56	8.24	2.79	0.57	0.21	3.86	0.38	4.68	2.08	1.32	0.38	4.96	0.63	5.37	3.27	1.89	0.63
吉林	2.16	0.59	5.46	0.97	1.15	0.76	1.93	0.14	0.11	1.65	0.53	0.09	4.35	0.37	5.49	5.27	3.34	0.15
黑龙江	5.07	1.27	7.86	0.77	1.21	0.08	4.49	0.63	8.16	1.62	0.56	0.13	3.78	1.02	7.29	2.82	1.04	0.27
上海	3.07	1.24	10.08	6.82	1.47	0.83	3.15	8.45	10.16	5.89	3.46	0.57	2.37	2.29	8.13	6.34	3.26	0.18
江苏	3.36	1.06	8.56	3.27	0.35	0.27	3.29	0.97	4.75	4.12	0.75	0.78	3.53	0.37	4.39	3.15	2.26	0.19
浙江	4.19	1.25	10.28	3.69	2.57	0.41	3.31	0.78	8.85	4.32	1.25	0.61	3.51	1.87	6.58	8.67	1.21	0.21
安徽	4.52	0.95	6.71	3.23	0.97	0.23	4.39	0.27	13.91	0.84	1.22	0.28	3.34	0.26	10.38	3.56	2.17	0.11
福建	11.27	1.15	9.38	3.16	0.11	0.09	7.21	0.57	6.23	2.34	1.01	0.36	5.57	0.71	5.67	4.54	1.41	0.20
江西	5.51	0.61	8.09	3.21	1.26	0.32	7.53	0.47	6.26	1.67	0.18	0.21	6.04	0.48	5.18	2.09	0.49	0.17
山东	4.95	0.76	5.06	2.32	1.81	0.35	3.27	0.41	2.36	2.59	1.04	0.74	5.06	0.21	4.78	2.81	1.39	0.15
河南	5.19	0.38	5.46	0.79	0.25	0.06	5.49	0.28	5.28	1.49	0.22	0.31	3.29	0.43	13.61	2.14	0.86	0.20

表3-4（续）

省份	2007年						2012年						2017年					
	交通	技术	贸易	金融	商业	研发	交通	技术	贸易	金融	商业	研发	交通	技术	贸易	金融	商业	研发
湖北	4.09	1.27	7.79	4.35	0.87	0.19	4.15	0.87	5.09	2.28	0.67	1.15	1.69	0.35	4.16	3.29	1.41	0.19
湖南	5.97	1.39	8.49	4.22	1.01	0.23	4.16	0.91	4.05	1.46	0.63	0.25	4.38	0.61	11.18	1.74	1.38	0.14
广东	4.53	1.57	6.29	2.46	4.21	0.16	3.18	0.61	4.07	4.12	2.49	0.31	3.12	0.39	4.91	2.68	2.49	0.16
广西	6.39	8.57	5.43	3.37	3.19	0.29	3.65	0.34	7.48	2.06	0.70	0.26	2.79	0.36	5.42	2.87	1.43	0.08
海南	2.27	0.48	0.11	2.03	2.76	1.25	5.52	0.73	5.21	2.42	0.83	0.27	2.38	0.72	8.53	4.19	1.91	0.11
重庆	5.53	0.53	0.37	7.83	2.24	1.06	3.74	0.27	4.01	2.67	0.55	0.26	2.76	0.79	7.53	3.85	1.11	0.19
四川	6.15	2.37	4.75	5.42	1.28	1.59	4.92	0.78	6.03	3.69	0.55	0.76	1.78	1.03	4.48	5.64	0.63	0.41
贵州	9.03	0.58	4.31	4.41	1.91	0.59	8.06	0.48	7.36	7.79	1.31	0.43	8.49	0.65	7.43	6.07	1.68	0.15
云南	6.03	0.62	12.07	4.53	0.29	0.14	7.16	2.08	9.58	3.96	1.51	0.78	3.53	0.57	7.62	3.59	0.93	0.88
陕西	7.77	0.56	3.09	3.24	0.78	0.81	2.68	0.19	0.23	1.68	0.62	0.41	3.17	0.40	3.73	4.17	1.63	0.13
甘肃	4.43	0.49	3.85	3.28	0.79	0.64	2.53	0.32	0.35	1.79	1.01	0.57	5.63	0.62	5.69	2.82	3.71	0.08
青海	8.04	0.43	1.18	15.97	0.86	0.17	4.24	1.73	1.29	3.21	0.83	0.19	2.41	1.11	2.31	5.29	1.72	0.05
宁夏	7.39	0.71	3.38	11.75	0.83	0.81	5.99	0.78	2.03	3.95	0.71	0.42	6.69	0.26	2.68	9.16	0.52	0.07
新疆	8.18	0.56	5.69	4.62	5.37	1.25	4.65	0.32	5.63	4.04	1.68	0.33	4.73	0.55	11.94	5.52	1.13	0.20

数据来源：根据世界投入产出数据库（WIOD）相关数据整理。

（四）中国制造业服务化的要素投入分析

根据要素密集的程度，我们可以把制造业企业分为劳动密集型企业、资本密集型企业和知识密集型企业。从贸易方式来看，主要包括加工贸易和一般贸易，两者的差异在于：加工贸易方式主要指通过进口或者出口材料进行复加工、复出口的业务；一般贸易方式则指中国境内有进出口经营权的企业开展的单边进口或者出口业务的贸易。一般贸易主要依据企业自身生产、经营水平开展独立经济活动，而加工贸易则依赖国外上、下游生产链条的来源和性质。因此，要深入研究中国制造业服务化的水平，我们需要分别测算不同要素密集型企业的服务化投入水平。

根据经济合作与发展组织（OECD）对制造业的分类，通过要素密集程度与制造业分类的结合，并在不同贸易方式下对制造业服务化水平进行相应测算，发现在不同的要素密集特征下，不同的贸易方式对制造业服务化水平也有较大的影响。本书选取的数据来自经济合作与发展组织整合的中国不同贸易方式投入产出表（1995—2018 年），原始数据来源于中国国家统计局及海关总署。因该数据涵盖了中国一般贸易和加工贸易两种方式的相关数据，和中国贸易活动能够同步展开，同时还参照了国家统计局中国工业数据库和海关总署贸易数据库（2000—2018 年）。按照前述的测算方法，计算在不同要素密集产业下，中国加工贸易和一般贸易对制造业企业服务化水平的影响（见表 3-5）。

表 3-5　不同要素密集型产业的制造业服务化水平　　单位：%

年度	企业类型	加工贸易			一般贸易		
		制造业服务化国内水平	制造业服务化国外水平	制造业服务化总体水平	制造业服务化国内水平	制造业服务化国外水平	制造业服务化总体水平
2008	劳动为主	11.31	20.17	31.48	17.27	3.05	20.32
	资本为主	9.89	16.78	26.67	15.28	4.65	19.93
	知识为主	12.93	15.21	29.14	17.68	5.54	23.22
2011	劳动为主	12.64	19.31	31.95	20.05	3.32	23.37
	资本为主	11.17	16.23	27.40	16.69	4.19	20.88
	知识为主	13.35	15.63	28.98	19.57	5.06	24.63

表3-5(续)

年度	企业类型	加工贸易			一般贸易		
		制造业服务化国内水平	制造业服务化国外水平	制造业服务化总体水平	制造业服务化国内水平	制造业服务化国外水平	制造业服务化总体水平
2014	劳动为主	13.02	18.97	31.99	20.52	3.53	24.05
	资本为主	12.03	15.43	27.46	17.15	3.93	21.08
	知识为主	13.67	16.04	29.11	20.07	4.91	24.98
2017	劳动为主	13.38	18.29	31.67	20.71	3.74	24.45
	资本为主	13.06	15.17	28.23	17.32	3.82	21.14
	知识为主	14.13	16.39	30.52	21.14	3.45	24.59

数据来源：根据世界投入产出数据库（WIOD）、中国工业数据库和海关贸易数据库相关数据整理。

表3-5表明，在加工贸易形式下，不同要素差异的制造业服务化行业总体投入高于一般贸易形式。依据全球产业链分工体系，加工贸易更倾向于世界不同国家之间的相互配合。因此，总体投入大具有一定的合理性。在加工贸易形式下，劳动密集型企业制造业服务化国内投入比重逐步增加，国外则逐步下降，原因在于国内企业更希望获得贸易活动回报。资本密集型企业国外服务化投入呈现“开始投入水平较高，其后逐步降低”的趋势，国内服务化投入则呈现“初始水平较低，随后逐年上升”的趋势，而知识密集型企业呈现“国内服务化水平投入国内、外均上升”的趋势，原因可能在于知识密集型企业要求的投入水平更高，质量要求更为严格。

在一般贸易形式下，不同要素的企业也呈现出不同的趋向，但是总体而言，国内服务化水平投入更高且不断增加，国外服务化投入水平初始值不高且缓慢下降。其中，劳动密集型企业和知识密集型企业的国内投入水平更高，国外依赖程度较低；资本密集型企业也呈现出“国内制造业服务化水平较高，国外则相对较低，且国外投入比率不断下降”的趋势。

第三节 制造业服务化的国际比较

一、制造业服务化增值来源的国际比较

本书对2004—2021年世界主要国家（含欧盟国家）制造业服务化国内外投入比重进行分析（见表3-6），相关数据显示：中国和印度作为最大的发展中国家，国内制造业服务化发展作为其主要发展方向，国内制造业服务化的投入比重逐步大于国外制造业服务化的投入比重。和中国、印度等国家不同，作为发达国家的代表，美国、日本及欧盟国家等已经逐渐完成制造业服务化的升级换代，更易于通过国外投入获得服务化水平的提升。因此，国外制造业服务化投入的比重不断加大。

表3-6 2004—2021年世界主要国家（含欧盟国家）制造业服务化国内外投入比重

单位：%

年份	中国		美国		欧盟国家		日本		印度	
	国内	国外	国内	国外	国内	国外	国内	国外	国内	国外
2004	13.81	8.23	23.97	4.51	21.91	11.32	25.38	3.47	26.59	7.68
2005	14.35	7.86	25.68	4.32	22.23	11.51	27.41	3.98	25.31	8.24
2006	14.83	8.13	26.28	4.19	22.71	11.61	26.85	4.02	22.37	8.45
2007	15.38	8.36	24.92	4.16	22.97	11.65	26.02	3.87	21.38	8.29
2008	15.72	7.68	23.67	4.42	22.68	11.96	25.16	4.23	20.45	8.53
2009	17.75	7.26	24.21	4.68	22.32	12.38	24.09	4.61	23.19	8.49
2010	18.03	7.12	21.61	4.85	21.81	12.74	23.57	5.78	22.01	8.57
2011	18.20	6.87	21.08	5.28	21.89	13.09	23.39	6.27	21.61	8.26
2012	19.32	6.51	21.92	5.31	21.66	13.47	22.68	6.61	20.92	8.15
2013	20.34	6.28	22.12	5.61	21.32	13.73	21.47	7.07	22.05	8.11
2014	21.59	6.02	22.63	5.71	18.76	14.86	20.79	7.92	23.56	7.84
2015	23.07	5.49	21.63	6.03	18.62	14.91	20.51	7.97	21.75	8.06
2016	23.41	5.23	21.31	6.24	18.35	15.06	20.08	8.09	22.39	8.25
2017	24.06	4.91	20.82	6.41	17.93	15.34	19.81	8.16	23.12	8.51

表3-6(续)

年份	中国		美国		欧盟国家		日本		印度	
	国内	国外	国内	国外	国内	国外	国内	国外	国内	国外
2018	24. 63	4. 68	20. 53	7. 02	17. 81	15. 63	19. 62	8. 27	22. 54	8. 41
2019	25. 06	4. 32	20. 31	7. 26	17. 64	15. 81	19. 43	8. 46	23. 32	8. 43
2020	25. 64	4. 19	20. 12	7. 41	17. 32	15. 94	19. 21	8. 67	20. 83	7. 98
2021	26. 13	4. 12	20. 03	7. 82	17. 16	16. 08	18. 95	8. 83	20. 51	7. 87

数据来源：根据世界投入产出数据库（WIOD）相关数据整理。

表3-6中的制造业服务化增值的来源比重呈现出发达国家和发展中国家相反的变化趋势，为了进一步说明这种趋势，结合前述的制造业服务化水平的测算公式，我们还应考虑不同国家之间的服务化细化过程中的比重关系，即生产性服务、分配性服务、消费性服务和社会性服务的占比情况。

二、制造业服务化投入水平的国际比较

根据前述分类，制造业服务化分为生产性投入、分配性投入、消费性投入和社会性投入。按照前述章节的计算方法，表3-7列示了2007年、2012年、2017年中国和世界其他主要国家（含欧盟国家）的制造业服务化投入率。和中国制造业服务化投入相似，国外消费性投入和社会性投入的比例较小，对总体服务性投入影响不大。因此，我们主要考察生产性投入和分配性投入。

表3-7显示：以美国、日本及欧盟国家为代表的发达国家，其国内的生产性投入和分配性投入的增加比例都较高，但是随着服务化水平不断提高，其增速逐渐减缓，甚至下降；与之相对应的是，这些发达国家的国外服务化投入却渐进增加。以中国和印度为代表的发展中国家，其国内的生产性投入和分配性投入随着时间推移日益增加，国外的生产性投入和分配性投入却缓慢下降，可能的原因是发达国家在世界产业分配中已经定位清晰，更倾向于发挥设定的功能和作用。因此，最大化延展总体价值水平是发展中国家制造业服务化投入的目标。从整合的视角来看，国内服务投入水平降低，国外服务投入水平提高，体现了发展中国家经济发展阶段演进的客观规律，也是产业梯度转移和市场要素优化配置的必然结果。

发展中国家在汲取发达国家的成果后，更倾向于发展国内服务化水平，因此提升自主研发能力，提高本国的独立性和自主性，这也是后发国家未来发展的主要目标。对此，发展中国家应该逐步加大其国内的服务性投入力度。

表 3-7　2007 年、2012 年、2017 年世界主要国家（含欧盟国家）制造业服务化投入率

单位:%

国家		2007 年		2012 年		2017 年	
		生产性	分配性	生产性	分配性	生产性	分配性
中国	国内	6. 17	8. 06	8. 83	11. 23	9. 07	11. 85
	国外	3. 13	3. 98	2. 36	2. 91	2. 23	2. 76
美国	国内	11. 87	8. 27	12. 27	8. 52	13. 46	9. 12
	国外	2. 51	2. 28	2. 68	2. 61	3. 27	3. 19
欧盟国家	国内	10. 37	9. 76	9. 32	4. 51	9. 23	4. 37
	国外	6. 12	6. 07	7. 46	7. 23	8. 06	7. 91
日本	国内	10. 21	11. 29	8. 39	10. 11	9. 36	11. 24
	国外	2. 18	2. 84	3. 21	3. 95	4. 05	3. 83
印度	国内	5. 12	14. 37	6. 61	15. 63	6. 93	16. 09
	国外	3. 72	4. 02	3. 41	3. 92	3. 23	3. 71

数据来源：根据世界投入产出数据库（WIOD）相关数据整理。

从中国制造业服务化的总体水平、行业和区域分析、要素投入和贸易方式分析、增值来源和投入差异的国际比较的测算结果来看，我国制造业正在经历着因产业升级和新技术发展带来的以服务化价值增值为目标的价值链最大限度地挖掘和实现的过程。为此，我们还需进一步评价制造业服务化对当前企业绩效的影响，以便更深入地探讨制造业服务化对产业发展和转型带来的深刻的促进作用。

第四节　本章小结

本章回顾了中国制造业服务化的发展现状，总体来看，制造业服务化水平不断提升，对国民经济增长的边际贡献逐年递增，服务化的盈利能力水平逐年提高，制造业企业绿色创新效率不断提升，但是区域差异性仍然不容忽视。为了验证上述发现，本章引入了制造业服务化测算原理，从测算思路和假设入手，依据贸易经济学原理，通过静态消耗分析和动态消耗分析，采用多种方式测算出不同行业服务化率和增长率、总体服务化率以及以区域特征为基础的服务化率。通过模型检验发现，中国制造业服务化的总体水平呈现不断增长的态势。从区域来看，东部地区服务化水平显著高于中、西部地区；从贸易方式来看，加工贸易形式下的制造业服务化行业总体投入高于一般贸易形式；从国际比较来看，发达国家国外制造业服务化投入的比重不断加大，而发展中国家国内制造业服务化投入的比重逐步递增。

第四章　制造业服务化绩效评价模型

制造业服务化可以提升企业核心竞争力，实现企业价值持续增值，是发掘企业价值潜力的重要手段。然而，一些学者持有不同意见，他们认为制造业服务化是企业无意识获取收益的战略行为。随着企业主动采取服务化手段增加其收益时，“如何评价制造业服务化效果”成为企业“是否加快制造业服务化，主动对接市场”的重要决策依据。本章将重点考察制造业服务化对制造业企业的影响，并对制造业服务化的绩效评价系统进行深入分析。

第一节　制造业服务化对企业影响的理论综述

现有研究认为，制造业服务化的形成和演化对制造业企业产生的影响主要表现在三个方面：第一，以服务化推动制造业企业创新能力的持续提升；第二，以制造业服务化为载体，扩大制造业企业的市场份额，提升企业的核心竞争力；第三，通过价值挖掘，拓展制造业企业的利益获取途径。具体表现为，制造业服务化对制造业企业绩效、企业市场地位、企业产品附加值的影响。

一、制造业服务化提高制造业企业绩效水平

Guerrieri 等（2005）① 和 Gebauer 等（2005）② 认为，制造业企业应该

---

① GUERRIERI, MELICIANI. Technology and international competitiveness: the independence between manufacturing and producer services [J]. Structural change and economic dynamics, 2005, 16 (4): 489-502.

② GEBAUER, KREMPL, FLEISCH, et al. Innovation of product-related services [J]. Managing service quality: an international journal, 2008, 18 (4): 387-404.

从被动满足用户需求以增加企业收益转变为主动提升企业业绩以寻找企业利润增长点。Fang 等（2008）① 和李海涛、李华山、田也壮（2013）② 提出，无论何种形式，企业的绩效评价都是制造业服务化效果的判断依据。Antioco 等（2008）③ 和石学刚、齐二石、姜宏（2012）④ 通过长期企业服务化的影响结果逐步发现，随着企业制造业服务化的推进，企业绩效水平会发生较大的变化，即企业服务化对维护企业和用户之间的信任感、提升用户对企业的忠诚度具有重要意义。Visnjic 等（2012）⑤ 认为，用户从企业获得的与产品相关的各种服务活动是企业利润不断增长的源泉。因此，大多数研究认为，制造业服务化的影响主要表现为企业绩效水平的变化。Baines 等（2010）⑥ 和胡查平、汪涛、朱丽娅（2018）⑦ 认为，长期实践表明，制造业服务化和企业增加收益、提高绩效水平有直接的关系，制造业服务化逐步成为企业长期战略决策的重要组成部分。

二、制造业服务化提升制造业企业市场地位

根据竞争优势理论和创新理论，Berry 等（2006）⑧ 和 Baines 等

① FANG, PALMATIER, STEENKAMP. Effect of service transition strategies on firm value [J]. Journal of marketing, 2008, 72 (5): 1-14.

② 李海涛，李华山，田也壮. 制造服务化对企业绩效的影响机制研究 [J]. 哈尔滨工程大学学报，2013，34（7）：933-938.

③ ANTIOCO, MOENAERT, LINDGREEN, et al. Organizational antecedents to and consequences of service business orientations in manufacturing companies [J]. Journal of the academy of marketing science, 2008, 36 (3): 337-358.

④ 石学刚，齐二石，姜宏. 制造业服务化对提升制造型企业创新能力的作用研究 [J]. 天津大学学报（社会科学版），2012，4（4）：295-299.

⑤ VISNJIC, NEELY, WIENGARTEN. Another performance paradox? A refined view on the performance impact of servitization [Z]. ESADE, Barcelona: ESADE Business School Research Paper, 2012: 231.

⑥ BAINES, LIGHTFOOT, BENEDETTINI, et al. The adoption of servitization strategies by UK-based manufacturers [J]. Proceedings of the institution of mechanical engineers part B-journal of engineering manufacture, 2010, 224 (B5): 815-829.

⑦ 胡查平，汪涛，朱丽娅. 制造业服务化绩效的生成逻辑：基于企业能力理论视角 [J]. 科研管理，2018，39（5）：129-137.

⑧ BERRY, SHANKAR, PARISH, et al. Creating new markets through service innovation [J]. MIT sloan management review, 2006, 47 (2): 56-63.

(2017)① 提出，维护和增强企业市场地位是制造业服务化不断发展的重要因素之一。Reim 等（2016）② 和王宗水、秦续忠、赵红（2018）③ 认为，从制造业服务化带来的企业市场份额的增加和企业市场占有率的提高可以看出，制造业服务化对企业的市场地位具有重要的推动作用。朱秀梅、林晓玥、王天东（2022）④ 认为，当智能化技术尚不成熟时，企业通过服务化水平的提升可以快速建立与供应商和战略同盟伙伴的关系。Fischer 等(2010)⑤ 提出，扩大企业的影响力，有助于形成稳固的用户群体。然而，随着智能化技术的不断完善，制造业服务化水平提升对企业市场地位的影响将面临诸多不确定性。鉴于此，Saggi 等（2018）⑥ 指出了主要原因，即智能化技术可以视为制造业服务化进步的标志，是制造业服务化的一部分，但是智能化技术带动了企业之间的技术模仿和技术突进的速度愈发迅猛，使得企业制造业服务化产生的影响很难撼动或者支持企业的独有技术；又或者是不同企业可以普遍采用的共有工具很难区分企业是因普遍的智能化技术水平的提升带来市场份额的增加，还是因制造业服务化水平和智能化水平的结合引起企业市场份额的增加。张振刚、杨玉玲、陈一华(2022)⑦ 认为，此时制造业服务化带来的影响无法进行确切性的估计，制造业服务化是否为企业市场地位的主导因素，仍需要进一步考证和检验。

---

① BAINES, ZIAEE BIGDELI, BUSTINZA, et al. Servitization: revisiting the state-of-the-art and research priorities [J]. International journal of operations & production management, 2017, 37 (2): 256-278.

② REIM, PARIDA, SJÖDIN. Risk management for product-service system operation [J]. International journal of operations & production management, 2016, 36 (6): 665-686.

③ 王宗水，秦续忠，赵红. 制造业服务化与商业模式创新策略选择 [J]. 科学学研究, 2018, 36 (7): 1188-1195.

④ 朱秀梅，林晓玥，王天东. 企业数字化转型战略与能力对产品服务系统的影响研究 [J]. 外国经济与管理, 2022, 44 (4): 137-152.

⑤ FISCHER, GEBAUER, GREGORY, et al. Exploitation or exploration in service business development? Insights from a dynamic capabilities perspective [J]. Journal of service management, 2010, 21 (5): 591-624.

⑥ SAGGI, JAIN. A survey towards an integration of big data analytics to big insights for value-creation [J]. Information processing & management, 2018, 54: 758-790.

⑦ 张振刚，杨玉玲，陈一华. 制造企业数字服务化：数字赋能价值创造的内在机理研究 [J]. 科学学与科学技术管理, 2022, 43 (1): 38-56.

三、制造业服务化增加制造业企业产品附加值

许和连、成丽红、孙天阳（2017）① 和 Raguseo、Vitari（2018）② 提出，制造业服务化实际上实现了企业产品附加值，使得以产业为基础、以产品为基本形式的价值链建立起来。制造业服务化可以在原有产品的基础上通过技术创新、服务创新等手段，围绕产品可开发和满足用户功能的目标，不断提高产品的价值。Ulaga 等（2011）③ 和郭海、韩佳平（2019）④ 从全产业链视角分析，认为产品附加值的实现对于特定企业而言，只是某些价值得以展现，增加了企业原有产品基础上的新功能和新性能产生的价值，不能获取全部产品最大价值链形成的总体价值。Fang 等（2009）⑤ 和仲志源、张梦、马野青（2018）⑥ 认为，如果从某一企业角度衡量产品附加值的全部价值，将难以衡量制造业服务化在产业链不断扩展中的作用，也无法反映企业制造业服务化对企业产生的实质影响。其主要原因在于，以产业为核心的价值链的延伸和特定企业制造业服务化策略无法达成一致。因此，制造业服务化对价值链的影响是可以察觉的，但是单个企业的影响却难以进行有效计量。

第二节 制造业服务化绩效评价模型的研究假说

虽然国内外学者就制造业服务化对制造业企业的影响展开了诸多方面的探索和研究，但最重要的一个影响主要体现在制造业企业的绩效水平方

---

① 许和连，成丽红，孙天阳. 制造业投入服务化对企业出口国内增加值的提升效应：基于中国制造业微观企业的经验研究［J］. 中国工业经济，2017（10）：62-80.

② RAGUSEO，VITARI. Investments in big data analytics and firm performance：an empirical investigation of direct and mediating effects［J］. International journal of production research，2018，56（15）：5206-5221.

③ ULAGA，REINARTZ. Hybrid offerings：how manufacturing firms combine goods and services successfully［J］. Journal of marketing，2011，75（6）：5-23.

④ 郭海，韩佳平. 数字化情境下开放式创新对新创企业成长的影响：商业模式创新的中介作用［J］. 管理评论，2019，31（6）：186-198.

⑤ FANG，NOE，TICE. Stock market liquidity and firm value［J］. Journal of financial economics，2009，94（1）：150-169.

⑥ 仲志源，张梦，马野青. 生产性服务业对中国制造业全球价值链地位的影响研究［J］. 统计与决策，2018，34（15）：146-150.

面。和现有的研究相比，本书进一步细分了不同服务化阶段与企业绩效的关系，关注了不同地区和不同产权企业制造业服务化与企业绩效的关系，拓宽了制造业服务化研究的深度和广度。为此，本节对制造业服务化绩效评价机理与研究假说进行深入分析。由于企业绩效能够用具体的数据进行衡量和测算，反映出对特定企业影响的方法还应以企业绩效评价为基础。

一、制造业服务化与企业绩效的关系

如前所述，制造业服务化已经成为企业增加其利润完整性和持续性的重要途径之一。依据竞争理论分析，制造业服务化需要实现企业长期持续收入增长的目标，即通过服务化水平的提高，发掘和探索企业新的利润增长点，并使之稳固和持久。

在卖方市场环境下，生产力水平相对不高，消费者和生产型用户对产品的需求主要停留在满足日常生活的基础支出层面，用户的个性化需求还未能有效发掘。同时，此阶段企业创新能力有限，很难满足个体的特殊需求，企业服务化仅局限于关注产品质量的售后服务上，质量不高且附加值较低。因此，如果此时付诸制造业服务化战略，加大对企业产品性能的提升力度和功能细化的投资力度，企业难以获得预期利润。由此可知，该阶段制造业服务化不能促进企业绩效的改善，反而会抑制企业绩效水平的提高。与之对应的是，在服务产业化起步阶段，三大产业中，服务业的比重较小，以服务为核心竞争力的企业无法形成符合企业特色且市场需求强烈的产业结构体系，而以产品销售为主的第二产业则发展迅速。

随着市场产品的不断丰富，市场进入买方市场阶段。该阶段下，产品逐步饱和，仅凭借数量和质量获得企业预期利润，占有市场主导地位的可能性愈发渺茫，纵深开发产品新功能，提升产品内在性能成为诸多制造业企业的重要战略选择。和上一阶段相比，开发产品现有衍生性能，实施产品深加工投资成为诸多企业的主要做法。虽然，此时以产品为主导的商业模式没有发生明显变化，但是服务化水平的提升已经成为企业增加自身价值、获取稳定收益的重要方式及手段。

随着科学技术的迅猛发展，企业进入服务化水平成熟阶段。该阶段以创新技术、轻资产为主要特征。企业在保证产品质量的基础上，更加充分地发掘产品的延伸功能，突出产品的延展价值链。此时，服务化资本大量投入成为企业获取新利润增长的主要方式。以阿里巴巴（中国）有限公司

和京东集团股份有限公司为例，完善智能技术、提升企业物流技术、增强用户的满意程度以及密切用户和商业伙伴的纽带关系，成为其主要的商业活动内容。学者们据此进一步指出，在智能时代指引下，制造业企业服务化的质量和发展深度显著提升。

通过上述三个发展阶段我们可以发现，制造业服务化是否能给企业带来积极影响，取决于企业面临的市场环境、社会环境和技术环境能否促进制造业服务化更加积极地面对用户需求进行变革和创新式演化。在产品相对匮乏的年代，制造业服务化带来的效益因需求尚未发掘而被抑制，不能带动企业绩效显著提升。随着社会财富不断丰富，企业创新能力不断增强，制造业服务化水平因用户的个性化需求日渐凸显，从而显示出对企业绩效的正向影响。依据上述分析，我们提出假设 4-1。

假设 4-1：制造业服务化和企业绩效之间的关系是先抑制后增强的"U"形关系，即在制造业处于不发达阶段，过分强调制造业服务化水平会抑制企业绩效；当制造业水平提升到一定阶段时，制造业服务化水平会对企业绩效产生积极影响。

二、制造业服务化与技术创新的关系

前已论及，制造业服务化的质量水平和企业服务创新能力之间随着企业发展阶段的变化而呈现出既相互促进又有一定抑制作用的关系。具体如下：

第一，服务化初始阶段。此阶段，产品供应是企业获得直接利润的基础，因此产品质量提升和产品数量大幅度增长是企业追求利润的基础。此时，企业技术创新的重点是生产出更加符合市场需要的产品，不会多加考虑产品的差异性和针对不同群体的异质性特征。和本阶段对应的是，企业产品开发水平相对不足，知识积累和人力成本要素都不足以提供和产品性能及功能相匹配的技术能力。因此，本阶段更符合实际的策略是加快产品的供给周期，不需要强调制造业服务化的转型步伐。

第二，服务化发展阶段。本阶段的主要特点是：产品数量和种类逐步饱和，个性化体验的需求逐步显现出来。企业在面临买方市场的环境下，愈加强调产品的附加功能和用户享受商品的愉悦感。为此，建立与用户和其他商业伙伴的社会网络关系，通过信息传导和知识共享推动企业创新能力的提升，最终有利于形成企业服务创新水平的演化路径，促进制造业服务化的发展和壮大。此阶段，企业已经开始重视服务化的形成和提升，企业自身的技术和知识积累以及与其他企业之间形成的网络共享机制，都成为促进企业实施制造业服务化策略的助力资源。

第三，服务化成熟阶段。此阶段，产品本身的公共性能和功能已经无法吸引消费者，为了增强企业和用户之间的黏性，利用社会网络体系中的知识共享和要素组合与融合开启企业全面创新，成为企业获取持续增长利润的重要手段。由于企业服务化走向成熟与其知识积累以及技术创新能力发展到较高阶段有关，企业通过内部探索和深度学习以及外部网络关系形成的知识、信息共享机制等途径，为制造业服务化水平的不断提升奠定了基础。同时，制造业服务化水平的不断提高也为企业在大数据帮助下发掘用户和商业伙伴的深层次需求，进而以现有企业知识水平和学习能力满足上述用户和商业伙伴关系的现实需求和潜在需求提供依据。本阶段的制造业服务化和企业技术创新的关系表现在两个方面：一方面，企业通过制造业服务化的不断深化，全面掌握用户和商业伙伴的潜在需求，并以此激发企业的创新动力；另一方面，技术创新水平的不断发展，为企业服务化水平的提升提供了重要的保证，也为实现企业价值增值和价值发掘提供了有力的支持。

综上所述，两者之间的关系随着社会、经济环境的变化表现为不同的特征。当社会、经济环境处于基本生存为主导的状况下，制造业服务化发展缓慢，技术创新不是社会激励的企业经营方式。随着社会产品的日渐丰富，居民个性需求不断被激发，制造业服务化发展会促进技术创新不断深化与成长。由此，我们提出假设 4-2。

假设 4-2：制造业服务化发展阶段和企业技术创新之间也呈现出先抑制后促进 的“U”形关系。两者关系在制造业服务化初期是负相关关系，随着制造业服务化达到成熟阶段后，两者之间将变为显著正相关关系。

三、技术创新对企业绩效的中介效应

（一）技术创新通过制造业服务化影响企业绩效

制造业服务化的初衷是从产品研发设计开始发掘产品全过程价值，改变以往企业重视产品加工和生产过程的工业时代思维，转而从产品的性能和功能上寻找新价值增长点。制造业服务化加强了从产品设计、用户忠诚度以及以新用户开发与产品新性能及潜在功能开发为主的服务环节的投入，最大限度地开拓了企业价值增值的细小环节。制造业服务化的过程是企业精细化生产的深度演化和发展的过程，对节约企业投入成本、提高企业产出水平具有重要意义。制造业服务化既要求企业具有创新的基础能力，即企业本身具备一定的知识能力和学习能力，还要求企业应具备利用社会网络加快技术创新频率、增强技术创新效果的能力。技术创新可以通过制造业服务化的影响对企业绩效变化产生作用。

第一，制造业服务化在深化过程中以提升消费者个性化要求为己任，从注重产品交易价值向和用户形成长期社会网络的长尾价值转变，不仅关注企业现时产品生命周期的价值增值，还关注和企业未来发展规划相联系的用户和企业合作伙伴的价值延续问题。因此，制造业服务化过程不仅是维护用户和商业伙伴关系的企业战略手段，也是对企业技术创新行为不断发展的激励与推进过程。制造业服务化在深入了解用户现实需求和潜在需求的同时，必须通过企业自身技术能力和形成的社会网络下可以利用的技术能力充分满足用户与商业伙伴的诉求。制造业服务化一方面肩负着用户多样化需求的社会责任，另一方面也通过多样化服务手段和全面服务意识形成价值增值的多元渠道，从而增加企业收益的稳定性，降低企业的经营风险。研究经验和实践经验表明，实现上述目标还需企业通过自身积累和外在网络增强自身的技术水平，加快企业技术的创新速度及效率。

第二，制造业服务化的成熟和深化全面诠释了技术创新从供给到溢出、普及的真实效果，进一步印证了技术创新在制造业服务化发展过程中对企业绩效的正向影响。在服务化初始阶段，企业技术创新动力不足，积累薄弱，企业生产环节、技术环节和服务环节联系不紧密，因此制造业服务化对企业绩效只能产生负向影响。随着企业内部知识水平和技术能力的提升，以及企业外部社会网络不断壮大，企业通过信息连接加强了价值链的延展。企业技术创新作为制造业服务化有力的后盾，通过自身技术输出和外在网络的技术溢出效应，提高了企业价值增值的获取能力和获取效率，最终和企业绩效水平形成了显著正向非线性关系。

（二）技术创新对企业绩效的中介作用

技术创新能力对企业的促进作用和企业制造业服务化发展的水平休戚相关。在以产品为核心的企业制造业服务化的初级阶段，企业只需要投入大量生产资料和初级人力资本即可在市场上获得短期竞争优势，但是由于产品同质化竞争优势因模仿门槛较低，市场准入标准低，企业难以树立长期优势，技术创新能力的提升开始被企业所重视。当产品市场趋于饱和时，从产品设计、研发服务和产品功能方面延续企业竞争优势的战略规划应运而生。以技术不断创新、服务创新多样化为导向的制造业服务化，将企业生产、资金融通、研发创新和数据跟踪与分析等环节整合在一起，凸显了技术创新在推动企业制造业服务化的重要作用。同时，融入知识、技术和金融创新等元素的制造业服务化，也在知识传播、创新共享等方面充当重要媒介，促进了行业和国家产业的迅猛发展。技术创新对企业绩效的中介作用主要体现在以下两个方面：

第一，制造业服务化强化了企业知识积累的基础，加强了企业和外部网络的连接，拓宽了企业获得技术创新的来源。同时，制造业服务化的不断深化，也增加了企业获取资源融通的渠道，为企业加强技术创新、提高绩效水平提供了有力支持。

第二，制造业服务化不仅体现了企业产品功能和性能的深度开发，更表现出企业通过技术创新介质传播了企业外界的影响力。由于技术创新的示范作用和溢出效应，企业在成为行业标杆的同时，更加密切了和外部相关联企业的长期合作关系。因此，其更加容易通过与外部网络的交流获取技术创新的信息和共享知识，加快企业技术创新的速度，进一步提升企业绩效水平。

依据上述分析，我们提出假设 4-3。

假设 4-3：制造业服务化过程中，技术创新具有中介作用，对企业绩效水平产生正向影响。

第三节　制造业服务化绩效评价模型的设计及说明

依据上述制造业服务化绩效评价机理与研究假说的分析结果，我们设计了制造业服务化绩效评价模型。因此，我们需要确定绩效评价模型中的相应变量，并加以说明。

一、变量选择及说明

（一）因变量

企业绩效的评价指标通过诸多学者的研究和探索，主要分为财务指标和非财务指标。学者们普遍认为，财务指标和非财务指标相比，其具有客观性强、指标易获得等优点。但是，财务指标反映内容有限，无法全面反映出企业非货币活动的效果。在长期的实践中，学者们还是更倾向于采用非财务指标反映和代表企业的绩效。原因在于，随着企业制造业服务化、智能化水平的提升，各种活动可逐步通过大数据分析加以量化，进而实现在财务指标中量化一些非财务数据。目前，主要量化的企业绩效代表性指标包括企业的总资产收益率（ROA）、净资产收益率（ROE）和 TOBIN Q（TBQ）等。尽管学者们普遍认为，企业绩效水平主要应反映企业收入增长效率和利润增长效率，上述效率也和企业营运效率有关。为此，学者们认为，选取总资产收益率指标较符合企业绩效水平的内涵和要求。他们同时指出，在基于市场价值与企业重置成本比值的 TBQ 指标中，市场价值可能存在一定的不确定性，从而导致企业绩效未能真实反映。但是，随着企业商业模式和企业轻资产比重不断加大，企业绩效除了自身的利润增长能力外，其在市场上的认可度也非常重要。所以，本书更加倾向于选择能够反映市场对企业认可程度的 TBQ 指标作为衡量企业绩效的指标。为了确保研究的稳健性，在替代指标方面本书则选择了市净率和市盈率，以保持和因变量性质的一致性，便于进行稳健性检验。

（二）自变量

本书依据主题，直接选择了制造业服务化作为自变量来验证制造业服务化和企业绩效的关系。目前，制造业服务化的测量方法主要通过问卷调查和数据库现有数据整理两种方式获取。因为制造业服务化的行业水平发展不同，问卷调查的方法很难突破样本收集的限制，无法全面反映出制造业整体的实际情况。现有的研究文献通过服务化的广度、深化程度和企业开展服务化水平的具体情况等维度进行问卷调查。Antioco 等（2008）① 和 Kohtamaki 等（2013）② 等在多次实践后发现，问卷调查数据收集不准确，难以保持真实的信效度，以至于研究结果不准确。因此，从信息的公开程度和有效性分析，利用现有数据库进行分析可靠性和精确性，更易保障研

---

① ANTIOCO, MOENAERT, LINDGREEN, et al. Organizational antecedents to and consequences of service business orientations in manufacturing companies [J]. Journal of the academy of marketing science, 2008 (3): 337-358.

② KOHTAMAKI, PARTANEN, MOLLER. Making a profit with R&D services-the critical role of relational capital [J]. Industrial marketing management, 2013, 42 (1): 71-81.

究结果的准确性。选取制造业服务化衡量指标时，学者们直接利用服务化程度在收入中所占比重的方法或者通过服务数量在经营活动中的比例加以确定。以数量判别制造业服务化程度，未能反映出制造业服务化的真实价值水平，而且不同行业是数量缺乏可比性。随后，制造业服务化指标选择的研究重心转移到服务化收入比重的确定。学者们的普遍做法是以服务收入和企业营业收入的比值作为制造业服务化衡量指标。在制造业披露的财务报表中，没有专门将服务化的内容反映出来，因此部分学者采用营业外收入作为企业服务收入的替代变量。其原因在于，制造业服务化提供服务化收入不属于财务报表的营业收入的范畴①。在制造业企业中，其营业外收入大部分为服务化收入，在制造业服务化初期，服务收入和营业外收入难以区分。因此，为了统一研究的便利，本书在对初期的制造业服务化收入进行衡量时，以营业外收入作为替代；逐步披露服务收入时，再以服务收入作为衡量基础。依据前述理论分析，制造业服务化对企业业绩影响呈现出非线性的特征。因此，制造业服务化的平方通过去中心化处理，也是重要的自变量。

（三）中介变量

如前所述，企业技术创新能够提升服务化水平，通过制造业服务化影响企业业绩水平。万建香和汪寿阳（2017）② 认为，技术创新应从投入和产出两方面考虑技术创新的影响。苗苗、苏远东、朱曦等（2019）③ 从创新活动对企业绩效的影响机理入手进行分析，提出创新活动能够在不断投入的过程中对企业绩效产生正向影响。由于不同企业之间的技术水平有所差异，以人力资本衡量企业技术创新水平难以实现标准的统一。当前，学者们从研发投入的角度表述技术创新的影响，主要包括三种方式：第一，用研发投入/营业收入来说明技术创新所占比例对企业绩效产生的影响；第二，使用研发投入/总资产来说明技术创新对企业资源的影响；第三，采用研发投入的对数来说明技术创新的独立影响。其中，研发投入对数更能全面反映企业技术创新投资的情况，因此本书选用该指标作为技术创新

① ANDY NEELY. Exploring the financial consequences of the servitization of manufacturing [J]. Operations management rresearch, 2008, 1 (2): 103-118.

② 万建香，汪寿阳. 社会资本与技术创新能否打破“资源诅咒”?：基于面板门槛效应的研究 [J]. 经济研究，2016, 51 (12): 76-89.

③ 苗苗，苏远东，朱曦，等. 环境规制对企业技术创新的影响：基于融资约束的中介效应检验 [J]. 软科学，2019, 33 (12): 100-107.

水平的衡量指标。为了表示个别企业研发投入为0，本书还在研发投入基础上加上1，然后再取对数。

（四）控制变量

（1）企业规模。现有研究认为，企业规模大小决定了企业获得资源难易程度和政策优惠程度的大小。因此，企业规模对企业绩效也会产生影响。借鉴当前研究成果，本书以企业总资产对数代表企业规模。

（2）企业员工素质。该变量主要表示企业制造业服务化程度的主要影响因素，进而说明企业员工质量对企业业绩的影响。根据现有学者的实际经验，本书以员工学历作为企业员工素质的衡量标准。

（3）企业资本结构。该变量主要反映企业负债水平对企业业绩的影响。如果企业资产负债率过高，将会阻碍企业开展新业务，进而对企业绩效产生不利影响。资本结构通常用资产负债率表示。

（4）企业融资约束水平。该变量主要指企业规模和年限之比表示的企业融资约束水平。该指数越大且为负值，说明企业融资约束程度越高，企业难以获得充分的融资规模，融资渠道受到相应的限制。

（5）企业产权性质。国有企业和民营企业之间在享受国家相关政策和资源获取数量方面会有所差异，进而对企业业绩也产生一定影响。如果企业为国有企业，则设定虚拟变量为1，否则为0。

（6）企业地区差异。不同地区的企业业绩会有所差异，为了表示不同地区的影响，本书按照第八届全国人民代表大会第五次会议提出的方法，把我国区域分为东部、中部和西部，并按照虚拟变量的方法分别定义：如果属于东部地区，则定义为1，其他地区为0；如果属于西部地区，则定义为1，其他地区为0；如果属于中部地位，则定义为1，其他地区为0。

（7）大股东持股比例。该变量主要考察第一大股东的持股比例，因为股权结构对企业业绩有重要影响，股权集中度较高的企业有利于集中决策、减少决策成本，而股权较为松散的企业则不利于快速开展制造业服务化的策略。同时，还要考虑第一大股东持股比例的平方，通过去中心化处理，说明大股东持股比例对企业绩效有一定的调节作用。

上述变量通过表4-1进行总结。

表 4-1　制造业服务化绩效评价模型的变量定义及描述

变量类型	变量名称	符号	定义
被解释变量	企业绩效	TBQ	市场价值/公司总资产
		PB	每股市价/每股净资产
		ROE	净利润/净资产比重
解释变量	服务化程度	Ser	营业外收入/营业总收入
中介变量	技术创新	RD	ln（研发投入+1）
控制变量	服务化程度二次项	Ser^2	（营业外收入/营业总收入）^2
	交互项	SerxShare	服务化与第一大股东持股比例
	企业规模	Lnsize	企业资产总额的自然对数
	企业员工素质	Hlt	本科及以上学历占比
	企业资本结构	Debt	负债总额/总资产比例
	企业融资约束水平	SA（企业规模对数/企业年龄）	SA 指数（指数为负且绝对值越大，说明企业受到的融资约束程度越严重）
	企业产权性质	PN	虚拟变量（国企为 1，否则取 0）
	企业地区差异	Area	虚拟变量（东部取 1，否则取 0）
	大股东持股比例	Share	企业第一大股东持股比例
	大股东持股比例二次项	$Share^2$	企业第一大股东持股比例平方

注：根据第八届全国人民代表大会第五次会议提出的方法，将我国分为东、中、西部地区。

二、模型构建与方法运用

（一）模型构建

本书构建了制造业服务化水平和企业绩效之间的多元回归模型，为了研究服务化水平的影响趋势，在考虑制造业服务化水平的影响时，还需要以第二次项作为重要的解释变量。两者之间的影响关系的真实体现，还需要通过控制企业规模、企业资本结构等因素加以反映。具体模型如下：

$$TBQ=\alpha_0+\alpha_1 Ser+\alpha_2 Ser^2+\alpha_3 SerShare+\alpha_4 Lnsize+\alpha_5 Hlt+\alpha_6 Debt+\alpha_7 Sa+\alpha_8 N+\alpha_9 Area+\alpha_{10} Share+\alpha_{11} Share^2+\varepsilon \quad (4-1)$$

其中，TBQ 代表样本企业的绩效，Ser 和 Ser^2分别代表样本企业服务化水平和服务化水平的平方项，其余变量为控制变量。上式中的交叉乘积项表示企业的服务化水平和大股东持股比例之间存在着调节效应。

为了说明技术创新的中介作用，本书进行了中介效应检验。为此，构建出以下模型：

$$RD=\alpha_0+\alpha_1 Ser+\alpha_2 Ser^2+\alpha_3 SerShare+\alpha_4 Lnsize+\alpha_5 Hlt+\alpha_6 Debt+\alpha_7 Sa+\alpha_8 N+\alpha_9 Area+\alpha_{10} Share+\alpha_{11} Share^2+\varepsilon \tag{4-2}$$

$$TBQ=\alpha_0+\alpha_1 Ser+\alpha_2 RD+\alpha_3 Ser^2+\alpha_4 SerShare+\alpha_5 Lnsize+\alpha_6 Hlt+\alpha_7 Debt+\alpha_8 Sa+\alpha_9 N+\alpha_{10} Area+\alpha_{11} Share+\alpha_{12} Share^2+\varepsilon \tag{4-3}$$

其中，模型（4-2）代表了技术创新（RD）和制造业企业服务化水平之间的关系，即制造业服务化水平和企业的技术创新能力之间是否存在显著的正相关关系。模型（4-3）检验了技术创新中介效应的程度。上述中介效应的检验方法主要参考温忠麟等（2014）的处理方法，先分析模型（4-1）中企业绩效和制造业服务化水平之间的关系，再分析模型（4-2）中企业技术创新和企业制造业服务化水平之间是否有显著关系。模型（4-3）中如果制造业服务化水平和企业绩效之间的关系是显著的，但是技术创新和企业绩效不显著，或者制造业服务化水平和企业绩效之间具有显著性，然而技术创新和企业绩效之间不显著，则需要通过 Bootstrap 法（一种基于重复抽样的统计方法）验证技术创新的中介效应是否显著；如果间接影响的置信区间不存在 0 值，则认为技术创新对企业绩效具有完全中介效应；如果制造业服务化、技术创新和企业绩效关系在模型（4-3）中呈现出显著性，则认为技术创新具有部分中介效应。

（二）方法运用

为了分析和验证上述模型中不同变量之间的关系，本书首先处理了从 Wind 数据库获取的样本数据，对一些资料不全的数据采取了缩尾处理的方法，并剔除了异常值。其次，在整理数据后，对样本数据进行了描述性统计分析、相关性分析、共线性检验和面板数据的检验及处理。为了全面分析制造业服务化水平和企业绩效之间的关系，本书将样本数据代入模型（4-1）进行多元回归，此时的面板数据处理是固定效应处理。再次，检验技术创新的中介效应，此时也使用全样本数据。在进行全样本数据处理后，为了说明制造业服务化水平的阶段性发展进程，本书将样本划分为三个时间阶段，即2000—2009年、2010—2014年和2015—2021年，以此反映和制造业水平发展过程相一致的制造业服务化水平与企业绩效之间的非线性关系。此外，本书还对企业所处地区与企业的产权性质进行了相应的分析，以显示研究的全面性。最后，为了检验模型的合理性，本书通过替换因变量验证了模型的可靠性和有效性。

三、数据来源

本书数据来自Wind数据库，制造业的选择标准依据中国证监会发布的《上市公司行业分类指引》的相关原则；选择的样本公司时间跨度为2000—2021年，样本数量为7 268个；样本选择的行业包括高新制造业企业和传统制造业企业；样本具有广泛性和全面性，有利于研究内容的完整性和科学性，便于获取较为准确和可靠的结果。本书在选择衡量企业制造业服务化水平指标时参考了学者的大量研究成果后发现，直接利用财务报表获取制造业服务化水平难度较大，需要通过对企业制造业服务化的内容以及制造业服务化收入与企业营业收入的对比，才能有效地评估制造业服务化水平的真实发展程度。从当前收集的数据分析，制造业服务化水平和企业营业外收入直接相关，也印证了上述指标选择的可靠性和有效性。

本书数据整理过程如下：

第一，为保证制造业服务化水平的发展过程的全面性，选用了2000—2021年的数据作为样本数据，该数据具有连续性和完整性，对研究结果的可靠性和准确性具有重要影响。

第二，对一些显著异于样本数据特征的异常数据和缺失数据进行了剔除，如一些ST股和一些已经退市的上市公司样本等。

第三，进行变量回归前，对整理好的数据进行了2.5%和97.5%的缩尾处理，最大限度地减少了异常值的影响。

第四节　制造业服务化绩效评价模型的实证结果

本书的实证结果分析步骤为：第一，进行描述性统计的结果分析；第二，对相应的变量进行相关性分析，以确定选取的变量可以进行回归分析；第三，进行共线性检验分析，以便删除重复变量；第四，将样本数据代入上述模型中进行相关性验证、中介效应分析与检验、调节效应分析和稳健性检验。依据上述步骤，本书得出了相关结果。

一、描述性统计结果分析

（一）企业绩效与制造业服务化水平的描述性统计结果分析

表 4-2 显示了本书各种变量的最大值、最小值、均值和标准差等描述性统计结果。描述性统计结果能够初步分析上述变量的变化趋势和数据特征。依据表 4-2 的结果，制造业上市公司企业绩效水平差距较大，其中最大值为 4. 982，最小值为 $1.47e^{-10}$；同时，标准差为 1. 295。这进一步表明，制造业企业上市公司绩效差异较为明显，市场价值估计具有较大的差别，可能的原因是制造业因行业不同，产业转型过程也有所差异。因此，企业的业绩水平出现较大的不同。

表 4-2　绩效评价模型变量描述性统计结果分析

Variables	(1) *N*	(2) mean	(3) sd	(4) min	(5) max
id	7 268	168	96. 71	1	335
year	7 268	2 010	5. 767	2 000	2 019
TBQ	7 268	1. 624	1. 295	1. 47e−10	4. 982
PB	7 268	3. 499	2. 365	0. 727	9. 834
ROE	7 268	5. 662	13. 44	−66. 34	25. 35
Ser	7 268	0. 008 66	0. 012 2	2. 12e−05	0. 046 5
RD	7 268	9. 031	8. 954	0	20. 29
Ser^2	7 268	0. 000 225	0. 000 534	4. 75e−10	0. 002 16
Ser×Share	7 268	0. 002 93	0. 004 18	9. 45e−06	0. 016 0
Lnsize	7 268	5. 923	1. 196	3. 585	8. 389
Hlt	7 268	0. 072 6	0. 107	0	0. 333
Debt	7 268	0. 483	0. 176	0. 088 9	0. 771
SA	7 268	3. 678	0. 280	3. 081	4. 175
PN	7 268	0. 706	0. 456	0	1
Area	7 268	0. 537	0. 499	0	1
Share	7 268	0. 378	0. 156	0. 089 0	0. 665
$Share^2$	7 268	0. 167	0. 126	0. 007 92	0. 442

表 4-2 的数据显现出当前我国上市公司制造业服务化水平偏低，其中服务化水平最高的公司仅为 4. 25%，最低的公司则为 2. 12 e^{-5}。由此可知，尽管制造业服务化进程已经在企业中普遍推广开来，但是，因行业差异和企业竞争策略的不同引致了制造业服务化水平的差距。为了进一步研究制造业服务化异质性特征，本书还分别考察了地区差异、企业性质差异对制造业服务化水平的影响。依据图 4-1，从全样本显示出的结果可以发现，总体而言，制造业服务化水平尚处于发展阶段，制造业服务化程度不高。

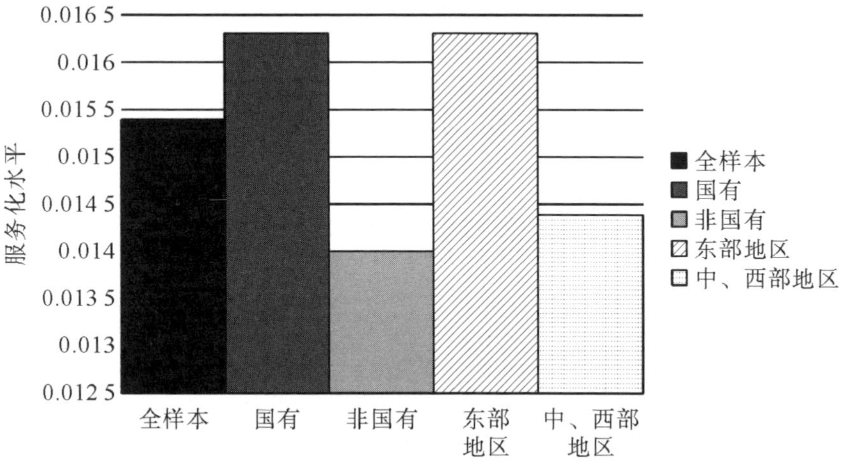

图 4-1　产权性质、地区服务化水平异质性分析

就企业产权性质而言，国有企业制造业服务化程度明显高于非国有企业，初步分析的原因在于，国有企业和非国有企业相比，其政策支持水平、资金获取能力等决定制造业服务化程度的主要因素具有显著优势。基于国家产业规划，国有企业在国民经济中的地位不可动摇，为加快国家工业现代化进程，国有企业加快产业优化步伐势在必行。

从地区分布可知，东部地区制造业服务化水平最高，中、西部地区制造业服务化水平较低，符合我国经济发展的现实状况。其可能的原因在于，东部地区产业发展水平较快，市场化程度和中、西部地区相比相对较高，因而技术能力和市场需求更偏好服务化趋势。

从资本投入回报率分析，国有企业借助自身较为雄厚的资金实力，更基于国家战略强有力的支持，更偏好依据国家战略提升制造业服务化的决策。对于东部地区企业则在和用户形成黏性关系的历程中，为提升企业盈利能力和利润增长的持续性，也将提升制造业服务化水平作为企业的基本竞争战略之一。上述基本推断仍需通过后续模型结果进一步说明和验证。

（二）技术创新

本书选择了技术创新作为中介变量，用以说明制造业服务化水平通过技术创新的中介作用，会进一步影响企业绩效水平。表 4-2 的描述性统计分析显示，我国制造业企业技术创新总体水平较高，但是差异性较大。和前述制造业服务化水平的分组方法类似，企业进行创新的动机大小以及是否采取创新策略和企业所处的环境好坏及区域环境好坏相联系。2000—2019 年不同区域和产权性质企业技术创新趋势见图 4-2。

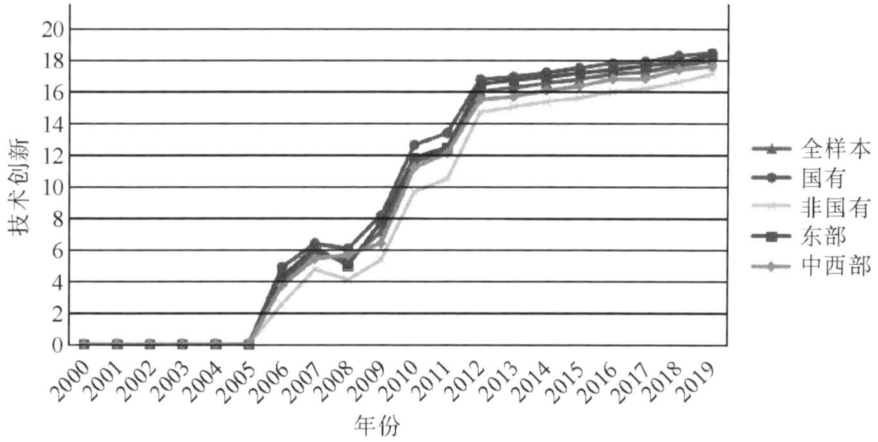

图 4-2 2000—2019 年不同区域和产权性质企业技术创新趋势

图 4-2 显示，我国企业技术创新随着时间的推移不断增强，尤其是从 2006 年开始，不同性质的企业和不同区域的企业都呈现出大幅度增长的趋势。但是，从 2011 年开始，上升趋势有所减缓。

从企业性质分析，非国有企业的技术创新水平远低于国有企业。其主要原因在于，非国有企业面临更为严峻的市场环境，获得的保护性政策较少，企业实施的竞争策略是可持续的生存方式，因而缺少长远规划，不会主动付诸创新动力。

从地区差异分析，东部地区的技术创新水平远高于中、西部地区。其主要原因在于，东部地区市场环境更为开放，市场竞争程度更加剧烈，从而加大了企业技术创新的力度。图 4-2 还显现出国有企业在技术创新方面的动力最足，从而进一步说明了国家制造业战略转型对国有企业的支持，使得国有企业持续加大创新力度。

（三）模型中的控制变量统计分析

上述控制变量（见表 4-2）中的企业规模为了减少数据非均衡性带来的研究误差，以对数形式表示。从初步统计结果来看，企业规模相差不大，均值为 5.923，最大值为 8.389，以此保证了企业规模的可控性。在员工学历方面，企业的高素质人才所占比例普遍不高，但是总体差异不大，说明了当前制造业企业的员工学历还有较大提升空间。企业资本结构均值为 48.3%，显示出制造业企业总体负债水平相对合理，但是负债比率差距较为明显，最高负债率为 77.1%，最低负债率为 8.89%。这也从直观数据上说明，有些制造业企业可能处于较高财务风险中，有些企业则融资成本较高，未能充分利用债务的减税功能。统计结果中的制造业企业融资约束水平（SA）相差也不明显，显现了企业在融资约束方面差异不大。总体而言，不同的企业可能面临同样的融资状况，有可能都受到严重的融资约束问题，也可能未受到严重影响，具体情形还需通过模型检验。

企业产权性质结果显示，国有企业所占比例和规模具有一定优势，也反映出我国制造业主体为国有企业。因此，本书初步判定，国有企业制造业服务化水平对企业绩效的影响较大。大股东持股比例初步统计结果显示，当前我国制造业中大股东持股比例差异较为明显，最大值为 66.5%，最小值仅为 8.9%，但是从均值和标准差浮动程度分析，大股东持股水平在一定区间内保持稳定。由此，本书初步断定，大股东在影响制造业服务化水平决策方面处于一个相对固定的区间，要么是能够起到预期决策作用，进而影响企业绩效，要么是不能够起到预期决策作用，进而无法对企业绩效产生显著影响，实际结果仍需通过模型验证。

二、相关性分析

从表 4-3 分析，各个变量之间均在 10%的水平上存在显著相关关系。其中，制造业服务化与企业绩效的关系为显著正相关关系，和制造业服务化的平方项也呈现显著正相关关系，而中介变量技术创新和企业绩效之间则呈现出显著负相关关系。具体情况还有待进一步分析。

表 4-3　绩效评价模型变量的相关分析结果

Variable	TBQ	PB	ROE	Ser	RD	Ser^2	Ser×Share	Lnsize	Hlt	Debt	SA	PN	Area	Share	ShareS
TBQ	1	—	—	—	—	—	—	—	—	—	—	—	—	—	—
PB	0.726***	1	—	—	—	—	—	—	—	—	—	—	—	—	—
ROE	0.138***	0.027**	1	—	—	—	—	—	—	—	—	—	—	—	—
Ser	0.127***	0.152***	-0.058***	1	—	—	—	—	—	—	—	—	—	—	—
RD	-0.108***	-0.099***	0.054***	0.135***	1	—	—	—	—	—	—	—	—	—	—
Ser^2	0.114***	0.146***	-0.049***	0.955***	0.081***	1	—	—	—	—	—	—	—	—	—
Ser×Share	0.121***	0.145***	-0.048***	0.934***	0.111***	0.883***	1	—	—	—	—	—	—	—	—
Lnsize	-0.452***	-0.363***	0.178***	-0.042***	0.497***	-0.071***	-0.030**	1	—	—	—	—	—	—	—
Hlt	-0.072***	-0.066***	0.016*	0.089***	0.626***	0.060***	0.062***	0.412***	1	—	—	—	—	—	—
Debt	-0.390***	0.044***	-0.207***	0.084***	0.028**	0.072***	0.085***	0.289***	-0.001**	1	—	—	—	—	—
SA	-0.155***	-0.063***	0.005 00	0.137***	0.595***	0.103***	0.070***	0.377***	0.510***	0.053***	1	—	—	—	—
PN	-0.091***	-0.100***	-0.036***	-0.067***	-0.028**	-0.052***	-0.011*	0.072***	-0.045***	0.067***	-0.166***	1	—	—	—
Area	-0.052***	-0.022*	0.030**	-0.005**	0.024**	-0.005**	0.012 0	0.086***	0.028**	0.036***	0.137***	-0.006	1	—	—
Share	0.009**	-0.039***	0.067***	-0.165***	-0.193***	-0.126***	0.049***	0.027**	-0.166***	-0.039***	-0.405***	0.285***	0.023*	1	—
$Share^2$	0.014*	-0.037***	0.072***	-0.171***	-0.205***	-0.130***	0.026**	0.028**	-0.171***	-0.043***	-0.411***	0.268***	0.023*	0.981***	1
—	—	—	—	—	—	—	—	—	—	—	—	—	—	—	—

注：z-statistics in parentheses；*** 表示 $p<0.01$，** 表示 $p<0.05$，* 表示 $p<0.1$。

控制变量和企业绩效之间也呈现出了显著的相关关系，除了股东持股比例和其平方项与企业绩效之间在5%和10%水平上显著之外，其他的均在1%水平上显著。表4-3显示，制造业服务化水平和TBQ之间存在着显著正相关关系，和市净率之间也呈现相同的关系，但是制造业服务化水平和净利润率之间是显著负相关关系。从替代指标的表现分析，TBQ和市净率都属于市场对企业的估价，包含了市场因素，而净利润则没有体现出市场影响，因此会存在一定差异。至于三者之间是否存在本质差别，还需通过模型加以检验。

相关性分析能够初步检验变量之间的关系，以保障模型建立的合理性和可靠性。表4-3的相关分析结果显示了变量之间具有显著相关性的同时，pearson系数也较小，普遍在0.4以下。为了进一步说明模型是否具有多重共线性，以便发现模型是否存在冗余变量，下面进行多重共线性检验。

三、多重共线性检验

为了说明上述变量不存在冗余现象，即自变量之间不存在重复解释现象，需依据上述变量进行方差膨胀因子（VIF）检验。相关的多重共线性检验结果见表4-4。计量经济学对VIF的研究认为，当该值为1~10时，说明变量之间不存在重叠解释现象，变量的解释结果可以信赖。如果该值超过10，则认为解释变量中存在冗余的解释变量，需要减少重复解释变量。通过表4-4分析，变量之间的VIF均小于3，说明解释变量符合要求，本书的回归结果经得起检验，具有可靠性。在VIF检验中，因Ser和Ser^2有可能存在一定的重叠性，为减少这一现象，本书对Ser采取了去中心化的处理，通过无量纲方式，使得两者的独立性大为提高。

表4-4　绩效评价模型变量多重共线性检验结果

Variable	VIF	1/VIF
RD	2.19	0.457 487
SA	1.99	0.502 603
Hlt	1.76	0.567 707
Lnsize	1.64	0.608 198
Share	1.35	0.738 667

表4-4(续)

Variable	VIF	1/VIF
Debt	1. 15	0. 866 691
PN	1. 11	0. 900 798
Ser	1. 07	0. 935 098
Ser^2	2. 08	0. 480 769
Area	1. 04	0. 965 073

四、回归结果分析

由于中国制造业服务化历程存在阶段性差异，本书先对全样本进行了回归结果分析，再分阶段分析制造业服务化水平和企业绩效之间的关系。本书的划分依据主要参考了中国制造业五年发展规划的历程，其中2000—2009年进行了合并，原因在于此时制造业服务化还偏重信息化的布局。为了说明技术创新的中介效应，本书建立了以技术创新为因变量、制造业服务化水平为自变量的模型，先判断两者是完全中介效应还是部分中介效应，再将技术创新变量代入初始模型，考察技术创新对企业绩效的影响。

（一）制造业服务化水平全样本回归结果分析

本书根据Wind数据库的相关信息，分析了2000—2021年制造业企业服务化水平和企业绩效的关系，具体结果如下：

本书分析了核心解释变量制造业服务化水平和其平方项与企业绩效之间的相关关系，同时，未将技术创新变量纳入其中，用以说明制造业服务化水平和企业绩效之间的直接关系。结果显示，制造业服务化水平一次项和企业绩效之间有显著负相关关系，且制造业服务化的二次项和企业绩效之间呈现更为显著的正相关关系，说明了假设4-1成立，即制造业服务化水平先对企业绩效产生不利影响，随后开始产生积极影响。从表4-5可以看出，因 F 非常显著，说明模型拟合程度很好，解释水平较高，达到了36. 17%的解释程度。除了核心解释变量效果良好以外，控制变量也显示出良好的显著性特征。

主要的控制变量如企业规模、员工素质、企业融资约束、企业资本结构等均呈现出正向或者负向的显著相关性。其中，企业规模和员工素质同企业绩效之间存在显著的正相关关系，显示出企业的规模越大、员工素质越高，企业的绩效水平就越高。同时，企业资本结构和企业融资约束同企业绩效水平之间呈现出显著负相关关系。由此说明，企业资产负债率越高，融资约束水平越高，企业绩效水平就越低。结果还显示，大股东持股比例和其平方项，以及大股东与制造业服务化水平的交叉乘积项，均不显著。为了进一步计算制造业服务化水平的拐点，依据相关公式，即 SR = $-\alpha_1/2\alpha_2$，代入模型可计算出 SR 的拐点为 0.233 2。以此反映出，当 SR 小于 0.233 2 时，企业不适合进行制造业服务化水平的提升活动。

表 4-5　2000—2021 年制造业服务化水平全样本回归结果分析

Variables	TBQ
Ser	-4.359*** (-6.27)
Ser^2	9.348*** (7.65)
SerShare	-7.307 (-0.61)
Lnsize	0.917*** (10.38)
Hlt	1.607*** (6.37)
Debt	-1.459*** (-11.39)
SA	-0.935***
PN	0. 189*** (4.26) (-7.09)
Share	-0.507 (-0.38)
$Share^2$	0.687 (0.35)
Constant	9.323*** (11.53)
R^2	0.370 6
ADJ R^2	0.361 7

表4-5(续)

Variables	TBQ
F	34.63
Observations	7 268
Number of id	335
Company FE	YES
Year FE	YES

注：z-statistics in parentheses; *** 表示 $p<0.01$, ** 表示 $p<0.05$, * 表示 $p<0.1$。

为了更好地从制造业服务化的发展阶段分析上述关系，本书还将上述样本划分成三个阶段，即 2000—2009 年、2010—2014 年和 2015—2021 年，具体的回归结果见表 4-6、表 4-7 和表 4-8。

表 4-6　2000—2009 年制造业服务化水平和企业绩效回归结果分析

Variables	TBQ
Ser	-9.871*** (-4.31)
Ser^2	12.938*** (5.15)
SerShare	16.495 (0.93)
Lnsize	0.290*** (9.15)
Hlt	1.935 (1.03)
Debt	-2.682*** (-18.28)
SA	-1.105***
PM (-8.10)	—
Share	-0.507 (-0.63)
$Share^2$	0.335 (0.37)
Constant	8.517*** (18.23)

表4-6(续)

Variables	TBQ
R^2	0. 368 7
ADJ R^2	0. 360 1
F	71. 03
Observations	3 248
Number of id	335
Company FE	YES
Year FE	YES

注：z-statistics in parentheses；*** 表示 $p<0.01$，** 表示 $p<0.05$，* 表示 $p<0.1$。

表 4-7　2010—2014 年制造业服务化水平和企业绩效回归结果分析

Variables	TBQ
Ser	-6. 184*** (3. 31)
Ser^2	11. 292*** (4. 20)
SerShare	16. 014 (0. 88)
Lnsize	0. 584*** (15. 42)
Hlt	0. 378*** (3. 57)
Debt	-1. 494*** (-7. 31)
SA	-0. 874*** (-3. 97)
PN	0. 182*** (4. 15)
Share	-1. 473 (-1. 10)
$Share^2$	2. 700 (1. 58)
Constant	3. 140*** (3. 45)

表4-7(续)

Variables	TBQ
R^2	0.359 4
ADJ R^2	0.356 2
F	70.67
Observations	1 675
Number of id	335
Company FE	YES
Year FE	YES

注：z-statistics in parentheses；*** 表示 $p<0.01$，** 表示 $p<0.05$，* 表示 $p<0.1$。

表 4-8　2015—2021 年制造业服务化水平和企业绩效回归结果分析

Variables	(1) TBQ
Ser	-6.309*** (-4.03)
Ser^2	11.307*** (5.34)
SerShare	-8.360 (-1.07)
Lnsize	0.359*** (10.21)
Hlt	0.279*** (4.03)
Debt	-1.042*** (-3.59)
SA	-2.549*** (-7.85)
PN	0.179***
Share	(3.67) (-0.46)
$Share^2$	1.014 (0.69)

表4-8(续)

Variables	(1) TBQ
Constant	6.759*** (9.83)
R^2	0.384 3
ADJ R^2	0.370 1
F	23.02
Observations	2 345
Number of id	335
Company FE	YES
Year FE	YES

注：z-statistics in parentheses；*** 表示 $p<0.01$，** 表示 $p<0.05$，* 表示 $p<0.1$。

上述结果表明，分阶段进行回归的结果和全样本回归的结果基本相同。由此说明，阶段性回归各变量之间的关系和全样本之间的关系保持一致。由于制造业企业产权性质有所差别，所以本书还需对不同产权企业进行分析，才能观测产权异质性是否会产生不同的回归结果。

（二）区分企业产权性质的全样本回归

根据企业的产权性质能够说明制造业服务化对企业绩效的不同影响效果可以分析出，产权因素在企业制造业服务化中的作用。目前，主要的划分标准是根据企业所有权性质分为国有企业和非国有企业。

表4-9显示，国有企业与非国有企业服务化水平和服务化水平二次项与企业业绩的关系均同全样本一样，呈现出服务化水平和企业绩效显著负相关关系，服务化水平二次项和企业绩效显著正相关关系。这说明，服务化水平对企业绩效先产生不利影响，后来随着企业技术水平的提升和市场的需要，服务化水平的有利影响逐步显现。国有企业和非国有企业对比可知，两者的影响程度有所不同，国有企业的影响程度较大，非国有企业的变量系数较小。两者的服务化水平的拐点也因此存在差异，按照全样本的计算方法，国有企业的拐点为0.234 7，非国有企业的拐点为0.130 9。总体而言，两者差异不大，但是国有企业的拐点大于全样本，非国有企业的拐点则小于全样本，说明非国有企业更迫切需要提升制造业服务化水平，以增强其竞争能力。但是从最终结果分析，其进入服务化快速提升的轨道和国有企业相差不

多，原因在于其资源和信息能力均偏弱。

表 4-9　区分企业产权性质的回归结果分析

变量	国有企业	非国有企业
Variables	TBQ	TBQ
Ser	-5. 309*** (-9. 04)	-3. 751*** (-6. 35)
Ser^2	11. 307*** (6. 07)	14. 325*** (3. 79)
SerShare	6. 575 (1. 23)	8. 086 (0. 85)
Lnsize	-0. 519*** (-6. 34)	-0. 435*** (-9. 29)
Hlt	1. 246*** (4. 78)	1. 608*** (6. 19)
Debt	-1. 603*** (-10. 38)	-1. 637*** (-9. 45)
SA	-0. 619*** (-4. 18)	-0. 697*** (-4. 58)
Share	-1. 09 (-1. 28)	-0. 758 (-0. 13)
ShareS	1. 173* (1. 89)	0. 304 (0. 28)
Constant	3. 608*** (9. 38)	4. 354*** (5. 82)
R^2	0. 406 1	0. 363 5
ADJ R^2	0. 387 4	0. 351 6
F	28. 67	27. 39
Observations	4 179	3 089
Number of id	188	147
Company FE	YES	YES
Year FE	YES	YES

注：z-statistics in parentheses；*** 表示 $p<0.01$，** 表示 $p<0.05$，* 表示 $p<0.1$。

（三）中、西部地区和东部地区制造业服务化水平的比较分析

由于传统因素带来的区域发展差异也应该予以考虑，以全面了解区域发展变化对制造业企业服务化水平的影响，因此以经济发展水平进行区域划分的东部地区和中、西部地区，能够直观反映市场发育程度形成的东部地区和中、西部地区制造业服务化水平对企业绩效的影响，为国家相关部门制定合理政策提供依据。和东部地区相比，中、西部地区生产力水平相对较低，制造业服务化水平也相对较低。因此，两者的对比有利于显现发达地区和欠发达地区之间的差异情况。与之相应的是，西部地区制造业服务化水平相对更低，如果单独列示，其比较效果反而不符合未来中国制造业服务化发展趋势。因此，为了实现比较的一致性，本书将中、西部地区进行合并，更有利于研究成果的真实性和客观性。

表 4-10 显示，不论是东部地区还是中、西部地区，制造业服务化水平的一次项和二次项都与企业绩效呈现出显著的相关性。其中，一次项系数与企业绩效显著负相关，二次项系数与企业绩效显著正相关。相关结果也进一步验证了制造业服务化水平和企业绩效之间"先是不利影响，后转为有利影响"的假设。依据拐点计算结果可以发现，东部地区的拐点为 0. 360 8，中、西部地区的拐点为 0. 273 9。因此，东部地区更快进入制造业服务化阶段，中、西部地区则稍晚进入制造业服务化阶段。

表 4-10 说明了东部地区制造业服务化水平和中、西部地区相比，进入的时间更早、水平更高，由此验证了区域市场化水平能够较快推动区域制造业服务化水平的快速发展。中、西部地区因为区位条件不如东部地区优越，很难在短期内建立起规模效应。因此，在改革初期，国家的扶持力度不大。随着东部地区产业联动的反哺作用，中、西部地区也会在稍晚的时候进入制造业服务化快速发展阶段，并通过和东部地区产业链条的构建，缩短和东部地区制造业服务化水平的差异。

表 4-10　区分区域特征的回归结果分析

变量 Variables	东部地区 TBQ	中、西部地区 TBQ
Ser	-9. 340*** (-4. 27)	-11. 204*** (-6. 39)
Ser^2	12. 942*** (4. 39)	20. 305*** (5. 96)

表4-10(续)

变量 Variables	东部地区 TBQ	中、西部地区 TBQ
SerShare	-6.223 (-0.69)	-9.156 (-1.16)
Lnsize	-0.451*** (-7.60)	-0.432*** (-4.08)
Hlt	1.206*** (5.92)	1.491*** (5.70)
Debt	-1.843*** (-6.76)	-1.819*** (-9.09)
SA	-0.568*** (-5.54)	-0.504*** (-3.98)
PN	-0.109* (-1.84)	-0.268*** (-4.00)
Share	-1.107 (-1.55)	0.603 (0.70)
$Share^2$	1.304 (1.57)	-0.445 (-0.44)
Constant	7.245*** (8.09)	6.566*** (6.30)
R^2	0.366 5	0.423 7
ADJ R^2	0.358 9	0.416 5
F	46.43	23.76
Observations	3 555	3 063
Number of id	180	155
Company FE	YES	YES
Year FE	YES	YES

注：z-statistics in parentheses; *** 表示 $p<0.01$, ** 表示 $p<0.05$, * 表示 $p<0.1$。

五、技术创新中介效应的验证

通过前述分析可知，制造业服务化水平对企业绩效的作用还会受到技术创新的影响。技术创新具有中介作用，为了验证其中介作用的强弱，本书需要建立以制造业服务化水平一次项变量和二次项变量为核心解释变量、加入控制变量的技术创新为被解释变量的多元回归模型；同时，还要考虑将技术创新变量代入上述全样本模型后对模型解释力度和相关性的影响。模型中未再考虑地区差异问题，主要原因在于地区差异前述已经验证。

（一）制造业服务化水平和企业技术创新回归结果分析

全样本中制造业服务化水平和企业技术创新之间存在着显著的相关关系（见表4-11），其中制造业服务化一次项系数和企业技术创新之间呈现出显著负相关关系，二次项系数和企业技术创新之间呈现出显著正相关关系。这也表现出和上述制造业服务化水平与企业绩效之间的关系一致的结论，即技术创新对于企业绩效影响表现为从不利影响到有利影响的演化过程，呈现出的“U”形特征符合前述的假设4-2。该模型的拟合度也有所提高，达到44.81%，F值为79.35，说明了模型解释力度较大，统计学意义显著。

和前述模型相比，一些控制变量的显著性和符号特征发生变化。融资约束指标和技术创新之间存在显著的相关性，说明了企业在融资约束的困境中更会加大技术创新的投资力度，以摆脱困境。股东持股比例与技术创新之间呈现出负相关性，但是二次项系数与技术创新之间则显著正相关。由此说明了企业控股股东初期不支持企业技术创新，随着技术创新带来的成效日益明显，其对技术创新的支持力度不断加大。虽然该指标的“U”形特征和前述的规律也保持了一致性，但是服务化和股东持股比例之间的交叉乘积项还是不显著，呈现出正相关关系。这也表明了企业大股东支持服务化水平的力度不大，同时也不会反对。

表4-11　技术创新和制造业服务化水平回归结果分析

Variables	RD
Ser	-3.834*** (-6.56)
Ser^2	8.850*** (7.89)
SerShare	9.897 (0.50)
Lnsize	2.238*** (11.24)

表4-11(续)

Variables	RD
Hlt	1. 626 *** (9. 77)
Debt	-2. 493 *** (-4. 74)
SA	2. 871 *** (4. 36)
PN	0. 531 ** (2. 24)
Share	0. 920 (1. 14)
$Share^2$	0. 920 (1. 14)
Constant	7. 415 *** (5. 51)
R^2	0. 463 2
ADJ R^2	0. 448 1
F	109. 35
Observations	7 268
Number of id	1 339
Company FE	YES
Year FE	YES

注：z-statistics in parentheses; *** 表示 $p<0.01$, ** 表示 $p<0.05$, * 表示 $p<0.1$。

（二）制造业服务化水平、技术创新和企业绩效的回归结果分析

上述模型中，模型 4-1 没有加入技术创新变量。在全样本回归中，制造业服务化水平和企业绩效之间存在显著的相关关系，其中一次项系数为负值，二次项系数为正值。模型 4-2 进行了技术创新和企业制造业服务化水平之间的多元回归，模型依然呈现出和模型 4-1 一样的相关关系，即制造业服务化水平和企业技术创新之间一次项系数为负值，二次项系数为正值，且相关关系显著。在模型 4-3 中，技术创新和企业绩效具有显著正相关关系，同时制造业服务化和企业绩效的显著关系继续存在。依据中介效应原理可以推断，制造业企业的技术创新和企业绩效之间具有部分中介效

应，不是完全影响企业绩效的潜在变量。上述结果从侧面揭示了企业技术创新是提升企业制造业服务化水平的重要条件，但不是决定条件，不是企业绩效成败的本质因素，但是也对企业绩效提升有重要的辅助作用。制造业服务化水平、技术创新和企业绩效的中介效应检验见表 4-12。

表 4-12　制造业服务化水平、技术创新和企业绩效的中介效应检验

Variables	(1) TBQ	(2) RD	(3) TBQ
Ser	-4.359*** (-6.27)	-3.834*** (-6.56)	-5.923*** (-8.46)
RD	—	—	0.024*** (10.84)
Ser^2	9.348*** (7.65)	8.850*** (7.89)	15.493*** (8.35)
SerShare	-4.075 (-0.37)	9.897 (0.50)	-4.779 (-0.44)
Lnsize	0.917*** (10.38)	2.238*** (11.24)	0.493*** (24.38)
Hlt	1.607*** (6.37)	1.626*** (9.77)	0.781*** (4.67)
Debt	-1.459*** (-11.39)	-2.493*** (-4.74)	-1.779*** (-8.32)
SA	-0.935*** (-7.09)	-2.493*** (-4.74)	-0.880*** (-10.32)
PN	0.189*** (4.26)	0.531** (2.24)	0.202*** (4.59)
Share	-0.507 (-0.38)	-0.603 (-1.03)	-0.519 (-0.94)
$Share^2$	0.687 (0.35)	0.920 (1.14)	0.822 (1.28)
Constant	9.323*** (11.53)	7.415*** (5.51)	8.335*** (5.59)
R^2	0.3706	0.4632	0.3701
ADJ R^2	0.3617	0.4481	0.3618
F	34.63	109.35	65.43

表4-12(续)

Variables	(1) TBQ	(2) RD	(3) TBQ
Observations	7 268	7 268	7 268
Number of id	1 339	1 339	1 339
Company FE	YES	YES	YES
Year FE	YES	YES	YES

注：z-statistics in parentheses；*** 表示 $p<0.01$，** 表示 $p<0.05$，* 表示 $p<0.1$。

上述结果还表明了模型 4-3 在加入技术创新变量以后，其拟合水平有了明显的提升，从 34.65%上升到 36.18%。因此，模型的显著性增强了。结合上述三个模型分析，本书对先前假设进行了验证。第一，在模型 4-1 结果中显示了制造业服务化水平和企业绩效之间具有“U”形变化的特征，制造业服务化水平先对企业绩效产生了抑制的作用，随着企业资源积累不断增加，企业制造业服务化水平不断增强，进而对企业绩效产生了积极促进作用。由此，假设 4-1 得以验证。第二，模型 4-2 的结果表明，技术创新和企业制造业服务化水平之间也呈现出“U”形特征演化趋势。由此，假设 4-2 得以验证。第三，模型 4-3 表明了技术创新对企业绩效有部分中介作用，由此说明假设 4-3 成立。为了保证模型的可靠性，我们还需要进行稳健性检验。

六、稳健性检验和结果分析

通过以上的模型分析，本书的假设均得到验证。但是，上述结果是否正确，还需要通过同质变量的替代和扩大样本或者缩小样本的手段进行验证。学术界的普遍做法是变量替代的检验。依据此标准，本书将每股净资产作为企业绩效替代的指标，以此分析模型的可靠性。

稳健性检验中的因变量已经由 TBQ 替代为 PB，同时和前述方法一样，先不考虑技术创新的影响，进行全样本回归，再检验技术创新的中介效应。通过建立技术创新与企业制造业服务化水平的回归模型 4-2，以及将技术创新加入模型 4-1，形成模型 4-3，得到结果，见表 4-13。

表 4-13 稳健性检验：TBQ 替换为 PB

Variables	(1) PB	(4) RD	(3) PB
Ser	-2.111*** (-4.97)	-1.234*** (-5.45)	-5.620*** (-4.36)
RD	—	—	0.34*** (7.68)
Ser^2	11.624*** (4.44)	12.350*** (5.38)	7.550*** (3.70)
Ser×Share	0.378 (0.02)	1.027 (1.10)	0.337 (0.02)
Lnsize	0.907*** (3.86)	1.318*** (4.19)	0.984*** (4.13)
Hlt	1.441*** (4.60)	2.361*** (7.61)	1.749** (2.31)
Debt	-1.488*** (-2.98)	-1.362*** (-4.41)	-1.565*** (-3.42)
SA	0.105 (0.67)	1.187*** (4.61)	0.380** (2.24)
PN	0.500*** (5.61)	0.483** (2.18)	0.517*** (5.82)
Share	-0.949 (-1.08)	-0.818 (-1.29)	-0.727 (-1.17)
$Share^2$	1.059 (1.64)	1.317 (1.14)	1.404 (1.52)
Constant	7.638*** (3.09)	8.601*** (6.71)	7.087*** (4.93)
R^2	0.290 3	0.410 3	0.301 6
ADJ R^2	0.281 9	0.402 8	0.294 1
F	35.54	29.35	53.64
Observations	7 268	7 268	7 268
Number of id	335	335	335
Company FE	YES	YES	YES
Year FE	YES	YES	YES

注：z-statistics in parentheses；*** 表示 $p<0.01$，** 表示 $p<0.05$，* 表示 $p<0.1$。

替代变量后可以发现，和未替代变量相比，主要变量的关系没有任何改变。其中，制造业服务化和每股净资产之间也存在着“U”形关系特征，技术创新的中介作用也和前述一致，控制变量的关系也和前述结论相同；和前述模型不一致的，是模型的拟合度出现一定程度的下降，模型的解释力度有减小趋向。

通过替换相应的指标可知，该模型的结果没有发生本质的变化，由此验证了前述模型是合理且稳健的；同时，使用了 TBQ 作为因变量指标的模型拟合度优于 PB 作为因变量的模型，说明模型设置具有可靠性。上述结果还说明，本书前述的假设被稳健、可靠地进行了验证。当然，以上模型呈现出的结果，我们还需要进一步讨论和分析。

第五节　制造业服务化绩效评价模型的结论

本书在整理 Wind 数据库的基础上，进行了全样本多元回归分析以及分时间阶段、考虑区域特征和产权性质的回归分析，并在稳健性检验的基础上说明本书模型的合理性和可靠性。在控制变量的选取方面，本书主要依据和制造业服务化关系密切的企业规模、企业资本结构、企业大股东持股比例、企业融资约束影响以及企业员工素质的影响等加以分析，最终，实证结果体现了企业制造业服务化水平和企业业绩水平的关系、企业技术创新与企业绩效的关系，以及技术创新作为中介变量的影响关系。

一、制造业服务化水平和企业绩效呈现非线性“U”形特征

无论是全样本回归模型还是分时间段的样本回归模型，我们均发现，在企业生产力水平不高且市场为买方市场时，企业并不热衷于制造业服务化的推广。此时，制造业服务化不会对企业绩效产生正向影响，反而会因投入产出配比不对称，促使制造业服务化投入降低企业的绩效水平。依据前述计算的制造业服务化水平的拐点，当企业制造业服务化水平突破拐点时，意味着企业能够形成制造业服务化的规模效应，制造业服务化水平能够促进企业绩效；反之，则会降低绩效。

上述非线性“U”形特征的原因在于，制造业服务化水平能显著提升，不仅来源于企业资源的长期积累，还来源于企业对市场的学习能力和企业

成本效益原则。当企业能够察觉市场需求的变化，并且明晰异质性和差异性能够给企业带来新的增长能力时，企业才可能开展制造业服务化策略，以占据市场优势。因此，制造业服务化是否开展、如何开展，不仅取决于企业本身的生产与服务能力强弱，还取决于企业对市场的学习能力强弱。当市场普遍承认用户的议价能力的影响时，企业会根据自身的资源优势和技术优势加快制造业服务化的投入，由此促进企业绩效进一步提升。由此可见，企业制造业服务化策略首先依赖企业自身的资源优势和市场竞争压力，其次取决于外部环境的学习能力和认知程度，两者缺一不可，否则企业开展制造业服务化策略将缺乏动力。

二、非线性“U”形特征具有区域和产权异质性差别

前述的回归模型分析了制造业服务化水平因地区不同和产权性质的区别，也会和企业绩效之间呈现出一定的差别。通过对国有企业和非国有企业、东部地区和中、西部地区的分组回归发现，企业制造业服务化水平和企业绩效之间的非线性“U”形特征在不同区域和不同产权性质的企业之间存在一定的差别。

从区域情况分析，东部地区的服务化水平高于中、西部地区，其进入服务化阶段的时间早于中、西部地区，服务化质量也高于中、西部地区。上述结果和当前经济发展水平一致，主要原因在于，东部地区通过前期的对外开放政策积累了大量的资金与技术资源，更贴近国外市场，更易感受外界压力，因此更早开展制造业服务化策略；而中、西部地区市场发育程度不高，区域市场需求变化有限，加之企业资源积累能力偏弱，从而阻滞了该地区开展制造业服务化策略。

从企业性质分析，国有企业拥有强有力的政策支持和资金支持，具备了开展制造业服务化策略的内在基础。然而，从实证结果分析，国有企业虽然在制造业服务化实施阶段略早于非国有企业，但是差别并不明显，且服务质量也未见本质性差别。其主要原因在于，制造业服务化水平的不断推进和市场需求的不断提升关系密切。企业即使具备了相应的基础，但是缺乏外在动因的诱导，依然难以实施相应的策略。由此可以推断，制造业服务化的实施及其水平的提升，不仅取决于企业自身的资源积累，还取决于外在的推动作用。

三、技术创新的中介效应能够提升制造业服务化水平

根据本书的中介效应的检验，企业技术创新能够推动企业制造业服务化水平，企业技术创新对企业绩效有显著的正向影响。但是，企业技术创新通过“U”形演化方式影响企业制造业服务化策略，进而对企业绩效产生作用时没有展现出完全的中介效应，还受到企业因素的影响。作为企业制造业服务化水平提升的重要手段，企业技术创新影响机理表现如下：

第一，技术创新和制造业服务化水平提升相伴而行，共同促进企业绩效水平的提升。在制造业服务化发展的初级阶段，企业缺乏必要的资金和其他有效资源支持，企业的技术创新能力也较为孱弱，难以支持制造业服务化策略的实施。因此，此时制造业服务化策略会降低企业的绩效水平，同时技术创新也难以支持企业的绩效发展。

第二，制造业服务化推进和技术创新效益关系密切。在进行制造业服务化策略的实施时，企业决策者更多是考虑企业能否有足够资源支持，能否降低企业运行成本和营运效率。此时，技术创新效益的增长和提升对制造业服务化不断推进具有重要意义。其主要原因在于，技术创新拓展了企业持续发展能力，进而开阔了企业决策者视野，积淀了其推行制造业服务化策略的基础，为其提升制造业服务化水平创造了良好的条件。

第三，技术创新能显著升华制造业服务化策略开展的要素，进而提升企业绩效水平。在企业制造业服务化策略开展的初期，企业要素较少，且质量较低，很难满足市场不同群体的需求。随着技术创新能力的不断增强以及技术创新资源的不断积累，制造业服务化水平会日益提升，从而使质量和功能显著升级，能够满足不同用户的需要，最终实现最大限度地提高其附加值。

第六节　本章小结

本章依据前述章节制造业服务化测算结果，深入探索了制造业服务化对制造业企业的影响，并甄别出核心的影响要素：企业绩效，由此推导出制造业服务化对制造业企业的影响逻辑，即以提高绩效水平为根本，提升了企业市场地位，提高了企业经济附加值，激励了企业技术创新；在分析

制造业服务化和企业绩效机理的基础上提出了研究假设，并推演出技术创新在其中的中介效应；通过遴选主要关联指标，设计了以企业绩效为被解释变量、企业服务化水平为核心解释变量、企业规模等为控制变量的多元回归模型；通过对 Wind 数据库的相关数据进行筛选，得出了企业服务化水平和企业绩效之间存在先抑制后促进的“U”形关系，非线性“U”形特征具有区域和产权异质性差别，技术创新具有部分中介效应且能够提升制造业服务化水平等结论。

第五章　制造业服务化绿色创新效率模型

前述分析表明，制造业服务化不仅增加了创新活动的频度，还对创新质量提升推波助澜。然而，制造业服务化将如何通过创新活动实现企业创新能力的持续发展，提升企业要素结构变化的速度，提高要素投入的质量，最终形成企业绿色效率的提高？为此，本章对制造业服务化的绿色创新效率问题进行了深入研究，一方面研讨制造业服务化对区域绿色效率的直接影响，另一方面通过建立以企业规模化水平和创新能力作为中介变量的实证模型，探究制造业服务化对区域绿色效率的影响路径和实施过程。

第一节　制造业服务化推动企业绿色创新的理论综述

随着制造业服务化的深入发展，其对企业创新活动的影响日渐显著，一些学者开始关注制造业服务化和绿色效率的关系。罗良文、梁圣蓉（2016）① 和 Lin 等（2018）② 承接上述制造业服务化对企业绩效和技术创新的推动提出的绿色效率的提升趋势，也日益引起相关学者和部门的重

① 罗良文，梁圣蓉. 中国区域工业企业绿色技术创新效率及因素分解［J］. 中国人口·资源与环境，2016，26（9）：149-157.

② LIN，SUN，MARINOVA，et al. Evaluation of the green technology innovation efficiency of China's manufacturing industries：dea window analysis with ideal window width［J］. Technology analysis and strategic management，2018，30（10）：1166-1181.

视。Qi 等（2013）[①] 和王旭、褚旭（2019）[②] 的研究表明，制造业服务化驱动绿色创新的效果呈现正向溢出效应，其在空间、时间上的作用可以通过空间计量模型的方式加以表述。钱丽、肖仁桥、陈忠卫（2015）[③] 和 García-Granero 等（2018）[④] 提出，通过高端要素的不断投入，企业自主意识将被激发，企业开展环境保护措施与降低污染的动力会不断增强。王思语、郑乐凯（2019）[⑤] 和李琳、田彩红、徐洁（2021）[⑥] 提出，制造业服务化不仅增加了创新活动的频度，也提高了创新的质量。Qi 等（2013）[⑦] 和高霞、贺至晗、张福元（2022）[⑧] 提出，为了持续推动制造业服务化升级换代，制造业服务化在满足用户需求的同时，更要兼顾企业被赋予的社会公众责任，即环境保护责任，以传播企业在社会、经济活动中的积极形象。李婉红（2015）[⑨] 和贾建锋、刘伟鹏、杜运周（2023）[⑩] 提出，随着制造业服务化纵深投入的质量推进式发展，以及对高级生产要素的聚集性累进投入，企业绿色创新机制将渐进完善。原毅军、陈喆（2019）[⑪] 和王

---

① QI, ZENG, CHIMING, et al. Stakeholders' influences on corporate green innovation strategy: a case study of manufacturing firms in China [J]. Corporate social responsibility and environmental management, 2013, 20 (1): 1-14.

② 王旭，褚旭. 中国制造业绿色技术创新与融资契约选择 [J]. 科学学研究，2019，37（2）：351-361.

③ 钱丽，肖仁桥，陈忠卫. 我国工业企业绿色技术创新效率及其区域差异研究：基于共同前沿理论和 DEA 模型 [J]. 经济理论与经济管理，2015（1）：26-43.

④ GARCÍA-GRANERO, EVA, PIEDRA-MUOZ, et al. Eco-innovation measurement: a review of firm performance indicators [J]. Journal of cleaner production, 2018, 191 (1): 304-317.

⑤ 王思语，郑乐凯. 制造业服务化是否促进了出口产品升级：基于出口产品质量和出口技术复杂度双重视角 [J]. 国际贸易问题，2019，443（11）：45-60.

⑥ 李琳，田彩红，徐洁. 制造业服务化对区域绿色创新效率的影响 [J]. 华中师范大学学报（自然科学版），2021，55（5）：862-875.

⑦ QI, ZENG, CHIMING, et al. Stakeholders' influences on corporate green innovation strategy: a case study of manufacturing firms in China [J]. Corporate social responsibility and environmental management, 2013, 20 (1): 1-14.

⑧ 高霞，贺至晗，张福元. 政府补贴、环境规制如何提升区域绿色技术创新水平：基于组态视角的联动效应研究 [J]. 研究与发展管理，2022，34（3）：162-172.

⑨ 李婉红. 排污费制度驱动绿色技术创新的空间计量检验：以 29 个省域制造业为例 [J]. 科研管理，2015，36（6）：1-9.

⑩ 贾建锋，刘伟鹏，杜运周. 制度组态视角下绿色技术创新效率提升的多元路径 [J]. 南开管理评论，2023（7）：1-23.

⑪ 原毅军，陈喆. 环境规制、绿色技术创新与中国制造业转型升级 [J]. 科学学研究，2019，37（10）：1902-1911.

艳、苏怡（2020）[①] 通过研究发现，随着高端要素的不断投入，企业自主意识将被激发，企业开展环境保护措施与降低污染的动力会不断增强，最终提高制造业企业的绿色创新效率。

第二节　制造业服务化绿色创新效率模型研究假说

一、制造业服务化水平直接影响企业绿色创新效率

实践研究表明，制造业服务化将刺激市场需求的加速变化，从而激励企业持续创新。鉴于企业之间的交流机制在市场上具有传播功能，依据信号传递理论，为了持续推动制造业服务化升级换代，制造业服务化在满足用户需求的同时，更要兼顾企业被赋予的社会公众责任，即环境保护责任，以传播企业在社会、经济活动中的积极形象。同时，企业高管在声誉机制的影响下，更趋于将绿色创新技术的推广作为其经营决策的重要组成部分。在锦标赛机制的作用下，绿色创新的外溢效应将快速扩展，不仅要求技术水平的稳步提升，还在模仿竞争的市场环境下，实现绿色创新的广泛推广。因此，随着制造业服务化纵深投入的质量推进式发展，以及对高级生产要素的聚集性累进投入，企业绿色创新机制将渐进完善，通过创新人才开放式交流与合作，高质量的创新成果和技术将价值倍增，从而加快企业绿色创新效率的持久传播。同时，企业在决策过程中还会受制于自身市场竞争能力、资源水平等，加大或者减小对绿色创新的投入力度，当企业服务化水平较低时，会缺乏绿色创新的实力和动力，因此会抑制绿色创新的投入。在企业服务化水平不断成熟的条件下，企业持续盈利能力会不断增强，因此也会主动加大绿色创新投入力度，从而提升绿色创新效率。

基于以上分析，本书提出假设 5-1：制造业服务化能有效提升企业创新效率，且两者之间存在“U”形关系，即在制造业水平较低的情况下，企业会抑制绿色创新效率，当制造业水平逐步提升后，企业绿色创新效率会明显提高。

---

① 王艳，苏怡. 绿色发展视角下中国节能减排效率的影响因素：基于超效率 DEA 和 Tobit 模型的实证研究［J］. 管理评论，2020，32（10）：59-71.

二、制造业服务化水平通过企业绩效影响绿色创新效率

企业本质是利益共同体实施持续经济利益、社会利益和自然演化利益的契约载体。企业发展的目标在于满足利益相关者经济利益的基础上，回报或者反馈社会公众责任，兼顾自然演化责任。因此，制造业服务化水平较低的情况下，企业绩效无法达到预期目标，从而导致企业自我生存危机压力较大。企业在资源不足、人力资本有限的条件下，更会通过资源聚集的效应将资源投入经济效益高且回报较快的项目。此时，企业不会主动开展绿色创新活动。当企业制造业服务水平趋于成熟时，企业在获取较为丰沛的回报后会主动延伸价值链、创造新价值，并通过企业声誉等一些无形资产加快企业规模化经济水平的形成和提高，同时通过全要素生产效率的提高来提升企业总体价值边际增长效率。此时，企业的技术水平、财富增长和人力成本均已满足绿色创新效率提升的要求，企业会从全局决策着手，更愿意加大绿色创新活动的推广与实施力度，形成企业良性发展的新局面。

根据以上分析，本书提出假设 5-2：企业制造业服务化水平通过企业绩效情况影响企业绿色创新效率，其影响过程呈现出“U”形趋势，即当企业绩效水平较低时，企业不会主动开展绿色创新活动，而当企业绩效水平较高时，企业绿色创新效率会显著提升。企业绩效对绿色创新影响方面具有中介作用。

三、企业规模和企业人才质量影响企业绿色创新效率

制造业服务化水平提升速率不仅取决于企业的规模，还和企业人才质量息息相关。和小企业相比，大企业在集聚资源、培养和吸引人才方面具有先天优势。一些社会资源丰富、社会资本深厚的企业，在制造业服务化水平的提升方面极易形成规模优势。大企业通过规模化经济带来的效率优势，能够快速提高企业的制造业服务化水平，并通过创新能力的逐步增强，稳固企业在市场竞争中的优势。同时，企业人才质量水平的高低也决定了企业服务化质量的高低，代表了企业创新能力的强弱，对企业实施绿色创新战略具有重要的调节作用。高质量的企业人才队伍能够紧跟技术前沿，其自身的社会网络关系都是企业占据市场竞争优势的重要资源，通过加快企业制造业服务化水平的发展和成熟，快速实现开展绿色创新活动的

部署和实践。反之，规模较小的制造业企业，因其商业关系较为单一，资源网络不足，很难在短期内形成规模优势。同时，因企业资源限制，小企业在人才储备和外部引进方面也面临诸多缺陷，不易大规模引入行业内高端人才。所以，人才缺乏将制约该类型企业快速提升制造业服务化水平，阻碍了其开展绿色创新活动的动力。

依据上述分析，本书提出假设 5-3：企业规模和企业人才质量会通过制造业服务化水平调节企业绿色创新效率。企业规模越大，其对绿色创新效率的调节作用越明显；企业人才质量越高，其对绿色创新效率调节能力越强。

第三节　制造业服务化绿色创新效率模型设计及说明

本节依据上述理论和机理分析结果，结合已有的研究成果确定相应的变量，并加以说明。

一、变量选择及说明

模型中大多数变量在前述模型中已经出现过，故不再赘述，此处仅对“绿色创新效率”进行描述。绿色创新效率在新模型中属于因变量，关于该指标的选择，范晓莉和李秋芳（2022）① 提出企业绿色创新效率应该分别从投入和产出进行分析。钱丽、汪美鑫、肖仁桥（2023）② 认为，企业的绿色研发投入和研发产出对其绿色创新效率有重要影响。

当前，学者们对绿色指标的研究主要分为绿色投入指标和绿色产出指标。两者相比，绿色投入指标具有一定局限性，同时有可能和本书员工素质控制变量存在一定的重复，而绿色产出指标的综合性更强。因此，本书选择绿色产出指标作为多元回归分析的因变量，将绿色投入指标作为替代性变量，并进行稳健性检验。其中，绿色产出指标主要包括企业每年专利数量和期望产出指标，以及企业新增销售收入；绿色投入指标主要包括全

① 范晓莉，李秋芳. 城市创新行为、经济结构转型与环境污染［J］. 统计与决策，2022，38（13）：170-173.

② 钱丽，汪美鑫，肖仁桥. 异质环境分权对企业绿色创新效率的非线性影响：考虑多重中介与财政分权调节效应［J］. 科技进步与对策，2023，40（7）：136-147.

日制研究人员人数，以及研发经费内部支出占企业产品总成本的比例。同时，作为非期望产出指标，企业的三废指数（工业废水、固体废弃物和工业粉尘）可以通过熵值法获取。

为了综合反映企业的真实产出水平，本书通过无量纲化处理方法，将期望产出指标和非期望产出指标进行加权平均处理，并得出综合值。同时，依据现有的研究成果，本书将企业的绿色创新效率定为 GIE，其中本书的因变量为 GIE_1，进行稳健性检验的替代变量为 GIE_2。

二、模型构建与方法运用

（一）构建模型

和前述模型类似，本书构建了制造业服务化水平和企业绿色创新效率之间的多元回归模型。为了研究服务化水平的影响程度，还需以二次项作为重要的解释变量，以体现拐点的变化。两者之间影响关系的真实体现，还需要通过控制企业规模、企业资本结构等因素加以反映。同时，模型还体现了企业规模和员工质量的调节作用。具体模型如下：

$$GIE_1 = \alpha_0+\alpha_1 Ser+\alpha_2 Ser^2+\alpha_3 Ser\times Lnsiz+\alpha_4 Lnsize+\alpha_5 Hlt+\alpha_6 Debt+ \alpha_7 Sa+\alpha_8 N+\alpha_9 Area+\alpha_{10} Share+\alpha_{11} Share^2+\alpha_{12} Ser\times Hlt +\varepsilon \quad (5-1)$$

其中，GIE 代表样本企业的绿色创新效率，Ser 和 Ser^2 分别代表样本企业的服务化水平及其平方项，其余变量为控制变量，交叉项作为调节效应的检验。为了说明企业绩效的中介作用，本书进行了中介效应检验，为此构建出以下模型：

$$TBQ = \alpha_0+\alpha_1 Ser+\alpha_2 Ser^2+\alpha_3 Ser\times Lnsiz+\alpha_4 Lnsize+\alpha_5 Hlt+\alpha_6 Debt+ \alpha_7 Sa+\alpha_8 N+\alpha_9 Area+\alpha_{10} Share+\alpha_{11} Share^2+\alpha_{12} Ser\times Hlt +\varepsilon \quad (5-2)$$

$$GIE_1 = \alpha_0+\alpha_1 Ser+\alpha_2 TBQ+\alpha_3 Ser^2+\alpha_4 SerShare+\alpha_5 Lnsize+\alpha_6 Hlt+ \alpha_7 Debt+\alpha_8 Sa+\alpha_9 N+\alpha_{10} Area+\alpha_{11} Share+\alpha_{12} Share^2+\alpha_{13} Ser\times Hlt+\varepsilon \quad (5-3)$$

其中，模型（5-2）代表了企业绩效（TBQ）和制造业企业服务化水平之间的关系，即制造业服务化水平和企业的绩效之间是否存在显著的正相关关系。模型（5-3）检验了企业绩效中介效应的程度。上述中介效应的检验方法主要参考温忠麟等（2014）的处理方法，先分析模型（5-1）中企业绿色创新效率和制造业服务化水平之间的关系，再分析模型（5-2）中企业绩效和企业制造业服务化水平之间是否有显著关系。模型（5-3）中如果制造业服务化水平和企业绿色创新效率之间的关系是显著的，但是企业绩效和绿色创新效率不显著，或者制造业服务化水平和企业绿色创新效率之间具有显著性，然而企业绩效和企业绿色创新效率之间不显著，则需要通过 Bootstrap 的方法，验证技术创新的中介效应是否显著；如果间接影响的置信区间不存在 0 值，则认为技术创新对企业绩效具有完全中介效应；如果制造业服务化、企业绩效和绿色创新效率关系在模型（5-3）中呈现出显著性，则认为企业绩效具有部分中介效应。

（二）方法运用

为了分析和验证上述模型中不同变量之间的关系，本书首先对从 Wind 数据库获取的样本数据进行处理，对一些资料不全的数据采取了缩尾处理，并剔除了异常值。整理数据后，对样本数据进行了描述性统计分析、相关性分析、共线性检验和面板数据的检验和处理。为了全面分析制造业服务化水平和企业绿色创新效率之间的非线性关系，将样本数据代入模型（5-1）进行多元回归，此时的面板数据处理是固定效应处理。其次检验企业绿色创新效率的中介效应，此时也使用全样本数据。最后还对企业所处地区与企业的产权性质进行了相应的分析，以显示研究的全面性。为了检验模型的合理性，本书还通过替换因变量验证了模型的可靠性和有效性。

三、数据来源

本书数据来自 Wind 数据库，制造业的选择标准依据中国证监会发布的《上市公司行业分类指引》的相关原则；选择的样本公司时间跨度为 2000—2021 年，样本数量为 7 268；样本选择的行业包括高新制造业企业和传统制造业企业；样本具有广泛性和全面性，有利于研究内容的完整性和科学性，便于获取较为准确和可靠的结果。

和前述过程一致，本章节数据整理过程如下：

第一，为保证制造业服务化水平发展过程的全面性，选用了 2000—2021 年的数据作为样本数据，该数据具有连续性和完整性，对研究结果的可靠性和准确性具有重要影响。

第二，对一些显著异于样本数据特征的异常数据和缺失数据进行了剔除，如一些 ST 股和一些已经退市的上市公司样本等。

第三，进行变量回归前，对整理好的数据进行了 2.5%和 97.5%的缩尾处理，最大限度地减少了异常值的影响。

第四节　制造业服务化绿色创新效率模型的实证结果

因本节实证结果分析和前述的实证分析过程类似，所以前述的描述性统计结果分析、相关性分析和多重共线性等内容从略，仅显示企业绿色创新效率的多元回归结果分析，其内容包括全样本、异质性分析、中介效应分析和稳健性检验等。

一、主效应分析

本节分析了核心解释变量制造业服务化水平及其平方项与企业绿色创新效率之间的相关关系。为了显示制造业服务化水平和企业绿色创新效率之间的直接关系，我们没有将中介变量企业绩效放置模型中。和前述的制造业服务化水平与企业绩效的关系类似，制造业服务化水平一次项和企业绿色创新效率之间存在显著负相关关系，制造业服务化水平二次项和企业绿色创新效率之间存在显著正相关关系。因此，假设 5-1 成立，说明在制造业服务化水平初期，企业绿色创新效率较为低下，当制造业服务化水平不断提升且成熟时，企业绿色创新效率会有所提高。从表 5-1 可以看出，模型中的 F 非常显著，说明模型拟合度较好，达到了 35.01%的解释程度；除了核心解释变量效果良好以外，控制变量也显示出良好的显著性特征。其他控制变量显示了和前述模型一致的统计特征，在此不做赘述。

依据前述的理论分析，企业规模和企业人才质量对企业绿色创新效率有调节作用。表 5-1 显示了这种正向调节作用，其中制造业服务化水平和企业规模的交叉乘积项在 10%水平下显著相关，制造业服务化水平和员工素质的交叉乘积项在 5%水平下显著相关，由此假设 5-3 成立。同时可以看出，员工素质对推动企业绿色创新的作用更为显著。

表 5-1　2000—2021 年制造业服务化水平对绿色创新效率影响的主效应分析

Variables	GIE_1
Ser	-1.207** (-2.27)

表 5-1（续）

Variables	GIE_1
Ser^2	2.071*** (3.65)
Ser×Lnsize	0.428* (1.73)
Lnsize	0.605** (2.47)
Hlt	0.736** (2.31)
Debt	-1.459*** (-4.27)
SA	-0.135** (-2.08)
PN	0.104*** (3.21)
Share	-0.416 (-0.26)
$Share^2$	0.704 (0.37)
Ser×Hlt	0.283** (2.06)
Constant	4.421*** (5.65)
R^2	0.359 2
ADJ R^2	0.350 1
F	34.63
Observations	7 268
Number of id	1 339
Company FE	YES
Year FE	YES

注：z-statistics in parentheses；*** 表示 $p<0.01$，** 表示 $p<0.05$，* 表示 $p<0.1$。

二、异质性分析

（一）产权异质性分析

产权性质决定了企业决策的差异程度，因此国有企业和民营企业有可能在实施绿色创新活动方面存在不同。

表5-2显示，国有企业与非国有企业服务化水平和服务化水平二次项与企业绿色创新效率的关系均和全样本一样，呈现出服务化水平和企业绿色创新显著负相关，制造业服务化水平二次项和企业绿色创新效率显著正相关。其影响过程和前述模型相似，此处不做更多阐述。国有企业和非国有企业对比可知，两者的影响程度有所不同，国有企业的影响程度更大，非国有企业的变量系数较小。总体而言，两者差异不大。同时，企业规模和企业员工素质的调节作用也和全样本相似，证明了两者在绿色创新效率方面的重要作用。

表5-2 区分企业产权性质的绿色创新效率回归结果分析

变量 Variables	国有企业 GIE_1	非国有企业 GIE_1
Ser	−1.227*** (−4.04)	−1.005*** (−3.35)
Ser^2	3.105*** (4.07)	2.681*** (2.99)
Ser×Lnsize	0.467* (1.81)	0.913** (2.31)
Lnsize	−0.338*** (−5.24)	−0.209*** (−8.25)
Hlt	1.711*** (3.23)	1.521*** (5.17)
Debt	−1.108*** (−5.38)	−1.071*** (−7.24)
SA	−0.321*** (−3.23)	−0.273*** (−4.27)
Share	−0.591 (−1.17)	−0.618 (−0.19)
$Share^2$	1.035 (1.29)	0.298 (0.35)

表5-2(续)

变量 Variables	国有企业 GIE_1	非国有企业 GIE_1
Ser×Hlt	0.876*** (3.01)	0.764*** (4.02)
Constant	1.948*** (2.98)	1.501*** (4.31)
R^2	0.346 1	0.330 5
ADJ R^2	0.328 1	0.313 8
F	11.78	19.28
Observations	4 179	3 089
Number of id	188	147
Company FE	YES	YES
Year FE	YES	YES

注：z-statistics in parentheses；*** 表示 $p<0.01$，** 表示 $p<0.05$，* 表示 $p<0.1$。

（二）区域差异比较分析

区域发展的差异也会导致企业绿色创新效率的不同。依据前述实证分析的划分方法，本节同样将我国分为东部地区和中、西部地区进行比较，比较结果见表 5-3。

表 5-3 显示，不论是东部地区还是中、西部地区，制造业服务化水平一次项和二次项都与企业绿色创新效率呈现出显著的相关性。其中，一次项系数与之显著负相关，二次项系数与之显著正相关，进一步印证了绿色创新活动和企业服务化水平关系密切，且提升服务化水平的基础是区域经济水平的不断提高。表 5-3 中体现调节作用的交叉乘积项也和前述模型一致，这里不再做过多阐释。

表 5-3 区分区域特征的绿色创新效率回归结果分析

变量 Variables	东部地区 GIE_1	中、西部地区 GIE_1
Ser	-1.607*** (-3.71)	-2.204*** (-5.01)
Ser^2	4.219*** (3.46)	5.128*** (4.21)

表5-3(续)

变量 Variables	东部地区 GIE_1	中、西部地区 GIE_1
Ser×Lnsize	1.289** (2.56)	1.306** (2.81)
Lnsize	−0.213*** (−4.26)	−0.195*** (−3.18)
Hlt	1.164*** (4.12)	1.217*** (3.65)
Debt	−1.138*** (−3.61)	−1.124*** (−3.15)
SA	−0.387*** (−3.47)	−0.341*** (−3.08)
PN	−0.093** (−2.75)	−0.128*** (−3.00)
Share	1.073 (1.34)	0.935 (0.57)
$Share^2$	0.923 (1.19)	0.729 (0.61)
Ser×Hlt	0.875*** (3.14)	0.792*** (3.45)
Constant	2.341*** (3.91)	1.926*** (4.09)
R^2	0.359 8	0.407 6
ADJ R^2	0.347 9	0.398 5
F	29.13	21.65
Observatios	3 555	3 063
Number of id	180	155
Company FE	YES	YES
Year FE	YES	YES

注：z-statistics in parentheses；*** 表示 $p<0.01$，** 表示 $p<0.05$，* 表示 $p<0.1$。

三、企业绩效中介效应的验证和回归结果分析

通过前述分析可知，制造业服务化水平对企业绿色创新效率的作用还会

受到技术创新的影响。技术创新具有中介作用，为了验证其中介作用，我们需要进行的工作包括：建立以制造业服务化水平一次项变量和二次项变量为核心解释变量，加入控制变量的企业绩效为被解释变量的多元回归模型；要考虑将企业绩效变量代入上述全样本模型中对模型解释力度和相关性的影响。模型中未再考虑地区差异问题，主要原因在于地区差异前述已经验证。

（一）制造业服务化水平和企业绩效回归结果分析

此部分不再做重复分析，因为在前述模型中已经表明了制造业服务化与企业绩效之间存在显著的“U”形关系，由此显示了制造业服务化水平和企业绩效之间存在显著的相关关系。

（二）制造业服务化水平、企业绩效和绿色创新效率的回归结果分析

在前述模型设计中，模型 5-1 没有加入企业绩效变量。在全样本回归中，制造业服务化水平和企业绿色创新效率之间存在显著的相关关系，其中一次项系数为负值，二次项系数为正值。模型 5-2 进行了企业绩效和企业制造业服务化水平之间的多元回归，依然呈现出和模型 5-1 一样的相关关系显著。在模型 5-3 中，企业绩效和企业创新绩效具有显著正相关关系，同时制造业服务化和企业绿色创新效率的显著关系继续存在。依据中介效应原理可以推断出，制造业企业的企业绩效和企业绿色创新效率之间具有部分中介效应，不是完全影响企业绿色创新的变量。上述结果从侧面揭示了企业绩效好坏是制造业企业是否开展绿色创新活动的充分条件，而不是充分必要条件。企业开展绿色创新活动可能取决于很多因素，但是企业绩效是重要的因素。

表 5-4　制造业服务化水平、企业绩效和绿色创新效率的中介效应检验

Variables	(1) GIE_1	(2) TBQ	(3) GIE_1
Ser	-1.207** (-2.27)	-2.153*** (-3.12)	-1.817*** (-7.23)
TBQ	—	—	0.037*** (6.27)
Ser^2	2.071*** (3.65)	4.701*** (4.45)	4.358*** (5.23)
Ser×Lnsize	0.428* (1.73)	0.324* (1.87)	0.413** (2.01)

表5-4(续)

Variables	(1) GIE_1	(2) TBQ	(3) GIE_1
Lnsize	0.605** (2.47)	0.509*** (6.31)	0.461*** (5.09)
Hlt	0.736** (2.31)	1.031*** (5.18)	0.792*** (3.62)
Debt	-1.459*** (-4.27)	-1.093*** (-3.27)	-1.125*** (-4.01)
SA	-0.135** (-2.08)	-0.815*** (-3.63)	-0.724*** (-4.23)
PN	0.104*** (3.21)	0.213** (1.97)	0.159*** (3.73)
Share	-0.297 (-0.36)	-0.305 (-0.13)	-0.315 (-0.32)
$Share^2$	0.304 (0.75)	0.418 (1.21)	0.354 (1.06)
Ser×Hlt	0.283** (2.06)	0.301** (2.15)	0.284** (1.99)
Constant	4.421*** (5.65)	3.517*** (4.58)	4.129*** (4.27)
R^2	0.359 2	0.381 8	0.360 2
ADJ R^2	0.350 1	0.372 5	0.354 9
F	34.63	20.51	35.61
Observations	7 268	7 268	7 268
Number of id	1 339	1 339	1 339
Company FE	YES	YES	YES
Year FE	YES	YES	YES

注：z-statistics in parentheses; *** 表示 $p<0.01$, ** 表示 $p<0.05$, * 表示 $p<0.1$。

上述结果还表明了模型 5-3 在加入技术创新变量以后，其拟合水平有了明显的提升，从 34.65%上升到 36.18%，因此模型 5-3 的显著性增强了。结合上述三个模型分析，我们对先前假设进行了验证：第一，在模型 5-1 结果中显示了制造业服务化水平和企业绿色创新绩效之间具有“U”形变化的特征。在制造业服务化水平较低的情况下，企业不会开展绿色创新活动，随着企业制造业水平的不断提高，企业资源逐渐丰富，绿色创新绩效将会显著提升。因此，假设 5-1 成立。第二，模型 5-2 的结果表明，企业绩效和企业制造业服务化水平之间也呈现出“U”形特征演化趋势。前一章节已经验证，假设 5-2 成立。第三，模型 5-3 表明了技术创新对企业绩效有部分中介作用，由此说明假设 5-3 成立。为了保证模型的可靠性，我们还需要进行稳健性检验。

四、稳健性检验和结果分析

通过以上的模型分析，本书的假设均得到验证。但是，上述结果是否成立，我们还需要通过同质变量的替代和扩大样本或者缩小样本的手段进行验证。学术界普遍做法是变量替代的检验。依据此标准，本书将绿色投入指标、企业研发支出和企业总成本支出的比值作为企业绿色创新效率替代的指标，以此分析模型的可靠性。

稳健性检验中的因变量已经由 GIE_1 替代为 GIE_2，同时和前述方法一样，先不考虑企业绩效的影响，进行全样本回归，然后再检验企业绩效的中介效应。此处通过建立企业绩效与企业制造业服务化水平的回归模型 5-2，以及将企业绩效加入模型 5-1，形成模型 5-3，得到相关结果，见表 5-5。

替代变量后，我们可以发现，和未替代变量相比，主要变量的关系没有任何改变。其中，制造业服务化和绿色投入变量之间也存在“U”形关系，企业绩效中介作用也和前述一致，且控制变量的关系也和前述结论相同。

表 5-5　稳健性检验：GIE_1 替换为 GIE_2

Variables	(1) GIE_2	(2) TBQ	(3) GIE_2
Ser	−2.305*** (4.97)	−1.453*** (−5.45)	−2.615*** (−4.36)
RD	—	—	0.34*** (7.68)
Ser^2	6.341*** (4.29)	5.532*** (5.15)	4.426*** (3.49)
Ser×Lnsize	0.234* (1.72)	0.291* (1.82)	0.308* (1.78)

表5-5(续)

Variables	(1) GIE_2	(2) TBQ	(3) GIE_2
Lnsize	0.105*** (6.61)	0.213*** (5.19)	0.302*** (3.84)
Hlt	1.015*** (3.19)	1.613*** (4.61)	1.124*** (3.31)
Debt	−1.503*** (−3.02)	−1.312*** (−3.41)	−1.251*** (−4.02)
SA	0.128* (1.69)	0.171** (2.17)	0.153** (2.31)
PN	0.418*** (3.35)	0.432*** (3.18)	0.401*** (4.23)
Share	−1.701 (−1.08)	−1.502 (−1.19)	−1.679** (−1.37)
$Share^2$	2.013 (1.61)	1.931 (1.14)	2.212 (1.02)
Ser×Hlt	0.215** (2.15)	0.231** (2.32)	0.251** (2.24)
Constant	4.138*** (3.31)	5.601*** (4.15)	5.214*** (3.83)
R^2	0.310 3	0.401 3	0.296 4
ADJ R^2	0.309 5	0.398 5	0.289 1
F	26.68	20.52	33.15
Observations	7 268	7 268	7 268
Number of id	1 339	1 339	1 339
Company FE	YES	YES	YES
Year FE	YES	YES	YES

注：z-statistics in parentheses；*** 表示 $p<0.01$，** 表示 $p<0.05$，* 表示 $p<0.1$。

通过替换相应的指标，该模型的结果没有发生本质的变化，由此验证了前述模型是合理且稳健的。同时，使用了 GIE_1 作为因变量指标的模型拟合度优于使用了 GIE_2 作为因变量的模型，说明模型设置具有可靠性。上述结果还说明，本书前述的假设被稳健、可靠地进行了验证。根据以上模型呈现出的结果，我们还需要进一步讨论和分析。

第五节　制造业服务化绿色创新效率模型的结论

和前述章节的思路一致，本节主要讨论制造业服务化水平对企业绿色创新效率的影响，不仅进行了全样本分析，还考虑了区域与产权的异质性问题，并通过稳健性检验说明模型的合理性和可靠性。和前述模型的区别在于，由于企业绿色创新活动还涉及企业实际能力和人才素质影响，两者的调节作用决定了企业绿色效率的改善程度。为此，增加了制造业服务化水平同企业规模和企业员工素质的交叉成绩项，以此验证两者在企业绿色创新效率中的调节作用。

一、制造业服务化水平和企业绿色创新效率呈现非线性“U”形特征

上述结果分析显示，企业制造业服务化水平和企业绿色创新效率之间存在“初始阶段抑制，后续阶段支持和促进”的关系。企业作为营利性组织，其基本目标是获取企业持续发展的能力，在彻底解决企业生存问题后，才会考虑企业的社会责任和维护自然环境的职能。因此，在制造业企业服务化水平相对较低时，企业资源明显不足，企业难以实施绿色创新活动，无法提升绿色创新效率。待到企业服务化水平日渐成熟且企业资源日益丰富以后，企业会接受更多的社会监督，也乐于承担社会赋予的社会责任和自然环境维护职责，自然会加大创新活动的投入力度，从而明显提高企业的创新效率。

二、企业绩效水平对企业绿色创新效率具有较大的影响

企业绩效好坏是企业资源多寡、企业盈利水平高低的重要标志。大多数企业在面临市场困境时，更多是考虑企业的生存问题，而不是直接将资源投入前景不明朗、风险不确定的创新活动。故而，作为企业创新效率的主要支撑，企业绩效必须保持稳定且持续增长，才有利于企业创新效率的改善。企业绩效对企业创新效率的推动体现在以下方面：

第一，企业绩效是企业资源丰富化、多样化的体现，是企业声誉机制发挥作用的标志。企业绩效的增长代表企业有形资产和无形资产的质量都得到有效提升，企业会受到声誉机制和社会责任的深刻影响，开展企业绿色创新活动。

第二，企业绩效水平释放了企业生产经营能力的信号，为开展绿色创新活动提供基础。企业绩效水平通过市场传递，展现了企业当前实际经营情况，有助于开展对企业发展具有积极意义的活动，为企业加强市场地位提供条件。

三、企业规模和企业员工素质对企业绿色创新效率具有积极作用

依据前述统计模型结果，企业规模越大，员工素质越高，同等条件下，企业开展绿色创新活动的可能性就越大，企业绿色创新效率越容易得到改善。上述结果显示了企业规模效益和人才效果带来的积极作用。产生上述结果的原因如下：

第一，企业规模较大，既有成本偏高的劣势，又有实现规模经济的优势。管理得当的大企业，通过削减成本、减少繁文缛节的规程、降低冗余资源的沉没成本将规模经济优势充分发挥出来，以此促进制造业企业服务化水平的成熟，推动企业有形资源和无形资源的不断完善，并在数字化经济下，通过拓展企业社会网络渠道，增强企业资源韧性，为企业绿色创新效率的提升开疆拓土。

第二，人才聚集效应为企业绿色创新效率提升提供助力。先前统计模型结果显示，员工素质与制造业服务化水平的交叉乘积项和企业绿色创新效率之间1%水平下显著正相关，这充分表明了企业人才储备和人才聚集在绿色创新活动中的重要作用。当企业资源足以支持企业开展绿色创新活动时，员工素质决定了企业绿色创新活动的质量和效果，专业且高素质的人才队伍会帮助企业迅速通过技术水平的创新，实现企业价值增值和成本显著降低，充分利用现代前沿技术达到绿色目标。

第六节　本章小结

为了检验制造业服务化对绿色创新效率的影响，本章建立了制造业服务化绿色创新效率模型，一方面研讨了制造业服务化对区域绿色效率的直接影响，另一方面通过建立以企业规模化水平和创新能力作为中介变量，探究制造业服务化对区域绿色效率的影响路径和实施过程。本章通过对制

造业服务化水平和企业绿色创新效率之间的多元回归结果进行分析发现，制造业服务化水平和绿色创新之间也存在非线性的“U”形关系，企业绩效水平对企业绿色创新效率具有较大的影响，企业规模和企业员工素质对企业绿色创新效率具有积极作用。

第六章　中国制造业服务化发展的现实困境及深层次原因

制造业是实体经济的主体，是供给侧结构性改革的重要领域。《中国制造2025》提出，中国制造要向高端化、智能化、绿色化、服务化发展，其中服务化是帮助制造业走向价值链的高端发展阶段，促进制造业企业从做大到变强的关键密码。当前，中国制造业服务化取得了一定成绩，但按制造业增加值率、全员劳动生产率、中间投入贡献系数等指标进行评价，我国制造业的质量和效益都远低于发达国家，制造业服务化仍处于起步阶段。

根据联合国工业发展组织在2021年4月发布的“全球制造业的竞争力指数”，中国制造业的竞争力于2021年已经提升至全球第二①。但需要警惕的是，2010—2020年，中国制造业增加值占国内生产总值的比重出现连续下降的情况，要防范“去工业化”现象。目前，中国仍然处于世界产业链和价值链中、下游阶段，中高技术制造业的增加值和竞争力还较弱。为此，本章将对中国制造业服务化发展的现实困境进行深入研究，并从历史原因、关键原因、外部原因和内部原因等多个角度全方位探究造成我国制造业服务化困境的深层次原因。

第一节　中国制造业服务化的现实困境

面对优胜劣汰、复杂多变的国际竞争环境，制造业服务化是应对来自发达国家和发展中国家双重挤压的必然选择。但是，当前中国制造业服务

① 南生. 制造业竞争力前十强：德国排全球第1、中国第2、韩国第3、美国第4[EB/OL].(2021-05-06)[2025-03-10].https://www.sohu.com/a/464794465_100110525.

化发展还面临比较多的问题，主要表现为：制造业服务化模式演进较慢、制造业服务化技术创新能力不足、制造业服务化数字化程度不高、制造业服务化行业发展不平衡、跨领域价值共创比较困难、关键核心技术服务自给率较低、制造业企业对服务化重视程度不够。这些问题的存在，导致中国制造业企业的服务化进程相对缓慢，与发达国家相比，中国制造业服务化水平还处于服务化初级阶段。

一、制造业服务化模式演进较慢

2011 年，欧美主要国家中有 50%的制造业企业实现了实物产品与无形服务的结合。2018 年，世界 500 强制造业企业的服务化率普遍达到 70%，而我国大部分制造业企业仍在实施以产品为主导的发展策略。由于多数制造业企业的产品技术含量和附加值较低，其对服务业需求不足，主要表现为大部分制造业企业的服务业务收入占总收入的比例都还比较低。

虽然学术界对制造业转型升级模式存在不同的观点，但就中国制造业服务化转型而言，学术界普遍认为，其核心在于通过服务要素的深度嵌入与价值重构，实现产品附加值的系统性提升。根据制造业提供服务的方式以及服务业务对制造业企业盈利贡献程度，可以将制造业服务化模式分为“产品+服务”捆绑模式、“增值服务”模式、“整体解决方案”模式和“去制造化”模式①。

（一）“产品+服务”捆绑模式

“产品+服务”捆绑模式以生产和销售为中心，处于服务化转型的初级阶段，不能明显增加制造业企业的利润，而“去制造化”模式是制造业服务化的高级阶段，服务能使制造业企业保持在行业中的龙头地位，获取超额利润。“产品+服务”捆绑模式为了在产品销售中吸引客户，提供如产品的安装、调试、维修和技术咨询等服务，这种服务模式会导致企业经营成本不断提高，并不能有效地为企业增加营收。

（二）“增值服务”模式

“增值服务”模式将服务作为制造业企业的利润增长点，开始以客户为中心，开发与产品脱钩的融资与保险服务，研发满足客户需求的商务服务、设计服务以及节能环保服务等新业务。

---

① 刘兰芝. 制造业服务化模式研究［J］. 经贸实践，2017（3）：140.

（三）“整体解决方案”模式

“整体解决方案”模式是完全从客户的需求和需要解决的问题出发，依据专业的意见为客户整合产品和服务的系统方案。为客户提供的专业服务是企业的主要利润增长来源，产品是服务的附属品。

（四）“去制造化”模式

“去制造化”模式是指制造业企业为了提供更好的服务，将生产聚焦在产品创新研发服务上，同时将具体生产制造环节从核心业务剥离出来，由其他公司完成。这种服务化模式有利于创新产品性能和理念，更容易占据竞争中的优势地位。

目前，我国大多数制造业企业提供的服务模式还处于初级阶段，服务业务的收入占制造业企业营收的比例还比较低，制造业服务化水平整体不高。由于受到资质门槛和技术能力的限制，大多数中、小型制造业企业提供的服务还是以实物产品为基础，属于“产品+服务”模式，提供的多元服务多为产品的延伸服务，如质量检验和检测、售后现场服务、产品使用培训、产品日常状态监控巡检和产品维护等。大规模制造业企业开始向“增值服务”模式转型，为客户提供融资、保险、研发设计等服务，但基于客户需求的“整体解决方案”模式占比还较小。此外，虽然一些制造业的行业龙头企业和骨干企业已经开始将“提供整体解决方案”作为重要业务转型，但在资质条件、响应速度、服务品质等方面与发达国家的企业相比仍存在明显差距。

二、制造业服务化技术创新能力不足

服务型制造业企业在向客户提供核心产品和核心业务的服务时，为更好地服务客户，需要不断提高产品的质量、性能，还要围绕核心业务不断创新服务。由于竞争对手的追赶，企业难以长期维持产品本身的技术优势，但为产品提供相关配套的服务则不同，企业可以根据客户需要提供个性化服务，服务比产品更不容易被复制。因此，制造业企业为了能具有服务创新能力，需要不断加大投入力度，才能使企业在竞争中保持优势。目前，研发投入不足、技术水平低，特别是技术创新能力不足，成为制约我国制造业企业服务化转型的核心堵点。

从研发投入力度来看，《2021 年全国科技经费投入统计公报》显示，2012 年中国研发经费投入力度仅为 1.91%，至 2021 年年底，已提高到

2.44%，世界排名第十三位，在发展中国家排名第一，略低于经济合作与发展组织的国家平均水平（2.68%）。从研发经费规模来看，我国研发经费规模虽仅次于美国，但与美国的研发经费规模还存在较大的差距。从产业来看，2021 年规模以上制造业企业研发经费为 16 914.3 亿元，研发投入力度为 1.46%，低于 2.44%的全国平均水平，而且制造业内部的研发投入不均衡，其中铁路、船舶、航天航空和其他运输设备制造业，仪器仪表制造业和医药制造业的研发投入力度居制造业前三名，分别为 3.35%、3.21%和 3.19%。从基础研发占比来看，2021 年我国基础研发和原始创新只占了总投入的 6.2%，而发达国家是 15%~20%。其中，企业的基础研究投入占比仅为 0.5%，而欧美国家普遍在 5%以上。基础研究“从未知到已知”“从不确定性到确定性”，是实现创新的基础。

科技创新的实现离不开资金的投入，尤其是研发经费的投入，需要大量的科技创新经费作为科技研发的保证。通常情况下，应用研究和实验开发研究一般以企业作为研发经费投入的主体，而基础研究和重大高新技术则以政府作为科技研发经费投入的主体。从 2021 年科技经费投入的整体情况不难发现，我国制造业的研发投入不够充足，研发经费投入力度低于全国平均水平，制造业内部的研发投入不均衡，主要聚集在利润率高的行业。由于应用研究和实验开发研究投入不足，制造业企业提供服务产品的创新能力较弱，基础研究投入力偏低，将影响国家整体创新能力的提高。

三、制造业服务化数字化程度不高

在信息技术革命驱动下，依托现代信息网络基础设施，通过信息通信技术（ICT）的深度融合与创新应用，数据要素已逐步演变为核心生产要素，推动数字经济成为继农业经济、工业经济之后的新型社会经济形态。数字经济通过重构生产要素配置范式（数据成为新型生产要素）、重塑产业分工格局（催生平台经济等新业态）、重组全球价值链（数字贸易规则竞争），正在引发经济形态的系统性变革，其发展本质是产业数字化（传统产业转型升级）与数字产业化（新兴技术商业化）的双向融合过程。制造业服务化转型中的数字化渗透将实现全产业链覆盖，具体表现为：横向贯穿装备制造、汽车、电子等垂直行业领域，纵向打通研发设计（CAE 仿真）、生产执行（MES 系统）、运维服务（远程诊断）等产品全生命周期环节。

数字化转型对传统制造业服务化升级的推动一般体现在内部管理和外部产品两个方面。从内部管理来看：一是数字化转型将实现企业对内部流程的精准管理，更合理有效地安排服务升级的资源投入；二是内部管理的数字化能够在很大程度上打破企业内部的信息孤岛，促进决策权下放，推动企业服务化转型进程。从外部产品来看：一是加速产品全流程线上化转型，扩大产品服务规模；二是促进产品智能化发展，推动产品服务创新；三是突出产品平台化建设的系统性和技术复用性，提供更多系统性服务解决方案。目前，我国在制造业服务化过程中的数字化程度还不高，主要表现在数据共享程度不高、数据缺少统一标准、数字信息基础设施建设投入主体单一。

（一）数据共享程度不高

在数字经济背景下，数据成为重要的生产要素，制造业企业对数据的需求大大增加，尤其对产业链上、下游及客户的关系以及政府监管信息等数据资源进行资源整合的需求不断增加。数字技术作为大数据平台的基础，将有助于提高制造业企业服务化转型以及满足市场动态需求的速度。通过大数据平台，企业可以准确掌握客户需求，同时为客户提供覆盖产品全生命周期的终身服务，这也有助于企业提供更加个性化、专业化、高附加值的服务。但从目前来看，我国制造业及生产性服务业的数据还相对分散，数据不能互联互通，不能按照用户的指令交流共享，数据的价值不能充分发挥。

我国制造业企业数据资源共享程度不高的原因有三个：一是数据安全问题不能有效解决。企业在对数据进行采集、存储和应用中容易发生数据泄露，如果数据被篡改，会极大地增加企业和用户遭遇安全危机的风险，整个企业将出现混乱。各种信息窃取、篡改手段防不胜防，制造业企业尤其是中小企业缺乏技术实力，难以确保数据的绝对安全，因此不愿共享数据。同时，一些行业数据主要分布在不同政府职能部门中，难以实现不同数据的整合利用。二是多数制造业企业内部数据资源共享能力较弱。企业内部没有能力建立各个部门之间的数据共享机制，也没有实现统一的数据平台管理。三是数据质量管理能力不足。企业缺乏有效的数据质量管理，会导致企业数据管理紊乱，共享的数据质量降低，从而限制企业的数据共享能力。

（二）数据缺少统一标准

数据标准是数据全生命周期质量控制的保障，完备的标准体系贯穿采集、存储、治理和分析应用的全过程，有利于管控数据的质量以及支撑数据的应用。有了数据标准，数据的使用者、持有者和利益相关者就可以共同使用一种统一的语言，企业内不同业务系统和不同企业之间就能对数据的理解和使用达成一致。

目前，我国还未建成统一的数据治理体系，由于在数据的采集、存储、处理等环节还不够规范，容易出现数据错误、异常、缺失等情况，数据的完整性和准确性较差。当存在业务繁杂、种类多样的情况时，由于数据标准不统一，多个业务系统或部门会出现统计口径各异的问题和同一数据源在不同部门表述不同的问题，降低了数据资源的利用率，这无论是对内部管理还是对外部产品都产生了负面影响，进而影响了制造业服务化升级。

（三）数字信息基础设施建设投入主体单一

基础设施在一定程度上具有公共物品性质，所以以政府建设为主。数字信息基础设施是数字经济发展的重要载体，基础设施体系的核心是数据创新、通信网络、数据算力等设施。数字信息基础设施具有建设周期长、投资规模大、资金回收慢等特点，投资不确定性较大，这在很大程度上影响了社会资本参与的积极性。同时，数字信息基础设施效用的发挥还需要持续平稳运行的应用场景。由于数字信息基础设施建设项目的应用场景不多，盈利模式和投资回报周期均不确定，更影响了社会资本参与建设的积极性。虽然我国数字信息基础设施已经取得了不俗的成绩，但社会资本也能参与建设，这将对各行各业的数字化转型产生巨大的影响，也会促进制造业服务化升级。

四、制造业服务化行业发展不平衡

不同要素密集度的制造业相关行业服务化水平存在差异。一般而言，行业服务化水平从高到低依次是：技术密集型行业、资本密集型行业和劳动密集型行业。在技术不断更新的作用下，制造业的产品越来越复杂，用户完全掌握产品的技术会比较困难，为提高客户使用体验，服务业务变得越来越重要。伴随着用户的需求越来越多元，企业需要提供差异化的产品和个性化的服务，这对制造业企业的服务化转型要求越来越高。我国技术密集型行业主要是新兴的电子计算机工业、生物技术工业、航天工业、机器人工业等，这些行业对劳动人员的技术水平要求较高，同时信息技术的更新和数字化大潮使产品的迭代速度加快，这导致对产品的设计研发、生产模式、销售售后等生产性服务要素需求不断增加，其中对高端服务要素的需求最高。资本密集型行业对生产性服务的需求逐渐增多，随着物流仓储、金融租赁、研发设计等生产性服务业的发展，资本密集型行业对服务要素的需求增加，不再局限于通过增加有形设备产品来提高生产效率、促进其服务化转型。劳动密集型行业主要靠劳动力资源的投入，对服务的需求较低①。

除了行业发展不均衡外，制造业服务化发展不均衡还表现在地区的不均衡。《先进制造业百强市（2022）研究报告》显示，先进制造业百强市呈现出“东强西弱，南强北弱”的空间结构特征。近年来，东部地区制造业引领着全国制造业的发展，58%的智能制造示范工厂揭榜单位、53%的数字化车间或智能工厂落户在东部地区。由于东部城市的信息和数字化发展较快，能够在供应链管理、产品全周期管理、信息增值等环节提供多种服务，这些优势使得东部城市制造业服务化的发展速度相对于中、西部地区更快。

五、跨领域价值共创比较困难

制造业服务化过程中，企业要从原来的生产产品到“产品+服务”的转变，需要各利益相关者包括企业、顾客、供应商、经销商等共同创造价值，通过创新服务，将业务向价值链的两端延伸，从而实现制造业企业服务化转型。要推进服务化转型进程，就需要企业或机构打破原有的组织边界与壁垒，开展跨界合作，完成价值共创。在价值共创中，价值不只是单一地由制造业企业创造，而是与顾客和利益相关者共同创造，从而实现价值创造主体的多元化。在制造业价值链上的各企业，通过彼此间的相互业务嵌入实现对工作流程、业务模式、组织结构等进行重构，大大促进了组织间人员、信息、技术、业务、流程等方面的整合与协作。这种全新组织间关系的好坏，决定着价值共创是否能顺利实现②。

我国制造业跨领域价值共创困难是因为各产业链间协同能力不足，影

---

① 李梦楠. 中国制造业服务化对绿色全要素生产率的影响研究［D］. 太原：山西财经大学，2021.

② 唐国锋，李丹. 工业互联网背景下制造业服务化价值创造体系重构研究［J］. 经济纵横，2020（8）：61-68.

响了产业链以客户为导向的价值流动。我国产业链以产品的流动为主，制造业企业之间以客户为导向的服务价值流动还没形成。在互联网时代，价值创造已由价值链延伸到整个价值网络。制造业企业的供应链上每一个节点由于受到组织边界、机会主义行为、跨情境管理等因素的影响，组织间合作的障碍和不确定性增强，由此影响了价值创造的实现。在我国制造业企业服务化模式中，规模差别、数据标准不同，是价值链上各个节点企业连通和交互的最大障碍。此外，由于缺少互动平台，制造业企业与利益相关者在技术研发、产品成本和产品质量等方面进行讨论沟通比较困难。跨领域的价值共创较难实现，这极大地影响了制造业拓展各链条协作、产生更多服务价值的实现。

六、关键核心技术服务自给率较低

根据商务部现行统计体系，服务贸易涵盖十二大类别，具体分类依据《国际服务贸易统计手册》标准，并与世界贸易组织（WTO）定义的四种供应模式（跨境提供、境外消费、商业存在、自然人移动）相衔接，具体范围包括：核心服务（运输服务，旅行服务，建筑服务，保险和养老金服务，金融服务，电信、计算机和信息服务等）、知识密集型与专业服务（知识产权使用费，维护和维修服务，加工服务，个人、文化和娱乐服务等）和其他重要类别（其他商业服务、政府服务等）。2013 年以来，我国一直保持世界货物贸易第一大国的地位，2014 年开始成为世界服务贸易第二大国，但我国的服务贸易长期处于逆差，如表 6-1 所示。

表 6-1　2019—2022 年中国服务贸易进出口统计

类别		2019 年	2020 年	2021 年	2022 年
进口额	金额/亿元	34 589.0	26 286.0	27 547.8	31 279.5
	同比/%	-0.4	-24.0	4.8	13.5
出口额	金额/亿元	19 564.0	19 356.7	25 435	28 522.4
	同比/%	8.9	-1.1	31.4	12.1
进出口总额	金额/亿元	54 153.0	45 642.7	52 982.7	59 801.9
	同比/%	2.8	-15.7	16.1	12.9
贸易差额		-15 025.0	-6 929.3	-2 112.8	-2 757.1

数据来源：根据商务部商务数据中心相关数据整理。

生产性服务贸易作为服务贸易的重要组成部分，是生产性服务的跨境交易活动，在很大程度上影响服务贸易进出口总额。生产性服务业是向生产者而非最终消费者提供服务，对维持生产过程的连续性、促进工业技术进步、实现产业升级和提高生产效率有着重要作用，担负着连接二、三产业的责任，是在制造业服务化过程中的新兴产业，是制造业服务化产业层面的外在表现形式。

生产性服务业的进口和出口即生产性服务贸易。多数学者在生产性服务贸易的研究中发现，生产性服务贸易包括运输服务，保险服务，金融服务，电信、计算机和信息服务，知识产权服务，以及其他商业服务（主要为技术服务、专业管理和咨询服务、研发成果转让费及委托研发、其他）。

根据表 6-2 可知，我国近年来的服务贸易逆差主要是由运输服务，旅行服务，保险和养老金服务，知识产权使用费，个人、文化和娱乐服务以及别处未提及的政府服务的逆差造成的。其中，旅行服务，个人、文化和娱乐服务属于消费性服务业；运输服务、保险和养老金服务、知识产权使用费属于生产性服务。同时，在表 6-2 中可以发现，2019—2022 年的逆差项目中，排在前三的行业是旅行服务、运输服务和知识产权使用费。旅行服务和运输服务是传统的服务贸易项目，由于消费升级，我国居民出国旅游、购物、医疗和学习的需求增加，从而带来服务贸易进口额的增加，旅游服务形成大量逆差。我国运输服务逆差源于货物贸易的快速增长，国内制造业企业多数还是以提供有形产品作为主要盈利业务，在国内运输供给不足的情况下，才需要大量进口国外的运输服务。知识产权使用费包含知识产权费用支出和从国外进口技术、专利或版权等费用。知识产权属于重要竞争性资源，其本身具备的创造、运用、保护和管理能力，能够给制造业企业带来超额利润的动力。专利一般分为发明专利、外观设计专利及实用新型专利三大类，其中发明专利的价值要远高于其他两种专利类型，也更能代表创新实力。虽然近年来我国专利数量增多，但含金量最高的发明专利占比并不是最大的，这表明我国的关键技术和核心领域的自主创新能力需增强。长期以来的知识产权服务处于逆差，意味着制造业生产经营中的一些关键技术对外的依赖程度较高，容易出现被“卡脖子”现象，这会为我国制造业服务化转型带来不利的影响。

表 6-2　2019—2022 年中国服务贸易分类贸易差额统计

单位：亿元

类别	2019 年	2020 年	2021 年	2022 年
加工服务	1 328.0	1 140.3	1 252.1	1 347.9
维护和维修服务	450.0	296.9	261.2	264.5
运输服务	−4 059.0	−2 626.6	−410.5	−1 610.4
旅行服务	−14 942.0	−7 910.3	−6 430.4	−7 270.9
建筑服务	1 291.0	1 171.4	1 334.6	1 388.1
保险和养老金服务	−414.0	−480.5	−699.4	−1 104.5
金融服务	99.0	69.7	−24.0	89.7
知识产权使用费	−1 913.0	−1 996.6	−2 265.4	−2 095.7
电信、计算机和信息服务	1 860.0	1 917.4	2 539.0	3 236.5
其他商业服务	1 622.0	1 678.4	2 527.5	3 183.1
个人、文化和娱乐服务	−199.0	−116.7	−88.6	−55.9
别处未提及的政府服务	−150.0	−72.7	−108.7	−129.5

数据来源：根据商务部商务数据中心相关数据整理。

七、制造业企业对服务化重视程度不够

虽然中国制造业处于世界第一的位置，但制造业的附加值较低，很多制造业企业从事的是为跨国公司和贸易商代工贴牌生产的工作，制造业企业大多注重营销和价格，而忽略品牌建设，只负责生产，而研发、市场和品牌等增值部门都掌握在别人手中。为此，制造业企业不得不高度关注营销手段以及价格战，为了维持生存，企业更需要严格控制成本。一方面，受控制成本的影响，企业无法享有更专业化的服务；另一方面，大型制造业企业内部门类齐全，服务业务更多是偏向于内部供给，这使得社会化的专门服务企业面临没有市场的局面，而且由于制造业企业内部提供服务业务，其服务业务的专业性也不足。

除了受成本控制影响导致制造业企业对服务需求不足外，服务化转型还将面临巨大资金风险，这使得企业对服务化转型重视程度不高。制造业企业由以生产为中心转变为以服务为中心，提供的产品由实物制成品转变为无形服务品，需要较长时间的持续投入。为了实现服务活动纵向与横向

拓展，创造更多价值，需要多个环节的共同配合。为此，制造业企业必须建立专门的客服部门来处理客服相关的服务事宜，包括咨询、技术支持及维护等，还要以客户意识为第一要素，将其贯穿于产品的开发、设计、生产、销售、维护等全过程，这就要求制造业企业进行长期持续的投入。从全生命周期管理视角来看，这意味着制造业企业把以前一次性销售产品收入转变为产品整个生命周期内持续性的收入，对企业的资金量要求更高，承担的风险更大。因此，不少制造业企业在资金压力下更愿意停留在战略层面，对服务化转型的重视程度不够高。

第二节　中国制造业服务化困境的深层次原因

如上所述，中国制造业服务化在发展演进模式、技术创新能力、数字化程度、跨领域价值共创、核心技术服务自给率、对服务化的重视程度等方面还存在诸多问题，影响了中国制造业服务化的发展。为此，本节将从历史原因、关键原因、外部原因和内部原因等角度，全方位探究造成我国制造业服务化困境的深层次原因（见图 6-1），为后续研究提供支撑。

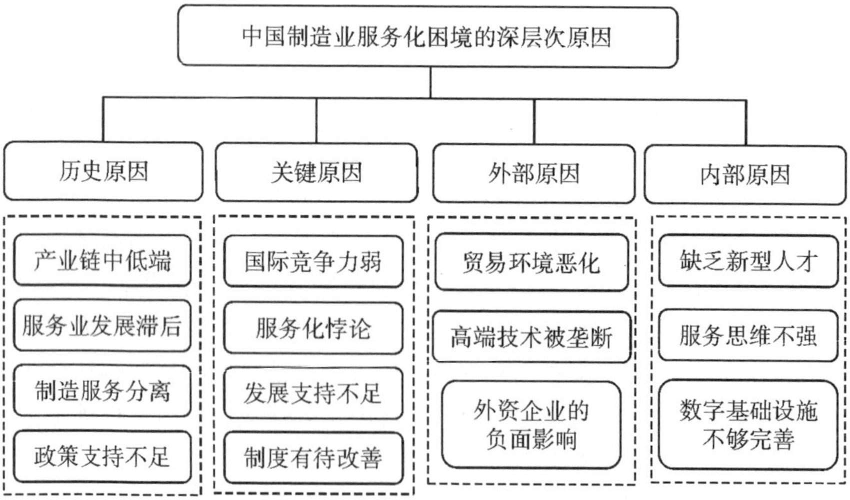

图 6-1　中国制造业服务化困境的深层次原因

一、制造业服务化困境的历史原因

（一）制造业整体处于产业链中低端

我国长期处于产业链低端地位，以低端环节参与全球价值链分工会产生技术依赖、知识产权陷阱和产业安全等问题，并且将导致制造业没有形成服务需求的问题。一方面，由于我国大多数制造业企业处于产业链中低端，只是完成加工组装环节，这使得制造业企业不需要掌握高科技也不需要向客户提供太多的服务便可以获利，使得企业对服务化需求不足；另一方面，我国大部分制造业企业都不具备足够的服务化转型能力。由于过去我国制造业企业提供的是技术含量和附加值不高的产品，企业在技术和资金的积累都不足，而服务化需要大量且长期的投入，因此企业的经营管理等各方面成本上升。由于历史原因，我国制造业虽然体量大，但质量效益并不高，从而影响了服务化转型的进程。

（二）服务业发展滞后

在过去数十载中，中国对制造业发展的重视程度远远超过对服务业发展的重视程度，快速发展的制造业在一定程度上挤占了服务业发展所必需的各种资源。西方发达国家服务业比重普遍在70%左右，而我国服务业的比重明显偏低。2022 年，我国服务业增加值占国内生产总值的比重为 52.8%，不但远低于发达国家，而且比国际平均水平（65%）还要低。我国服务业发展之所以滞后，主要原因可以归纳为以下三点：

第一，服务业市场化程度不高。市场在对服务业的资源配置中的基础作用发挥不够充分，部分行业存在十分严格的市场准入限制，如保险、银行、铁路、民航、电信、教育卫生、新闻出版、广播电视等，并且多数服务产品的价格还是由政府制定和管理。

第二，服务业产业化滞后。长期以来，我国将科研、文化、体育、金融、通信、医疗卫生、城市公用事业等行业定位为具有社会福利功能和准公共服务性质的领域，不少相关服务业难以推进产业化经营。同时，制造业企业普遍采用“服务内置化”模式，将本应通过市场化分工提供的生产性服务转为内部供给，这一现象制约了专业化服务效率和服务质量的提升。

第三，城市化进程缓慢。城市化是社会由以农业为主的传统乡村型社会向以工业和服务业等非农产业为主的现代城市型社会逐渐转变的历史过程。服务业发展的规模和结构，也取决于城市化水平和城市规模结构。20 世纪 50 年代中期的城乡二元分割的社会结构，限制了城市化的发展。改革开放以来，我国城市化率提高较迅速，但相较于工业化发展与经济发展水平，城市化发展较滞后。城市化质量不高，这在一定程度上影响了服务业的发展。

在中国经济发展进程中，服务业发展长期滞后于制造业，导致生产性服务供给不足，从而制约了制造业向服务化、高端化转型的进程。

（三）制造业与服务业分离

改革开放初期，我国许多地方都对制造业与服务业采取“两分法”，制造业和服务业相对分离，其中制造业主要注重生产和销售，而服务业主要注重服务和消费。制造业是强国之基，在经济基础薄弱的条件下，制造业和服务业的分离有利于制定有针对性的政策举措，有效促进产业发展。但随着技术发展和世界经济整体水平的提高，制造业与服务业的分离已不适合经济发展形势的需要。

从我国经济发展的实践来看，个别地方政府仍存在将制造业与服务业发展割裂对立的思维定式。20 世纪八九十年代，在财政包干体制和 GDP 考核导向下，部分地方政府为快速提升财政收入、促进 GDP 增长，集中资源着力发展制造业，而对服务业的战略价值与发展潜力重视不足。进入 21 世纪以来，随着对服务业促进经济增长重要作用认识的深化，部分地方政府在产业政策制定中出现了新的结构性偏差：过度追求服务业 GDP 占比的快速提升，相对弱化了对制造业转型升级的战略支持，个别地区甚至出现脱离发展阶段特征的“去工业化”倾向，这种对服务业发展的人为加速可能影响产业体系的协调性。

从制造业的角度来看，要解决“中国制造”大而不强的问题，需要信息服务业、高技术服务业、战略性新兴服务业的支撑；从服务业的角度来看，服务业要在全球竞争中抢占先机，需要制造业提供市场空间和机遇。如果制造业与服务业分离，将极大地影响制造业服务化的发展。为此，只有解决好先进制造业与现代服务业“两张皮”问题，实现两者深度融合，才能真正推动中国经济实现发展方式转变、经济结构优化和增长动力转换。

（四）制造业服务化政策支持不足

当前政府对制造业的扶持政策主要侧重于生产制造环节，而针对制造业企业开展服务业务的配套优惠政策尚不明确，这在客观上降低了企业推进服务化转型的积极性。政策支持不足主要表现在四个方面：一是税务政策对制造业企业服务业务的认定标准尚不完善，主要沿用高新技术制造业企业的评价体系，导致大量开展服务化转型的制造业企业因标准不匹配而难以享受相关税收优惠政策。二是服务业用地成本显著高于工业用地，这种成本差异导致制造业企业（特别是低端制造业企业）被迫将经营重心集中在加工组装等低附加值环节，通过扩大产能和压缩成本来维持利润空间。这种发展模式不仅抑制了企业对先进信息技术的投入意愿，也削弱了其向研发设计、品牌服务等价值链高端环节延伸的动力，最终制约了制造业服务化转型的进程。三是我国在知识产权价值评估机制和收益分配规则方面尚未建立统一、权威的指导性规范体系，这一制度性缺失直接影响了知识产权服务机构、财务顾问、法律咨询及金融机构等专业服务主体参与制造业服务化技术创新项目的积极性。四是制造业服务化转型企业普遍面临融资困境。这类企业通常具有轻资产特征，可用于银行抵押的固定资产规模有限，从而导致难以通过传统信贷模式获取足够的资金支持。

根据对制造业企业的问卷调查发现，接受调查的制造业企业在服务化转型过程中最希望得到的政策支持主要包括：技术创新与成果转化应用支持；搭建信息、研发、培训、咨询、知识产权等服务平台；服务化转型的人才支持；用地政策优惠；创新设计能力支持（见图6-2）。

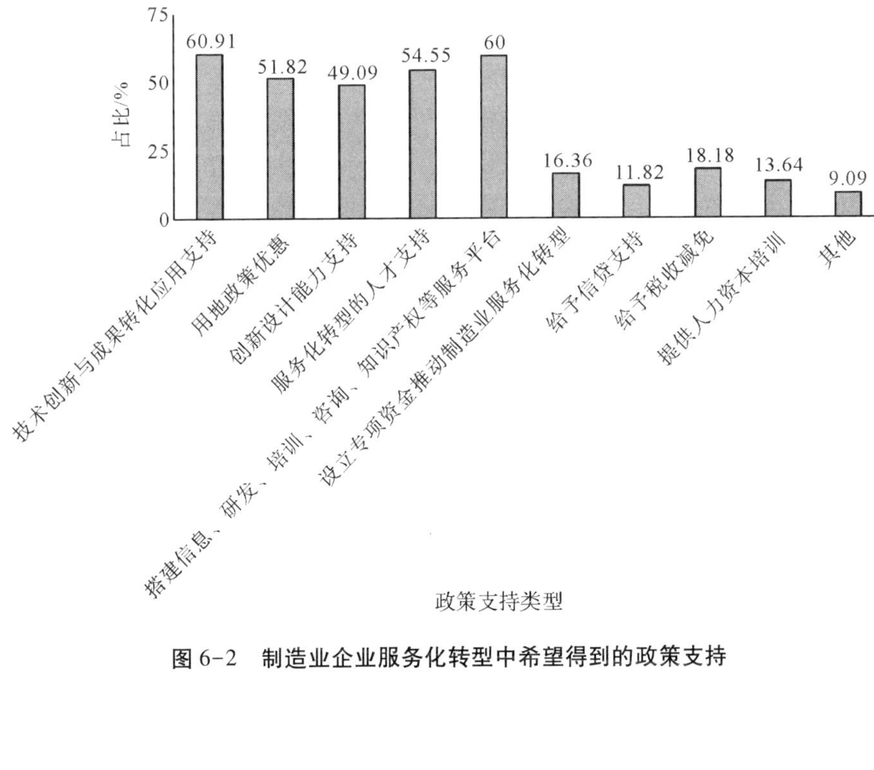

图6-2　制造业企业服务化转型中希望得到的政策支持

二、制造业服务化困境的关键原因

（一）知识密集型服务业的国际竞争力较弱

制造业高质量发展需要与服务业融合。知识密集型服务业如软件开发、研发机构等能够及时对市场需求变化或者客户企业的问题进行反馈，通过技术研发，为客户提供更完善的服务，为企业创造更高的附加值。知识密集型服务业还能通过与外部业务往来输入新的外部知识，为集群内企业创新活动提供知识来源。目前，知识密集型服务业在国际上的竞争力还不够，制约了我国制造业服务化的发展。贸易竞争优势指数——TC 指数表示一国进出口贸易的差额占其进出口贸易总额的比重：如果 TC 指数大于零，则表示此类商品具有较强的国际竞争力；如果 TC 指数小于零，则表示此类商品不具备国际竞争力；如果 TC 指数等于零，则表示此类商品为产业内贸易，竞争力与国际水平相当；当 TC 指数大于零，且越接近于 1 时，则表示此类商品的国际竞争力越强。2019—2022 年中国服务贸易各分类的贸易竞争优势指数（TC 指数）见表 6-3。

表 6-3　2019—2022 年中国服务贸易各分类的贸易竞争优势指数（TC 指数）

类别	2019 年	2020 年	2021 年	2022 年
服务贸易	−0. 277	−0. 152	−0. 040	−0. 046
加工服务	0. 968	0. 943	0. 932	0. 923
维护和维修服务	0. 471	0. 391	0. 347	0. 312
运输服务	−0. 390	−0. 252	−0. 024	−0. 076
旅行服务	−0. 758	−0. 776	−0. 814	−0. 849
建筑服务	0. 502	0. 510	0. 513	0. 576
保险和养老金服务	−0. 385	−0. 393	−0. 511	−0. 648
金融服务	0. 227	0. 137	−0. 036	0. 151
知识产权使用费	−0. 676	−0. 625	−0. 599	−0. 540
电信、计算机和信息服务	0. 334	0. 297	0. 329	0. 387
其他商业服务	0. 191	0. 194	0. 269	0. 311
个人、文化和娱乐服务	−0. 544	−0. 392	−0. 265	−0. 18
别处未提及的政府服务	−0. 416	−0. 174	−0. 352	−0. 364

数据来源：根据商务部商务数据中心相关数据整理。

我国是世界第二服务贸易大国，但从表 6-3 来看，近年来我国服务贸易竞争力均为负值，说明服务贸易整体竞争力不强，且行业差异较大，其中贸易竞争优势指数排前三的行业是加工服务、建筑服务以及维护和维修服务。2022 年，电信、计算机和信息服务展露出较强的竞争力。贸易竞争优势指数最低的三个行业是旅行服务、知识产权使用费以及保险和养老金服务。从整体来看，我国具有较强竞争力的项目还是停留在附加值较低的加工服务、建筑服务以及维护和维修服务上，而附加值较高的知识密集型服务业竞争力较弱。竞争力弱势行业除了旅行服务业是因为消费升级导致之外，知识产权使用费以及保险和养老金服务是由于受到资源、技术等限制，核心业务始终得不到突破。国内生产性服务业在国际上的竞争力较弱，容易导致国内制造业企业对国外高技术、高知识中间服务产生依赖性，这将给制造业服务化过程带来阻力，一旦国外供给被终止，制造业服务化会受到冲击。

（二）制造业企业面临“服务化悖论”风险

制造业服务化可以为制造业企业带来产品价值的增值，实现企业收益的增加，但是服务化有可能因为客户不认可不愿支付费用或企业投入太大没能如期收回增加了企业破产的风险，所以“服务化悖论”很可能影响制造业服务化转型的意愿与动力。一些研究发现，在长期的发展中，制造业服务化与企业盈利能力和创新能力同向变化，但在短期内，服务化导致制造业企业的成本上升并没有带来利润的增加。李靖华等（2015）在对大型跨国设备制造商和中国部分上市公司的研究中发现，服务化和企业盈利能力之间存在负相关关系①。

制造业企业在生命周期不同阶段，服务化对制造业企业绩效的影响也会存在差异。一般情况下，处于成长期的制造业企业在实施服务化转型时，往往面临短期绩效压力与长期投入之间的矛盾。由于服务化转型需要大量前期资源投入且回报周期较长，而企业绩效在转型初期难以快速提升，这种时间差可能使服务化战略在短期内对企业经营绩效产生负面效应的风险显著提高。处于成熟期的制造业企业，其不同产品的性能、质量、价格的差距都在不断缩小，企业想要获得更多的市场份额，就必须实现产品服务化，此时服务化对绩效提升的作用比较明显。处于衰退期的制造业

① 李靖华，马丽亚，黄秋波. 我国制造企业“服务化困境”的实证分析［J］. 科学学与科学技术管理，2015（6）：36-45.

企业在实施服务化转型时，往往面临资源禀赋不足与历史负担过重的双重约束，从而导致服务化对绩效的改善效果并不明显①。制造业企业应根据自身发展的生命周期，选择适合自己的服务化战略。服务化会带来经营管理成本的增加，服务化规模与企业生产周期不匹配，从而导致制造业企业经营困难。在服务化的趋势下，我国大部分企业尚不能就企业自身的情况制定有效的服务化转型策略，往往面临“服务化困境”。

（三）服务业对先进制造业发展支持不足

制造与服务的互动融合将促使两者形成互为支撑、协同发展、互助共赢的效应。以美国为代表的发达国家的产业结构经过长期演化，已经形成了“两个70%”现象，即服务业占GDP比重的70%，生产性服务业占整个服务业比重的70%②。由此可见，生产性服务业已经成为高端制造业的重要内生动能。

金融业作为现代服务业的重要组成部分，在促进制造业高质量发展中发挥着资本配置与风险缓释的双重枢纽作用。然而，受风险收益错配机制影响，金融机构对实体经济的信贷供给呈现结构性短缺，从而导致金融资源在虚拟经济领域过度集聚的“脱实向虚”倾向持续显现。随着劳动力和能源资源成本逐步提升以及环保整改压力增大，制造业转型升级需求扩大，资金的支持不到位将严重影响制造业转型升级的步伐。造成制造业获得资金支持不足的原因主要是传统信贷模式与科技企业特征不匹配，科技贷款所得利息收入不及其承担的风险高，从而导致高新技术制造业企业融资存在一定障碍。虽然各地近年来持续推进科技金融服务创新，但规模小、研发投入大的初创型科技制造业企业融资仍面临诸多困难。此外，由于中小型制造业企业在资金、资产以及融资担保等方面与大型制造业企业没有可比性，部分企业无法和金融机构之间进行有效的对接，金融机构提供的金融支持将关注的重点放在了一些大型机构上。在这种情形下，中小型制造业企业的服务化转型更困难。

我国生产性服务业企业存在同质化现象，核心服务能力不足，创新较少，提供的产品品质也不高，不能很好地满足制造业企业专业化发展的需求，由此影响了制造业服务化转型。目前，生产性服务业企业对制造业企

① 王利改．制造业服务化困境原因探究［J］．科技创业月刊，2020，33（11）：45-48.

② 洪群联．在构建新发展格局中加快发展制造服务业：《关于加快推动制造服务业高质量发展的意见》解读之二［J］．中国经贸导刊，2021（4）：51-52.

业提供的服务较为单一，使资源没能实现最大化利用。在生产性服务业的市场竞争机制不完善的情况下，一些垄断性的服务行业如通信、金融、保险等，其市场经济体制改革的进程比较缓慢，价格机制、供求机制没能很好地发挥调节作用，从而导致我国生产性服务业的供给不能满足制造业企业的服务需求。服务业在制造业服务化转型中提供的支持不够充分，影响了制造业企业服务化转型发展。

（四）制度环境有待改善

当前，我国制造业服务化还处于初步阶段，行业标准和评价指标还有待明确，政府监管体系仍主要基于传统制造范式，对服务化转型后的制造业新型经营模式（如产品服务系统、全生命周期管理等）存在认知滞后，从而导致监管实践中出现结构性矛盾：一方面，对数字化服务、柔性化生产等新兴领域存在制度覆盖空白；另一方面，仍沿用传统标准对混合型业务进行约束。这种监管适配性不足显著抬高了企业的合规成本与制度性交易成本，形成制约制造业服务化转型的隐性壁垒。

第一，知识产权保护有待完善。在数字经济时代，数据与土地、资本、技术等传统要素一样，是不可或缺的生产要素。要让数据资源充分利用起来，就必须解决数据的产权问题，完善相关制度设计，为制造业服务化营造公平的创新环境，充分保障研发成果的安全性。第二，缺少明确的行业标准。制造业企业向客户提供产品相关的附加服务，延长了价值链，具有高度融合性的特征，若是缺乏相关统计标准和评估指标，则会增加制造业企业的转型难度，还会对制造业服务化的统计、监测与研究带来极大的数据困难。第三，优惠政策扶持力度需要进一步加大。政府需要在税收、用地成本、人才培养等方面给予企业支持，鼓励制造业企业扩大经营范围、打破产业边界、实现产业融合，向服务化转型。

三、制造业服务化困境的外部原因

（一）国际贸易环境恶化

当今世界正处于百年未有之大变局的深度演进期，贸易保护主义“抬头”，科技革命和产业变革不断深入，经济全球化遇到障碍，全球价值链呈现出阶段性收缩的态势，区域化、数字化、绿色化成为国际生产体系调整的重要方向。在此大背景下，中国参与全球产业链供应链的方式，以及在全球产业链供应链中的地位，也发生了深刻变化。中国制造业的进出口贸易受到冲击，产品价值链延伸遇到困难，各行业在价值链中的前向参与度和后向参与度都有不同程度的下降。

我国对外贸易产业主要有三大类：制造业、服务业和农业，其中制造业是我国对外贸易的核心产业，占据了国内出口总额的绝大部分。改革开放以前，凭借人口红利、大规模生产的优势，我国制造业在低端产业链得到了快速的发展。为了加快转型，尽管我国对外贸易由资源密集型产业转移到非熟练劳动密集型产业，但仍然处于低端水平。在科学技术和创新活动加剧的时代，用劳动力成本优势抵消技术劣势的盈利模式难以维持。制造业不但将面临生产经营上的困难，还缺少资金支持，这使得制造业企业无力进行服务化转型。

（二）高端技术被垄断

我国制造业发展历史相对较短，在产品设计、制造、测试、保障等主要环节发展不均衡，材料、装备、工艺、知识储备、工具支持、人才支撑等还不够完善，创新链与产业链衔接不足，体系构建仍有缺漏，还缺少参与全球高端制造领域顶级博弈的核心竞争力。在当前全球科技竞争格局下，以美国为首的发达国家通过“小院高墙”策略对我国实施精准技术封锁，特别是在半导体、工业软件等战略领域。尽管我国已系统性布局“揭榜挂帅”等关键共性技术攻关机制，并加速建设国家技术转移体系，但受限于基础研究积累不足与创新生态短板，短期内仍难以突破高端光刻机、CAE 仿真软件、全球卫星定位系统、可控核聚变研究、民用核技术等 35 项“卡脖子”技术清单。这种核心技术受制于人的局面，直接制约了制造业企业向智能运维、个性化定制等高附加值服务化模式的转型进程，从而导致我国在全球价值链重构中面临“低端锁定”风险。

制造业服务化是制造业企业从传统产品供应商向综合解决方案提供商转型的战略路径，其本质是通过“产品+服务”的深度融合提升客户价值。在这一转型过程中，企业不仅需要持续优化产品基础性能指标（如可靠性、能效比等），更需要构建基于工业互联网的增值服务体系（如远程运维、数据驱动的预测性维护等）。然而，当前我国制造业企业在突破高端传感器、工业操作系统等底层技术瓶颈时，面临研发投入边际效益递减（典型企业研发强度普遍超过 8%）与高端人才结构性短缺的双重约束，这种资源挤占效应从客观上延缓了服务化转型的节奏，形成“技术追赶—服务滞后”的发展悖论。

（三）外资企业的负面影响

制造业作为我国吸引外商直接投资（FDI）的核心领域，在引进外资过程中呈现出明显的“技术溢出效应缺失”现象。外资制造业企业进入中国后，为实现自身利益最大化，并不会给中国企业带来技术上的便利，甚至还会给制造业企业对高质量发展的经营理念的理解带来一定的负面影响。

外资企业为了避开风险与管制、减少企业税负、调拨资金和有效分摊费用，在内部各实体之间的交易价格采取高价进口机器设备和原材料而低价出口制成品的策略。采取这种策略的外资企业不在少数，由于这种方式比服务化转型更容易让企业获利，给国内企业做了不好的示范，因此国内部分制造业企业对服务化转型失去了动力。

此外，外资企业凭借先发优势，不但处于价值链高端地位，还控制了大量市场份额，中国制造业企业即便提供了组装、维护等服务，但在关键产品和关键技术上仍受制于人。外资企业在跨国经营时，为加固在中国市场的领先地位，不断强化本土化战略，不断创新生产技术和探索新型商业模式，由此巩固了其在新领域和服务技术方面的垄断地位，这是我国本土制造业企业短期内难以超越的。外资企业的进入并没有给本土企业带来技术的便利，同时为实现利润最大化采取的手段，也在一定程度上影响了我国制造业企业服务化转型的意愿。

四、制造业服务化困境的内部原因

（一）缺乏新型复合型人才

中国制造业正面临向“高端化、智能化、绿色化、服务化”四化协同发展的战略转型，这一进程亟须构建具备“工业 4.0”全栈能力①的新型复合型人才体系。这类人才不仅要精通精益生产、柔性制造等现代制造工艺，还要深度融合人工智能算法优化、工业大数据分析及云边协同计算等新一代信息技术，形成“制造+IT+管理”的跨界知识图谱。根据教育部、人力资源和社会保障部、工业和信息化部联合发布的《制造业人才发展规划指南》的预测，到 2025 年年底，我国制造业十大重点领域人才缺口规模将逼近 3 000 万人，缺口率高达 48%。2021 年发布的《粤港澳大湾区

① 全栈能力是指覆盖技术栈全生命周期的复合型能力体系，其核心在于跨领域技术整合与系统性思维。

（内地）急需紧缺人才目录》也显示，制造业领域人才需求呈现显著结构性缺口，其急需紧缺人才总量占比达53.7%，高居九大重点产业之首。显然，新型复合型人才的结构性短缺正制约着制造业向高端化、智能化转型的进程。

在制造业服务化转型升级过程中，由于生产过程和服务模式的转变，企业所需要的人才以及人才管理的方式也在发生变化，因此新型复合型人才是转型的关键。造成我国制造业缺乏新型复合型人才的原因在于：一方面，在制造业人才供需结构性矛盾突出的背景下，企业面临外部招聘瓶颈、能力匹配断层、时效性矛盾等核心招聘困境；另一方面，在制造业人才发展领域，高技能人才的培养具有显著的时间壁垒效应，其专业能力构建往往需要7~10年的产线深耕，如何有效激励企业内部技能人员持续精进专业，一直以来都是影响企业发展的难题。制造业数字化转型面临人才能力重构的双轨挑战，既需要系统性重塑现有员工的数字技能，又亟须引进具备工业大数据分析等新型复合型能力的外部人才，因此数字化人才的技能高低对于企业生产过程中能否实现数据资产的价值衍生至关重要。此外，在工业4.0深化发展以及未来企业“机器换人”的大趋势下，制造业企业对生产人员的需求将大幅缩小，对高技能人才的需求则进一步扩大。

（二）制造业企业服务化转型意愿不强

我国传统制造业正面临成本上升、技术落后、低端失守、高端乏力的困境，国外的技术封锁更让传统制造业雪上加霜。与此同时，德国、日本等国家的同类产品保持热销，这让我们不得不重新审视中国传统制造业的问题，建立新思维，清除发展障碍。

大部分传统制造业企业对服务化了解还停留在对服务有形特征的认识上，对扩展服务业务能带来的预期收益还不太确定，往往将资源从服务转移到产品业务上。根据专业分析，制造业企业在为客户提供的产品和服务中，生产创造的价值约占三分之一，服务创造的价值约占三分之二；而在交货周期中，生产所占的时间约为十分之一，服务过程所占的时间则为十分之九①。然而，企业对这一“高附加、长周期”的服务环节普遍持观望态度，主要考虑到以下三个原因：第一，服务化需要企业前期在数字化平台、远程运维团队和备件网络等方面进行持续投入，但回报却要数十年，

① 张华．浅谈产业革命下中国制造业的转型发展［J］．山东工业技术，2016（12）：285.

这与上市公司“季度财报”式的考核方式有直接冲突；第二，服务定价缺乏行业通行标准，客户对“按使用付费”“按效果付费”心存疑虑，企业也担心存在合同周期长、回款慢、坏账高等问题；第三，现有组织结构围绕“产线-渠道-销量”搭建，服务部门往往被边缘化为售后成本中心，既缺话语权又缺复合型人才，导致“想转不敢转、转了转不动”。

（三）数字基础设施不完善

数字化作为制造业服务化转型的核心引擎，通过数字基础设施建设重构企业运营体系，实现从产品交付到客户全生命周期管理的价值链服务升级。生产与消费应用场景的越来越多样化、个性化，对算力节点和计算机通信网络提出了更高的技术要求。制造业企业通过采集数据，计算生产的各个环节里的数据以及调整参数，可以生产更符合市场需求的产品，提高良品率。

算力基础设施是支撑数字中国建设的战略性资源。当前，我国算力基础设施建设能级达到世界领先水平，数据中心机架总规模超过 650 万标准机架，超算数量和超算规模位列全球前三，但在算网协同、绿色节能等方面还存在不足：全国一体化大数据中心体系还尚未建成，数据中心、超算中心、边缘数据中心等布局还未形成合理梯次，算网协同布局、调度机制和一体化算力服务体系尚不完善，国家数据中心集群的网络节点等级还有待提升。因此，我国需要进一步构建智能计算中心服务体系，以提高人工智能算力与算法协同服务水平；数据中心与绿色能源布局的协同联动还需要进一步加强，以引导数据中心绿色化发展；此外，网络基础设施在网络协同创新发展、空天地海一体化网络①设施建设、关键核心技术发展等方面还需要进一步加强线网能力升级、架构优化和前瞻布局。

总体来说，我国数字化基础设施距离智能化基础设施还存在不小的差距，数字基础设施的孤岛化现象还比较普遍，使得数据共享性不高。同时，数字计算或者智能计算还面临建设成本高但利用率不高的困境，从而影响了制造业服务化的发展。

---

① 空天地海一体化网络是以卫星通信（天基）、航空平台（空基）、地面网络（地基）及海洋通信（海基）深度融合为核心的新型信息基础设施，旨在构建全域覆盖、智能协同的通信体系。

第三节　本章小结

本章主要对中国制造业服务化发展的现实困境及深层次原因进行分析。当前，中国制造业服务化的模式演进较慢，还处于服务化的初级阶段，同时还存在制造业服务化技术创新能力不足、制造业服务化数字化程度不高、制造业服务化行业发展不平衡、跨领域价值共创比较困难、关键核心技术服务自给率较低、制造业企业对服务化重视程度不够等问题，从而导致制造业企业服务化转型比较缓慢，制造业服务化与发达国家相比还处于较低的水平。为此，本章从历史原因、关键原因、外部原因和内部原因等角度，全方位探究造成我国制造业服务化困境的深层次原因，为后续研究提供支撑。

第七章　制造业服务化的国际经验及启示

20 世纪六七十年代以来，发达国家开始大力推动制造业企业向服务价值链延伸，确保了制造业的长盛不衰。“全球制造业竞争力指数”显示[①]：德国的制造业竞争力稳居全球之首，德国、日本的高技术制造业增加值在全部制造业增加值中的比重分别为 61.7%和 56.6%，比中国分别高 20.2 个百分点和 15.1 个百分点。中国人均制造业增加值为 2 726 美元，与德国（9 148美元）、日本（7 556 美元）、美国（6 762 美元）、英国（3 379）等发达经济体相比，还存在较大差距。

在制造业服务化发展过程中，发达国家传统制造业企业成功进行服务化转型的案例层出不穷，发达国家推动制造业服务化的做法对中国制造业服务化发展具有一定的借鉴意义。为此，本章选取英国、美国、德国、日本四个国家作为案例，通过分析其制造业发展的历程，探索制造业服务化的国际经验，以期对中国制造业服务化发展有所启示。

第一节　英国制造业服务化的经验

英国的制造业在经历了 18 世纪“世界工厂”的辉煌成就后，虽然目前处于低谷，但其在发展过程中，也积累了一些成功的经验，可以为我国当前制造业服务化的发展提供一些启发。特别是最近几十年，英国通过实施“高价值制造战略”、打造“高效能创新体系”、布局“现代工业战

① 南生. 制造业竞争力前十强：德国排全球第 1、中国第 2、韩国第 3、美国第 4[EB/OL].(2021-05-06)[2025-03-10].https://www.sohu.com/a/464794465_100110525.

略”、构建“区域聚集式发展模式”，进一步细化不同的生产性服务部门之间的分工，形成产业发展共同体，提升了竞争力。

一、实施“高价值制造战略”

受发展中国家劳动力成本优势的驱动，英国制造业产能持续向海外转移，导致本土出现“去工业化”现象。由于英国中小型制造业企业的技术创新不足，企业的专业化服务提升能力缺乏，制造业价值链的关键环节受制于人，亟须通过发展高价值的制造业来振兴本国的经济发展。

2008 年，英国提出“高价值制造战略”，支持国内制造业企业生产附加值比较高的产品，认为高价值的制造产业才是经济发展的重心。特别是研发强度比较大、附加值比较高、增长率比较快的高价值制造产业，其重点支持的行业涉及材料科学、纳米技术、精密仪器、生物制药、信息技术、交通运输和机械制造等领域。英国政府通过培育这些世界领先的高价值制造产业，以提高自己在世界市场竞争中的产业地位。2013 年 10 月，英国政府发布《英国工业 2050 战略》①，提出科技将改变生产，通过把信息通信技术、新材料等科技融入未来产品的设计、制造、使用等环节中，可以迅速提升产品的质量。

2017 年 1 月，英国发布“现代工业战略”绿皮书②，制订了各类投资计划，以期提高制造业生产力，促进经济复苏。为保证“高价值制造战略”的顺利实施，英国建立了“制造业能力”标准体系，涉及 5 个制造领域，包括 22 项标准，以此作为政府对高价值制造进行创新投资的重要参考。同时，为了推动基础研发技术的市场化，英国还设立了“高价值制造弹射中心”。该中心由政府进行投资，通过对企业提供尖端设备和技术资源，为企业的后期研发提供资助。

二、打造“高效能创新体系”

高效能创新体系可以带来巨大的科研创新能力，进而生产出具有强竞争力的产品。为更好地适应国际经济新形势，英国创新署提出：要借助技

① 佚名. 深度解析英国版工业 4.0《英国工业 2050 战略》[EB/OL].(2016-02-18)[2025-04-05].http://article.cechina.cn/16/0218/07/20160218075915.htm.

② 祝林，褚英敏. 英国《现代工业战略》解读[EB/OL].(2017-02-10)[2025-04-06].https://zhuanlan.zhihu.com/p/25169948.

术和创新的优势，促进高端制造业企业创新发展，提升英国在国际制造业的市场地位。“高效能创新体系”计划实施后，取得了比较好的成效。根据《2022年全球创新指数》的统计，2022年英国的全球创新指数位居全球第四①。

打造“高效能创新体系”，让制造业获得高效率、高质量的发展，需要政府发挥“带头人”的作用，推动创新型制造业企业的成长。创新型制造业企业一般具有高风险，在初创成功后，经常会出现资金短缺问题，政府可以通过多种措施加快制造业生产要素流转、帮助企业创新业务流程、降低企业流通成本，最终达到帮助创新型制造业企业降低投资风险的目的。比如，2017年秋季，英国政府提出在未来10年，将为创新型制造业企业的发展提供超200亿英镑的扶持。同时，英国政府通过设置专业的创新推动机构（英国创新署），完善创新服务体系，促进产业领域和学术领域的合作，加强科技成果的应用和推广，打造协作性好、服务水平高的供应链服务体系；建设科研监督与评估体系，由商业、创新和技能部全面评估制造业发展的核心政策。由于当前的科技创新呈现全球化的新形态，为此，英国政府专门设立专项经费，构建全球开放创新网络平台，与发达经济体积极合作，通过主动参与全球创新发展高端制造业。

三、布局“现代工业战略”

2017年1月，英国发布“现代工业战略”绿皮书，实施高级制造业供应链计划，提升制造业供应链的整合能力，全面提升全国生产力水平，增强国家经济实力，重点包括以下四个措施：

第一，发展学徒制，提高劳动力技能水平。提高劳动力技能水平，是英国“现代工业战略”的重要一环。面对制造业高技能人才的缺乏，英国计划投资4.06亿英镑，提高教师的教学水平，培育科学、技术、工程和数学（STEM）等方面的高技能人才。特别是学徒制培育，已经成为英国职业教育培训的重要手段和方法。英国政府通过开征学徒税，建设学徒制协会，建立经费保障机制，提升学徒培养的质量和层次，为制造业发展提供技术人才。

第二，简化公司注册流程，鼓励兴办企业。从20世纪80年代起，英

---

① 中国电子信息产业发展研究院. 2022年全球创新指数：创新驱动增长的前景如何[EB/OL].(2023-02-14)[2025-05-05].https://www.163.com/dy/article/HTI04D0H05348OX3.html.

国政府开始放松国家干预，废除了180多项对经济活动的限制规定，调动了企业生产和投资的积极性。同时，政府还大力推行减税举措，降低个人和公司的所得税率，提高个税起征点，刺激了个人、家庭与企业的投资；对企业的注册登记实施便利化服务，企业可以直接在网上注册，其注册费用也降低至20英镑。这些举措使得英国的企业数量大幅上升，一大批生产性服务公司诞生，推动了制造业服务化的发展。

第三，开放资本市场，便利企业融资。20世纪80年代，英国取消了对资本和外汇的管制，大量的外资流入英国的金融市场。随后，英国开始实施金融改革，放松了对金融行业的管制，简化金融交易流程，废除各项投资管制，直接由银行提供综合性金融服务。在英国金融市场全面开放后，外资金融机构进驻英国金融市场，促进了金融市场的规范发展，让企业融资变得非常便利。宽松的金融环境，促进了制造业服务化的发展。

第四，提供咨询服务，指导企业发展。市场的不确定性会影响企业投资的积极性，为此，英国政府在每个地区都建立了专门的企业管理和咨询机构，对生产性服务业提供咨询服务；聘用退休的企业家和工程技术人员作为咨询顾问，帮助制造业企业制订发展计划，参与企业经营决策，对企业提供教育和指导。同时，政府每年还投入大量的专用资金，通过建设和运营网络平台，为企业发展提供信息与资源服务。

四、构建“区域聚集式发展模式”

区域集聚式发展模式主要是指大量行业企业在某个地域集中聚集发展，最突出的例子就是英国大伦敦地区金融业和创意产业的发展。英国大伦敦地区地处英格兰的东南部，是一个一级行政区域，包含33个次级行政区。英国政府充分考虑各个行政区的比较优势，对整个大伦敦地区进行职能划分，布局“核心—外围”的空间结构：伦敦市中心主要承担大伦敦地区、英国乃至整个全球区域的经济中心职能；内伦敦主要作为人口和经济区域；外伦敦主要承担居住功能，并依托城市绿带实现城市扩张控制与生态保护。通过打造五个发展走廊形成“反磁力中心”卫星城市体系，缓解核心城市过度集聚压力；通过生产性服务业聚集式发展方式，增强整个区域的全球竞争力，形成区域产业发展共同体，促进知识在集聚区的扩散和溢出。此外，集聚式发展方式还能提高生产性服务商的供给规模和专业化水平，降低服务成本，提升整个行业的核心竞争力。

从新自由主义时期开始，英国经济发展的重心就从中低端制造业转向中高端金融服务业。目前，伦敦金融城已经发展成为一个世界领先的国际金融、商业和经济中心，集聚了大量金融机构和资源。它是英国及伦敦市的经济中心，也是全球领先的金融、商业和经济中心，管理着全球约 15% 的资产，总额达到 11 万亿英镑[①]。大伦敦地区的创意文化产业也得到快速发展，已经成为全球文化创意心。其作为伦敦地区最大的产业部门，年产值超过 250 亿英镑（2015 年占英国 GDP 的 7%），2020 年的从业人员已超过 200 万人。

第二节　美国制造业服务化的经验

美国制造业服务化起步比较早。19 世纪末 20 世纪初，美国从农业国转向工业国，开始集中力量培养拥有高新技术的优质制造业企业。进入 21 世纪以来，美国制定和颁布了一系列“制造业回归”的政策，并取得较大的成效。从目前制造业的发展来看，美国制造业在 GDP 的比重比较稳定，2018 年占比为 11%，2019 年下降到 10. 9%，2020 年和 2021 年占比维持在 10%左右。相关资料显示，尽管制造业占 GDP 的比重略有下降，但由于 GDP 总额比较高，2020 年美国的制造业增加值为 2. 34 万亿美元，保持世界第二的位置，但第三产业的占比超过了 80%，三次产业发展比例极为不均衡[②]。

在日益激烈的国际竞争大环境下，国际产业分工越来越精细。随着信息技术革命和全球化浪潮的推动，美国开始在高新技术领域发展生物、航天、电子科技等产业，同时对机械、钢铁、服装等传统优质制造业企业进行转型服务化升级。美国通过放松行业管制，采用财政补贴等相关优惠政策、推动产学研合作、发展产业互联网等措施，提升制造业企业的核心竞争力，促进制造业服务化发展。

---

① 文哥故事那些事. 深圳与伦敦金融城的高层“云对话”，凸显金融业未来趋势[EB/OL]. (2022-05-13)[2025-05-06].https://www.sohu.com/a/546789341_121123722.

② 不凡说财. 美国制造业增加值 2.3 万亿美元，日本 0.98 万亿，那中国制造业呢？[EB/OL]. (2022-03-26)[2025-05-13]. https://cj. sina. com. cn/articles/view/7118089376/1a8456ca0019015vn9.

一、通过服务化提升制造业企业的核心竞争力

美国制造业企业服务化的核心就是通过服务化提升制造业企业的核心竞争力，主要表现在两个方面：第一，服务化的领域比较广泛，囊括了传统产业领域和高新技术领域，也包括资本密集型产业和劳动密集型产业。在汽车制造行业，最初发展的汽车消费信贷业务演变发展为制造业内部的金融业务，现在已经成为美国金融体系的重要组成成分。在信息技术领域，一些全球领先的硬件制造业企业，通过服务化发展的方式提升企业的核心竞争力。比如，IBM 选择为用户提供一体化解决问题的整体方案，苹果公司选择为用户提供移动终端和互联网服务①。第二，从制造业服务化的内容来看，除了提供金融信贷服务、一体化解决方案等解决用户问题的服务之外，还包括一些级别较高的服务类型。比如，为用户进行个性化设计、电子商务、现代物流等，这些服务对制造业企业的资本、技术、管理、人才等方面都提出了更高的要求。

二、政府放松管制引致制造业服务化

20 世纪 80 年代以来，美国政府逐渐放松了对航空运输、天然气生产以及通信、金融等行业的管制。1980 年，美国出台了《放松存款机构管理与货币控制法》，允许银行跨州开设分支机构，取消利率限制等对银行经营约束较大的管制。这一法规的实施，使得金融业由“分业经营”转向“混业经营”，加剧了本行业的竞争，促使国内金融业不断创新，金融服务业进入飞速发展阶段。1980—1990 年，美国金融业的就业人数增加 190 万人，年均增长 1. 99%。1990 年，美国通过修订《通信法》放松了通信行业的进入门槛，允许有关通信行业的业务可以进行融合和渗透，打破了行业的自然垄断，加剧了行业内部的竞争。此外，美国政府还制定了一系列法规，逐步解除对公路、铁路、航空、航海等行业的限制，通过引入市场机制提升整个运输业的竞争。这些措施降低了不同行业的进入门槛，加强了不同行业之间企业的来往，行业和产业融合成为新发展趋势。在这样的背景下，生产性服务业能够迅速融入制造业，制造业企业通过提供高附加值的售后服务，延伸制造业产品的价值链，实现制造业服务化发展。

---

① 李博雅. 制造业服务化对企业绩效的影响研究［D］. 上海：上海社会科学院，2018.

三、采用财政补贴促进制造业服务化

20 世纪 90 年代起，美国政府通过采用财政补贴的方式促进制造业服务化，其对生产性服务业的研发投入在世界总研发投入中的占比达到 46%。1992 年，美国政府开始实施信息高速公路计划，规划投入 400 亿美元，用 20 年时间完善信息基础设施建设，这一计划推动了美国信息技术的高速发展[①]。1996 年，美国政府投入 5 亿美元支持“新一代互联网计划”，促进新一代信息技术的研发与应用。同时，为支持制造业服务化发展，美国政府还通过税收减免、投资抵免、费用扣除、加速折旧等各种措施提供优惠；通过“延长税收优惠的时间、降低企业长期投资的收益税”等方式，鼓励制造业企业积极进行研发活动。2015 年，美国制造业企业的研发支出在世界研发总支出中的占比达到 84. 29%。

四、推动产学研合作加速制造业服务化

美国政府一直注重科技与生产的结合，鼓励企业与研究机构和大学进行合作，以期能够推进科技成果转化，用高技术引领工业发展，为此制定了一系列的政策法规。1978 年，美国颁布了《拜杜法案》，通过制定四个根本性准则，对知识产权的归属和收益权做了有利于企业和发明人的修改，调动了企业与大学研发的积极性，极大地提升了发明和专利的技术转化率，有利于科技成果产业化。1996—2015 年，《拜杜法案》推动的许可活动让美国国内生产总值增加了近 5 910 亿美元[②]。1982 年，美国实施了《小企业技术创新法》，帮助小企业进行科技研发和创新，加速了科研成果的市场化进程。同时，美国还积极建设国家信息服务中心，鼓励研发部门向企业和社会分享研究成果。这些政策的实施，加速了制造业服务化，提升了美国制造业的价值链高度，把美国从经济低迷的谷底拉回到世界创新的领先地位。

---

① 张海峰. 美国“信息高速公路”建设计划的产生背景、进展、社会经济影响及评价 [J]. 世界研究与发展，1994 (6)：25-32.

② 佚名. 10 年内让美国科研转化率从 5%飙升至 80%，这部法案究竟做对了什么？[EB/OL].(2022-01-06)[2025-05-16].https://www.sohu.com/a/514428395_121286957.

五、发展产业互联网推动制造业服务化

作为全球互联网经济的开创者，美国自互联网诞生以来，主导和推动了多次信息技术革命。推动美国国民经济高速增长的主动力，是以互联网为代表的高科技产业和信息产业集群，在国民经济中的占比达到50%。借助强大的互联网技术，美国实现了产业链的全覆盖，促进企业提升竞争能力，帮助传统产业转型升级①。互联网还带来了商业模式的创新与升级，通过互联网把制造业与商业和社会公众紧密相连，实现信息和数据资源在全网的流动，极大地提升了制造业企业的生产运营效率。比如，美国福特汽车公司的各项商业活动（包括原材料的价值评估、消费者需求的变动预测、车间流水线的调度、各种车型的生产比例等）都可以通过互联网进行数据和信息的搜集，再通过大数据分析进行决策与判断，从而为企业的生产找准发展方向，提高企业生产效率和利润率。互联网发展带来信息处理和数据分析的便利化，这些信息和数据同其他传统生产要素一样，已经成为影响经济发展的重要因素，并将持续影响企业的研发设计、生产库存、分销零售、售后服务等全产业链环节。

第三节　德国制造业服务化的经验

德国是欧洲的工业强国，一直以来，其制造业都是德国的立国强国之本。德国制造业的发展，从“技术模仿”到“自主创新”，从“追赶英美”到“跨越式发展”，从“中低端制造”到“高端制造”，形成了“以质量和品质取胜”的德国制造模式。德国的制造业具有技术优势，在构建完善的产业链和产业生态体系，注重高标准、高品质与多元化发展，推进制造业与科技创新融合发展，通过“二元制”培养精细化人才，通过工业4.0推进制造业服务化等方面，对中国制造业服务化有一定的借鉴意义。

一、构建完善的产业链和产业生态体系

面对国际市场竞争压力和新兴工业国家的冲击，许多发达国家都选择

① 丁立会，张薇，王法涛．产业互联网发展的国际经验及启示：基于双边市场的分析［J］．电子商务，2019（11）：15-16

将产业链的中低端部分（生产环节）转移到了国外，只保留上游的设计环节和下游的市场环节。但德国却始终没有放弃制造业，在德国制造业企业的兼并重组活动中，均保留了非常完整的产业链，并将通用技术用于产业链的各个环节，以此来加强多元化的生产合作，选择分层化的发展模式，减少企业之间竞争，提高产业链的发展质量①。事实证明，产业链的各个环节都有密切联系，绝不能分离，制造业的升级需要产业链上游、中游和下游的紧密合作。因此，德国在构建完善的产业链和产业生态体系方面取得的经验，是非常值得我们借鉴的。

德国制造业的发展，不只是依靠大型企业的支撑，更多是依靠数量众多、创新能力强、行业竞争力大的中小企业，在大、中、小企业之间建立紧密的分工合作体系，构成“大企业+中小企业”的产业生态体系。大企业是产业链的引领者，其依托核心技术积累，对全球市场进行专业化细分，开展多元化的生产经营活动，领导产品创新和智能发展。德国的中小企业数量众多，在德国企业总数的占比达到90%，是德国经济持续发展的推动器。德国非常重视扶持中小企业发展，通过设立创新基金对中小企业进行资金补贴，缓解其自有研发资金不足的问题，通过“中小企业专利行动”，激励中小企业进行专利研发，帮助中小企业实现产品市场化②。构建完善的产业链和产业生态体系，通过技术改进发展产业集群，促进德国制造业服务化进程，是德国制造业发展的一个重要经验③。

二、注重高标准、高品质与多元化发展

德国非常注重高标准、高品质与多元化发展，德国的工业标准化体系是制造业发展最坚实的基础，也是德国制造业走上世界领先地位的重要支撑。2006 年，德国联邦经济和技术部启动了“标准创新计划（INS）”，确定未来对新能源利用、医药与健康、信息与通信、航空科技、光学技术、纳米技术等重点领域进行标准化研究④。德国还非常重视发挥行业协会的桥梁与纽带作用，当前拥有近 30 万个行业协会和联合会组织，通过行

① 刘诗萌，李子木．德国制造业启示录［J］．冶金企业文化，2016，69（1）：58-59.

② 夏玮，陈志强．德国中小企业专利行动启示［J］．南京工业大学学报（社会科学版），2012，11（1）：59-64.

③ 史世伟．实施工业 4.0 对于德国经济的意义及其对中国制造业转型的启示［J］．当代世界，2016，410（1）：52-55.

④ 杨锋．德国“标准创新计划”（INS）［J］．世界标准信息，2008，489（12）：44-51.

业协会对整个行业的生产标准和产品质量进行指导及认证。

长期以来，德国一直实施最严谨的工业标准，并要求德国的企业普遍执行这一严格的技术标准，通过对产品进行严格的质量标准控制，建立完善的质量监督和认证体系，提升产品的质量和可靠性，把“品质”作为“德国制造”的核心竞争力，让“德国制造”成为对“品质”最好的诠释。比如，德国诺沃泰克公司生产的直线位移传感器，线性精度可以达到0.01%分辨率，高于0.01mm，其内部的导电塑料电阻和贵金属电刷的使用寿命可以保证在1亿次以上①。

三、推进制造业与科技创新融合发展

德国制造业服务化发展对中国的最大启示应该是非常重视制造业的科研创新，通过制造业企业的创新和研发活动，对市场环境进行分析研判，有利于提高企业自身的竞争能力。长期以来，德国政府通过制定和实施一系列科技创新政策，对企业与科研机构的科学研究、科技成果转化和新产品开发进行扶持及奖励，主要包括研发补贴、税收减免等。同时，德国一直着力构建多元化的科研创新体系，主要由地方政府、企业、大学、研究机构和基金会等机构组成。其每年的研发经费支出在国民生产总值的占比在3%左右，科研投资在世界位于前列。政府大力支持产学研相结合，在高校和科研机构扶持建立大量的科技园和技术孵化中心，德国国内的应用科学大学在高等院校的比例超过50%。

除此之外，德国政府还资助了许多公益性的科研服务机构，包括弗劳恩霍夫应用研究促进协会、马普学会、亥姆霍兹国家研究中心联合会、莱布尼茨学会等机构②。这些机构成为链接理论研究与现实市场的纽带，是德国企业获得创新的重要途径，有力地推动了科技创新和产品研发。比如，弗劳恩霍夫应用研究促进协会拥有41个研究所和1.8万名研发人员，通过与企业签订“科研合同”的方式，为企业提供“量身定做”的科研服务，每年为3 000多家企业提供1万多项科研项目开发服务，研发收入可

① 张航燕，江飞涛. 德国制造业发展及对我国的启示［J］. 中国经贸导刊，2015，791（16）：64-67.

② 施组. 唐山市装备制造行业企业家赴德国学习培训的报告[EB/OL].(2018-06-22)[2025-05-21].http://www.gcdy.gov.cn/zhuzhan/gongzuodongdt/20180622/75297.html.

达 16.5 亿欧元①。

在传统的鲁尔工业区改造过程中，德国政府通过大力发展生产性服务以及科学技术和教育，促进和带动老工业区的经济发展。20 世纪 60 年代以来，鲁尔工业区就开设了一批高等院校和科研机构，现已成为欧洲大学密度最高的地区。在政府的支持下，鲁尔工业区所有的城市都建立了技术开发中心，现存 30 多个，成为世界信息技术的聚集地；同时，在大学与科研机构开设“技术转化中心”，与企业合作加大技术的应用力度，把理论技术转化为企业的实际生产能力。鲁尔工业区特别注重物流和交通，通过不断完善基础设施建设，把杜伊斯堡港打造成为欧洲最大的综合性内河港口，成为整个欧洲的内陆物流与贸易中心。通过水陆联运贯通南北交通线路，将全区各城市的工业区紧密联系起来。除此之外，鲁尔区还大力发展会展经济，以此带动其他服务行业的发展，为制造业持续增长提供充足的发展空间。

四、通过“二元制”培养精细化人才

德国制造业服务化的高水平发展离不开严谨的文化、精细管理的制度，以及通过“二元制”培养的管理人才。“二元制”职业教育体系由企业和学校合作办学，两者各为“一元”，形成企业和学校融合发展模式，共同完成人才培养。企业是“二元制”培养模式的主导方，制造业企业提前与学生签订不同专业的培训合同，再安排学生到与之对应的职业学校进行专业学习。学校是辅助方，学生只有三分之一的时间在学校学习理论知识，其他三分之二的时间要去企业参加实践活动。学生以“准员工”身份，在制造业企业接受各种职业技能培训，提前适应社会对各类岗位的实践要求。德国通过“二元制”培养专业的精细化人才，迅速降低了其总体失业率。2016 年 11 月，德国的失业率只有 4.1%，远远低于欧洲同期 9.8%的平均水平②。

在高等教育方面，德国对研究型综合大学、有突出特色的单一学科型学院、工业技术大学、应用型职业技术大学进行资金补贴和政策扶持，通

---

① 中国国际科技交流中心. 主要国家全国性科技社团概览：德国弗劳恩霍夫应用研究促进会［EB/OL］.（2022-01-06）［2025-05-16］. https://www.ciste.org.cn/index.php? a=show&c=index&catid=79&id=3524&m=content.

② 田园.“二元制”：德国制造业发展的基石［N］. 光明日报，2017-02-15（5）.

过建立“二元制”职业教育体系，促进学校和企业的联合实践教学；通过在全国建立大规模和系统化的职业教育，培养出数量非常庞大的产业工人队伍，为其制造业服务化发展提供了长久的发展动力。“二元制”人才培养模式，为德国的富尔达、ABB 等知名企业培养了极富创新力和创造力的高水平管理人才。

在人才培养中，德国还设立了精细管理的制度，通过文化意识的提高和长期技艺的积累培养内在工匠精神。比如，引入“学徒、熟练工、师傅”匠人分级制度，如果从事匠人相关工作，必须考取相应的专业资格证，或者通过专利申请，才能获得相应的从业资格。另外，德国还很重视技术工人的收入水平和社会地位，从而建立了相对完善的社会保障体系。

五、通过工业 4.0 推进制造业服务化

德国工业 4.0 是德国制造模式的最新升级，能够实现人、机器和数据的相互连接，是一种全新的生产与服务方式。工业 4.0 的核心内容，是“建设一个网络（信息物理系统）”“研究两大主题（智能工厂、智能生产）”“实现三大集成（横向集成、纵向集成与端对端集成）”“推进三大转变（规模化定制、分布式生产、用户全过程参与）”。

工业 4.0 的核心目标，是通过发展智能制造，推进制造业服务化：第一，大批量的生产导致产品过剩，工业生产的关键因素不再依靠规模效应，生产由集中转向分散，工业生产的基本模式由集中控制转向分散增强控制；第二，由于消费者的需求向个性化方向发展，产品不再具有大规模趋同性，未来的产品将按照消费者的个人意愿进行生产，甚至出现个性化和定制化的单件制造；第三，消费者不单是在生产流程的两端发挥作用，而是全程广泛地参与企业的生产和价值创造。

通过工业 4.0 战略，德国积极推动制造业服务化转型，不仅为用户提供制造业产品，还为用户提供“产品研发设计”“生产制造”“终身维修”“系统更新”等一体化解决方案，创造出一种新的商业模式；对生产过程进行智能化的控制，可以帮助企业进行最优决策，提高资源的使用效率，实现可持续生产，让生产成本降到最低；通过智能化的生产模式和辅助系统，创造一种新的工作与生活方式，改变了生产与生活的组织方式。

第四节　日本制造业服务化的经验

伴随着人工智能、物联网、云计算等新技术革命的蓬勃发展，生产性服务业趋向虚拟化、网络化、外包化，生产高附加值的产品成为日本制造业服务化发展的新趋势。制造业企业开始逐渐形成完善的产业链，并通过成立综合商社进行商业模式创新，抢占制造业发展的新高地。日本政府发挥其经济管理职能，通过市场调节与政府引导的密切融合，推动制造业服务化发展。

一、技术进步是日本制造业服务化的原动力

从日本制造业发展的历程不难发现，进入21世纪后，支撑日本制造业强盛发展的产业环境发生了变化，社会环境和经济基础与20世纪相比，也有了根本性的转变[①]。日本的经济结构逐渐走向“软性化”“服务化”发展，第二产业内部的制造业在经历了传统生产方式向新生产方式转型后，把发展的目标放在了服务化方向[②]。

伴随着新技术革命的兴起，人工智能和物联网蓬勃发展，日本虽然没有提出类似德国那样宏伟的“工业4.0”计划，但日本的很多企业非常重视技术和创新发展，特别是在IoT（未来的物联网）战略转型方面，走在了世界前列。同时，云计算技术的突破性发展，推动物联网和大数据的高速运作，促进了大规模服务企业的变革，也加速了整个制造业的智能化进程。日本制造业企业对外采购的服务项目主要包括信息系统（20%）、工作培训（20%）、生产方法（17%）、研发设计（14%）、会计税收（14%）等领域[③]。行业之间的分工越来越精细，行业外包的趋势越来越明显。单是物流业领域方面，制造业的外包比率就超过75%。制造业服务化的方式，更多是趋向虚拟化、网络化、外包化。

① 陈实. 信任的崩塌？日本制造业神话的破灭［J］. 世界知识，2023（1）：37-39.

② 朱晓. 日本制造业迅速走向服务化［J］. 现代日本经济，1984（4）：67.

③ 周毅，许召元，李燕. 日本制造业发展的主要经验及其启示［J］. 中国中小企业，2020（9）：79-80.

二、高附加值的产品是日本制造业服务化的生产主流

日本企业非常重视产品的质量，普遍把产品质量作为企业的生命线。在竞争日益激烈的市场环境中，如何生产高附加值的产品，促进制造业企业战略转型，变得尤其重要①。基于此，日本的制造业企业把目光瞄准服务领域，通过向用户提供更多更新的个性化服务，或者将服务与实物产品进行融合，提高产品的附加值。制造业企业通过生产“差异化”的高附加值产品，让竞争对手难以模仿，从而提高竞争门槛，既可以避免与竞争对手之间的价格战，还可以构建企业的价值创造体系。

制造业服务化的一个关键内容，就是改变制造业的传统发展模式，从向用户提供“硬件（产品）”转向提供“软件（服务）”，从企业单独创造产品价值，转向企业和用户共同创造价值，从而实现产品高附加值的目标。传统制造业企业仅向用户出售商品，而转型后的制造业企业除了单纯地制造和销售实物产品之外，还要给用户提供相关的附属服务，如产品的后期保养、维护、租赁服务等业务。由于企业提供的产品具有附加值，不再是用于一次性交易的商品，所以服务化在一定程度上也可以降低经济萧条和经济衰退对企业带来的负面影响。

在制造业服务化的战略发展过程中，制造业企业慢慢演变为两种类型：第一，把提供服务作为主营业务来运营，通常称为“事业化”。如汽车行业的“共享服务”，一些汽车生产厂商已经开始尝试把“共享服务”发展为主营业务。第二，把服务和有形的商品进行捆绑，两者的融合发展形成“价值体系”，通常称为“价值化”。如小松公司通过远程控制系统，向用户实时提供建设机械的运营状态，并通过数据收集装置，连通企业集团和供应商。

三、完善的产业链是日本制造业服务化的发展重点

日本重视产业链的协同发展，如果上、中、下游的企业能够组成一个协同完备的产业链，就可以实现共赢发展。日本的生产性服务业已经日渐发展完善，产业链延伸到制造业领域，为企业提供全方位支持，包揽了上游的产品设计、下游的品牌营销等产业链的全过程。随着制造业服务化战

① 何丽．解读日本制造业经营策略及转型成功因素[EB/OL].(2021-07-30)[2025-06-02]. http://www.compressor.cn/Tech/hyzs/2019/0730/112058.html.

略的实施，制造业企业的运行效率迅速提高，产品差异带来的产出价值也迅速增加，成为企业产品价值增值的源泉。

大力发展与制造业相匹配的完善的产业链，提升日本制造业企业的竞争优势，争取更多的市场份额和物质资源，是日本制造业服务化的发展重点。2015 年，日本明治大学、产业技术综合研究所和一些大型制造业企业联合建立“制造业服务化联盟”。该联盟通过对 1 000 家企业进行定点调查，分析其成功的原因和失败的经验，进而总结现实企业在进行服务化的发展过程中有哪些障碍，并探讨推进制造业服务化转型的对策方法与技术。

传统制造业企业提供的服务大多是产品的维修、检查等售后服务，属于附带性质。转型后的制造业企业主要是通过把产品和服务进行融合，对“产品设计、制造技术、业务方法、人才培养、销售定价”进行改革，开发和销售具有高附加值的产品，深度掌握用户的需求，延伸服务广度，实现更大价值，最终促进制造业服务化发展。比如，麒麟控股株式会社通过向会员提供家用啤酒起泡机，满足在疫情期间的家庭饮酒需求；洋马公司通过向用户提供传感器，掌握用户使用农机的实时状态，还可以对用户的收成进行管理①。

四、商业模式创新是日本制造业服务化的秘密武器

成立综合商社进行商业模式创新，抢占制造产业发展的新高地，是日本制造业服务化成功发展的秘密武器。综合商社的业务范围非常广泛，包括金融领域、流通领域和情报领域。在金融领域，综合商社主要发展贷款融资、国际商贸、股权投资等业务；在流通领域，综合商社主要发展采购销售、广告营销、物流保险等业务；在情报领域，综合商社主要发展信息咨询、数据搜集、舆情分析等业务。

除此之外，综合商社与制造业企业、商业银行之间互相持股，建立“分工明确、相互协助”的稳定商业合作。围绕制造业的延伸产业链，综合商社在制造业的很多领域都开展了一系列的业务，这是日本制造业服务化的重要表现，也是日本制造业竞争优势的重要展示。

在制造业服务化实施的过程中，不同的制造业企业根据自身的实际情

---

① 张玉来. 日本制造业新特征及其转型之痛［J］. 日本学刊，2019（S1）：137-141.

况实施了不同的战略转型方案：第一，放弃了传统的多元化发展战略，如奥林巴斯开始向“顶级医疗设备厂商”发展；第二，围绕某项专门的事业进行深入的价值开发，如大金空调公司一直坚守发展白色家电；第三，充分利用新技术进行产品创新，如东京电子成为半导体装置的新领军者①。

五、政府政策引导是日本制造业服务化的外在指导

在日本的市场经济发展和制造业服务化过程中，政府政策引导起到了非常关键的作用。政府充分发挥其经济管理职能，制定一系列政策性文件，规划指导制造业服务化发展，并取得了一定的成效。

在物流产业方面，20 世纪 90 年代，日本政府出台了《综合物流施策大纲》，2009 年又修订了新的《综合物流施策大纲》②。一方面，政府通过政策杠杆与官商合作等手段，鼓励物流业从制造业中剥离出来；另一方面，政府在物流业中引入竞争机制，推动整个物流行业的发展。在科技服务产业方面，1995 年，日本通过《科学技术基本法》对科技服务业进行大力发展，并制订了科学技术基本计划。同时，日本通过加大科研投入力度，完善科技创新体制，提高本土制造业企业的自主创新能力，以此提高科技服务业在制造业发展过程中的支撑作用，进而推动制造业转型升级。在信息产业方面，日本政府通过制定《推动形成高度信息化社会基本法》，预期将日本打造成世界上最先进的 IT 国家之一③。为此，日本成立了最高规格的 IT 战略本部，由首相与内阁成员充任组员；此外，还设立了 IT 战略会议，由索尼公司董事长担任委员长，通过官商合作推进日本全面实施信息化社会战略。

---

① 周毅，许召元，李燕．日本制造业发展的主要经验及其启示［J］．中国中小企业，2020，(9)：79-80.

② 吴敏洁．低碳背景下中国制造业发展研究［D］．南京：东南大学，2019.

③ 日本科学研究创新信息平台．制造业服务化：瞄准增长创造附加值［EB/OL］．(2021-09-15)［2025-06-02］.https://www.keguanjp.com/kgjp_jingji/kgjp_jj_etc/pt20210915000002.html.

第五节　发达国家制造业服务化对中国的启示

通过对英国、美国、德国、日本等发达国家制造业及制造业服务化发展的历程进行系统梳理发现，自工业革命以来，以英国、美国、德国、日本为代表的发达国家在制造业发展方面也取得了一些辉煌的成就，其中英国和美国曾经交替成为全球的世界工厂数百年。自2010年开始，中国开始超越美国，成为位居全球首位的制造大国。当前，世界处于百年未有之大变局，中国应加快构建以国内大循环为主体、国内国际双循环相互促进的新发展格局。为打通经济循环中的堵点卡点，提升产业链供应链的韧性和安全水平，我国必须提升制造业的核心竞争力，推动产业基础高级化和产业链现代化。通过系统分析发达国家制造业的发展历程，总结其在制造业服务化发展中的经验，以期对我国制造产业的高质量发展带来一定的启示和借鉴。

一、高度重视服务化发展战略

制造业服务化是提升制造业产业竞争力的必由之路，我们必须从战略层面高度重视并加快推进。经验表明，发达国家都希望通过制造业的服务化发展，进一步巩固和强化其制造强国的地位。随着工业化的推进和加快，制造业的分工越来越细，专业服务外置的趋势越来越明显。此时，如果没有现代服务业的快速发展和高水平的生产性服务的投入，制造业企业很难提高其自身的竞争力。加快发展现代服务业，可以提高制造业的整体竞争力，从而推进整个国家的新型工业化发展。

在经历百年未有之大变局、构建新发展格局的大背景下，中国制造业服务化发展，不仅是制造业突出低端锁定、提升产品价值链的关键，更是加强产业链协作，提升产业链完整性、安全性的关键。开展制造业服务化，能够将中国的制造业向价值链高端延伸，并促进其资源有效整合，向生产链的上、下游延伸，在整个产业链上形成整体资源优势，增强制造业企业对国际市场的竞争力。

二、积极营造良好的政策环境

制造业服务化发展是一个系统工程，政府必须营造良好的政策环境。

发达国家的经验表明，制造业服务化需要有一个良好的政策环境，并持之以恒地进行推动。发达国家均认为，制造业服务化是推动制造业高质量发展的有效途径，因此需要制定大量相关的制造业服务化发展政策，通过系列法律法规的形式进行大力推动。比如，美国在 1991 年颁布的《多式联运法》和 1999 年颁布的《金融服务现代化法》，都提出了要加快发展现代服务业。21 世纪初，美国又提出了“国家制造业创新网络计划”和“制造业绿色发展的思路”等发展战略，通过政策支持和资本投资等形式，全力支持云制造、工业机器人等制造业创新中心的建设。英国通过制定“高价值制造战略”“高效能创新体系”“现代工业战略”，对发展高附加值的制造业服务化进行全面的政策与资金支持。日本强调“制造系统的创新”，并出台一系列配套政策推动制造业服务化发展。

当前，中国制造业服务化刚刚起步，尚存在一些制约制造业服务化的体制、政策障碍，如税收税率偏高、优惠政策力度较小、服务业供给偏少等。虽然国内部分企业如海尔、华为、小米等在 21 世纪率先开展服务化转型，但整体而言，制造业服务化进程还相对滞后、动力不足、市场化程度不高，仍需要优化制造业服务化发展环境、推动服务型制造业创新发展、规范服务贸易标准、营造良好的服务业营商环境，以实现经济增长由“工业拉动”向“服务业、制造业共同拉动”转变。

三、大力推广智能制造模式

制造业服务化是在经济全球化深入推进、知识经济发展以及信息通信技术广泛应用条件下，制造业与生产性服务业的融合渗透而产生的新型生产方式、制造模式和服务模式。信息技术是制造业服务化的关键手段，利用新一代信息技术对产品的全生命周期进行实时的动态管理，可以提高制造业企业的生产效率和为用户服务的能力。

英国、美国、德国等为代表的发达国家纷纷抢占新一轮产业和技术革命的先机，积极促进产业融合和智能制造的发展。美国制定“国家制造业创新网络”发展策略，充分激发中小企业科技创新活力。德国通过制定“工业 4.0 战略”把发展“智能工厂”“智能生产”“智能物流”作为制造业服务化战略的重点方向。英国通过推动“英国工业 2050 战略”，大力发展新技术应用、物联网、云计算、先进制造技能、大数据、工业互联网等先进制造业，把数字经济与制造业融合，延伸制造业产业链和价值链。日本通过发展智能制造，巩固和提升制造业的核心竞争力，并在此基础上大力发展生产性服务业，两者共同融合发展，为制造业服务化发展带来强大的动力来源。

四、积极推动外包业务

第三次工业革命之后，随着产品与服务日益复杂化，价值链增值的环节也越来越多，将非核心的辅助功能的价值链从价值链中进行分离，以外包的形式交由其他企业来提供，成为发达国家制造业企业提升竞争力的重要手段。将非核心价值链外包后，企业保留核心业务的战略性价值链，以期为企业创造更多的价值。

（一）服务外包

随着互联网信息技术的快速发展，服务产品的内容和交付方式突破了时间、空间和地域的限制，为服务产业创造了巨大的发展机遇。如果企业的核心业务是生产制造环节，其主要任务是集中资源进行加工与制造以提高产品的竞争力，则企业可以将远离核心业务的辅助性生产性服务环节外包或剥离出去，只保留核心业务，从而提升制造业企业的核心竞争力。随着产业分工的深化和发展，服务外包提高了专业服务的水平，促进了服务业的规模化与市场化发展，提高了服务业的生产率。因此，越来越多的制造业企业将传统的自助服务通过外包形式交给专业的服务商来供给。同时，为了提升其战略性价值链能力，部分企业还可以将外包或剥离的价值链进行有效的整合，形成新的价值链，使得辅助性的生产性服务环节能够对加工制造环节进行有序配合，这样一来，企业的核心制造环节与生产性服务业将得到有效的融合，两者具有明显的共生关系。

服务外包是发达国家实体经济发展的有效手段，各国都出台了一系列促进服务外包的有效政策措施。例如，美国作为全球最大的服务外包发包国，通过制定“服务先行”的出口策略，引导服务贸易向自由化、开放化发展，促进国内生产性服务贸易的出口，推动本国服务业快速走向国际市场，大幅降低了制造业服务化的成本。英国在制造业发展过程中逐渐出现了“去工业化”现象，集中力量发展高端服务业，把经济发展的重点转向金融服务和数字创意等服务行业，但也带来了“脱实向虚”的危机。

（二）生产外包

如果企业的核心环节是生产性服务环节，价值链的增值主要由生产性服务环节来提供，则企业的重要任务是发展生产性服务部门。对于价值链增值贡献相对较低的加工制造环节，则可以剥离或外包出去，而关键性的生产性服务环节将被整合进企业的价值链。这样对于企业而言，价值链的核心发生重要变化，生产性服务对企业是至关重要的，而加工制造乃至生产产品环节对企业的重要性将大幅下降。例如，IBM 从电脑硬件制造商逐渐转变为以“产品生产为辅，服务为主”的服务提供商，形成了“实现用户价值，为用户提供全方面服务”的核心价值链。

五、加强服务化的标准制定

美国、英国、德国、日本等发达国家都非常重视“标准、规范、机制”的塑造，通过制定统一的管理规范，科学引导制造业服务化的发展进程。比如，美国在制造业服务化发展中，构建和制定了大量的规则和标准，并把这些管理标准、规范机制、运作流程、商业模式作为知识交流、信息沟通、技术合作的载体，推进本国的制造业服务化发展。德国和英国则强调基础设施和环境建设对经济发展的重要作用，并通过制定一系列有利于服务贸易开放化、自由化发展的政策措施，推动本国服务业迅速打入全球市场。日本专门为制造业企业定制大量的认证体系，以此强化制造业服务化市场的良性运作。在国际经济合作中，部分发达国家日益重视服务贸易标准体系建设，其规范化、高水平的制度安排正逐渐成为影响全球制造业服务化进程的关键因素。

六、逐渐关注绿色制造发展

纵观制造业的发展历程，发达国家在制造业快速扩张的道路中也遇到了资源瓶颈和环境污染等问题。在日益严峻的生态压力下，部分制造大国开始采取低碳发展战略，除了制定严格政策制度督促节能减排外，一些污染较高、附加值较低的传统制造业纷纷被转移到海外，污染小、投资回报率高的服务业在各国获得巨大的发展机遇。但随着“去工业化”进程大规模的推进，实体经济地位下降，虚拟经济过度膨胀，逐渐出现经济与产业泡沫，各国制造业的竞争力减弱，出现不同程度的产业“空心化”现象。在 2008 年国际金融危机之后，部分发达国家意识到“产业空心化”对经济的不利影响，开始反思回归制造业和实体经济，通过制定“再工业化”“制造业回归”等政策，以期能够挽救不断下滑的经济。各国交替出现的

“去工业化”和“再工业化”，是对经济和产业发展的修正。在当前低碳经济发展背景下，中国如何发展高端制造、新能源、节能环保等绿色制造行业，成为拉动经济发展的新增长点。

第六节　本章小结

当前，中国制造业的竞争力虽然已经提升至全球第二，但仍然处于世界产业链和价值链中下游阶段，中高技术制造业的增加值和竞争力还较低。在制造业服务化发展过程中，发达国家传统制造业企业成功进行服务化转型的案例层出不穷，发达国家推动制造业服务化的做法对中国制造业服务化发展也具有一定的借鉴意义。为此，本章选取英国、美国、德国、日本四个国家作为案例，通过对其制造业服务化发展的历程进行系统梳理，总结这些国家在服务化转型中的经验：国家战略层面高度重视服务化发展战略、积极营造良好的服务化发展政策环境、高度重视信息技术发展、大力推广智能制造模式、积极推动服务外包业务、降低企业生产成本、强化服务化过程中的标准制定、逐渐关注绿色制造的发展和转型。

第八章　中国制造业服务化发展的路径创新

在当前百年未有之大变局背景下，我国经济发展已全面步入新常态阶段，制造业企业面临着前所未有的转型升级压力与机遇，其生存发展环境正经历着深刻的结构性变革。为适应消费升级趋势并增强产业链韧性，制造业服务化转型正成为制造业企业突破发展瓶颈、构建差异化竞争优势的战略路径。在构建新发展格局的战略背景下，制造业作为国民经济支柱产业，正面临转型升级的关键突破点，亟须通过技术创新与产业链协同来突破发展瓶颈、疏通供需循环堵点、培育全球竞争优势，并实现价值链向高端制造业延伸，这已成为推动制造业高质量发展的核心命题。为此，本章对中国制造业服务化发展的路径创新进行研究，并提出加快制造业服务化的战略转型、实现制造业服务化的价值共创、延伸制造业服务化的产业链条、打造制造业服务化的共生平台、推进制造业服务化的价值链升级、构建制造业服务化的创新机制、管理制造业服务化的生命周期、促进制造业服务化的绿色转型升级等观点。

第一节　加快制造业服务化的战略转型

从服务升级的角度来看，在制造业服务化演变的过程中，制造业企业对服务化的盈利意识逐渐加强，开始重视服务获利。制造业企业从提供“纯产品”转向提供“纯服务”的过程中经历了很多的中间状态，制造业服务化的演变也是一个服务不断升级发展的过程，如图 8-1 所示。

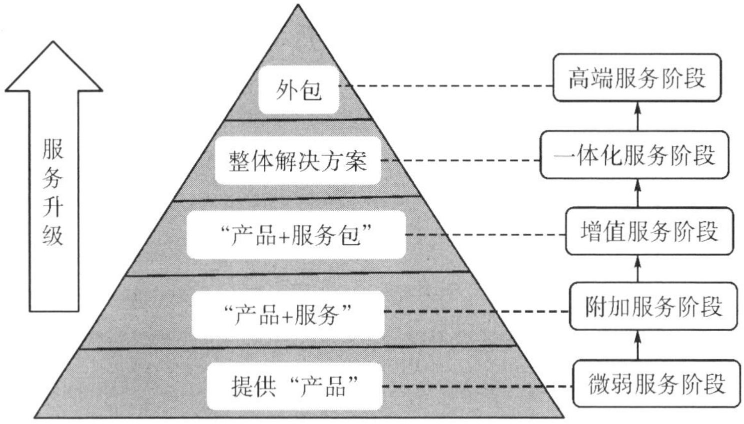

图 8-1　基于服务升级的制造业服务化战略转型路径

具体来说，基于服务升级的制造业服务化战略转型经历了五个阶段的演化发展（见表 8-1），主要包括：提供“产品”的微弱服务阶段、提供“产品+服务”的附加服务阶段、提供“产品+服务包”的增值服务阶段、提供整体解决方案的一体化服务阶段、将制造环节外包专注发展的高端服务阶段。

表 8-1　基于服务升级的制造业服务化战略转型阶段

服务化战略转型阶段	典型特征	行业/案例
微弱服务阶段	为用户提供有形“产品”，认为服务是一项额外的任务	海尔：无搬运服务
附加服务阶段	提供“产品+服务”：产品为主、服务为辅	三星电子：Smart TV APP
增值服务阶段	提供“产品+服务包”	通用电气公司：价值链延伸服务
一体化服务阶段	提供整体解决方案	思科系统公司：提供主要解决方案产品
高端服务阶段	将制造环节外包，专注高端服务发展	杭州娃哈哈：将水的生产环节外包

一、提供“产品”的微弱服务阶段

在提供“产品”的微弱服务阶段，制造业企业主要的工作是为用户提供有形的产品。在此阶段，制造业企业把服务当作一项额外的任务，没有认识到服务能给企业带来的好处，认为增加服务会提高制造业企业的成本。这一时期，由于制造业企业在之前没有提供无形服务的经验，比较担心用户不满意为其提供的服务，所以企业比较关注的问题是如何为用户生产出更高质量的产品①。

实施提供“产品”的微弱服务，还需要有高质量的“拳头产品”，能够在行业内占据优势地位。比如，一谈到“最安全的汽车”就会想到沃尔沃，一谈到“最聪明的风机”就会想到远景能源，一谈到“最先进的芯片”就会想到大普②。差异化产品优势能够助力制造业企业构建行业竞争壁垒，形成稳定的客户黏性。如果在此基础上，制造业企业进一步对产品提供附加的增值服务，就很容易被用户所信任和接受，也有利于吸引其他利益相关方与制造业企业联合进行价值共创，从而避免了与竞争对手的直接竞争。

二、提供“产品+服务”的附加服务阶段

在服务化升级转型的第二阶段，制造业企业为用户提供“产品+服务”的附加服务。在这一模式中：产品为主、服务为辅，通过提供附加服务，提高产品的质量，并开始注重服务的差异化。在这一阶段，制造业企业生产的产品所包含的知识和技术不断提升，从而对第三方服务公司的专业和技术提出更高的要求，甚至可能因为各种限制，导致用户的服务需求无法得到满足。同时，用户开始对服务产生需求，希望制造业企业能够提供更多与产品相关的服务。在这种情况下，制造业企业开始为用户提供各种知识和技术含量较高的服务，并尝试对此附加服务进行额外收费，让服务成为制造业企业的一个重要利润来源。

制造业企业通过为用户提供更加可靠的产品相关服务，还可以增加产品的差异化，为企业自身赢得更大的竞争优势。在此阶段，生产和销售有形的产品仍然是制造业企业的主营业务，为用户提供的无形服务被当作有形产品的附属品，本身并没有价值，只是产品的一种延伸。一些具有核心技术和专业优势的制造业企业，可以在主营产品的基础上发展各种专业化

① 郭家堂. 制造业服务化：兴起、演化与路径选择[J]. 上海管理科学，2021，43(5)：51-54.

② 李天柱，刘小琴，李潇潇. 对当前“制造业服务化”研究的若干理论辨析［J］. 中国科技论坛，2018（6）：75-82.

的服务，如产品咨询、研发设计、检验检测、物流配送、信贷金融、电商平台等。制造业企业通过对基础产品提供附加服务，来提升产品的价值和核心竞争力。

三、提供“产品+服务包”的增值服务阶段

在服务升级的第三阶段，制造业企业主要依靠提升服务质量和增加服务类型为用户提供“产品+服务包”的增值服务。这种“服务包”主要是把“有形的产品”和“无形的服务”进行打包，其内容主要包括：有形产品、专业知识、技术支持、用户服务等。在这一阶段，越来越多的制造业企业意识到服务对制造业发展的重要意义。由于服务在此阶段也可以被定价销售，制造业企业纷纷在有形产品的基础上增加服务的功能，以实现产品的增值，并意图通过生产差异化的产品提高企业本身在市场竞争中的优势地位。比如，海尔公司根据用户的个性化需求，构建了“U+”智慧家居云平台，建立了“用户为中心”的商业模式，搭建了“OSO 顺逛社群交互平台”，开创了“众创汇”智家定制，为用户提供个性化定制服务，顺利实现“以产品为中心的生产型制造”到“以用户为中心的服务型制造”的跨越。

通过提供“产品+服务包”的增值服务，制造业企业进入服务化改革的深层次阶段，服务的内涵也变得更加丰富，从普通的物流运输、产品安装、日常维修、售后维护等服务，发展到复杂的产品使用监控、设备租赁、信贷金融、保险服务等专业服务模式和新型制造服务业态。在此阶段，产品和服务包组成一个联合体，但是产品的所有权不一定发生转让和交易。比如，在融资租赁服务中，产品的所有权仍然属于制造业企业，用户通过融资租赁只获得了使用产品的权利。

四、提供整体解决方案的一体化服务阶段

随着科技的进步与迅速发展，在服务升级转型的第四阶段，用户的个性化需求日益增强，制造业企业所面临的市场竞争也日益激烈。此时，单一产品供给很难满足用户的需求，制造业企业需要为用户提供服务内容丰富的成套产品及服务①。企业关注的重心也不再是为用户提供怎样的产品

---

① 林风霞，刘仁庆．中国制造业服务化的模式选择与对策研究［J］．中州学刊，2017，251（11）：31-36.

和服务，而是如何为用户解决现存的或者潜在的问题。服务虽然依托产品而存在，但产品却只是服务的一种附属品，服务成为企业的核心竞争力。制造业企业的价值源泉是在基础产品上衍生出来的高附加值服务的集合，带有典型的定制性，制造业企业本身也在此阶段实现了从“产品制造商”到“方案提供商”的跨越，从而推动了制造业企业的发展转型，开始由“产品供应商”转向“综合性问题解决服务商”。

营销专家格罗鲁斯曾经提出，了解所有的利益相关方（供应商、分销商、终端用户、消费者）价值的内生过程，并以此为基础，向它们提供一整套服务，促进整个系统的价值形成，是企业成功获取竞争优势的关键①。制造业企业通过全面系统深入地了解用户需求，并充分利用各种优势资源，为用户提供最优的解决方案。制造业企业可以在牢牢掌握企业核心关键技术的基础上，把一些非核心环节的生产环节外包，并通过对上、下游企业进行整合，控制整个产业链的关键环节，配套发展产业链所需的各种服务；通过各个利益相关方之间的专业化协作，整合各类社会优质资源，积极建设和完善产业链协作网络，打破企业之间的“围墙”，在整个产业链的上、下游建立一种战略合作伙伴关系，打造集研发、咨询、规划、设计、生产、销售、检测、维修、售后、回收于一体的全产业链服务，全方位拓展企业的一体化解决问题的能力。

五、制造环节外包专注发展的高端服务阶段

随着经济全球化和国际分工的发展，整个制造行业的分工也越来越专业化和精细化，单个制造业企业已经无法独立完成整个产品开发和生产的全过程。在制造业企业内部开始进行体制和生产方式的改革，企业也更加关注自身的优势资源，通过重新细分整个产业链上的研发设计、产品加工、供应链管理、商业运营、售后服务等环节，重点发展具有核心竞争力的生产制造业务环节，将一些非核心的业务环节通过外包的形式剥离出去②。

在服务升级转型的前几个阶段，制造业企业都会向用户提供实体产

---

① 邵安菊. 上海装备制造企业服务化转型的路径与对策研究［J］. 经济体制改革，2014，187（4）：110-114.

② 白玉芹. 河北省制造业服务化转型的路径与对策研究［J］. 产业与科技论坛，2018，17（1）：15-16.

品，通过用户对产品的使用实现产品的功能。而在服务升级转型的第五个阶段，企业将制造环节外包，专注发展高端服务，由“卖产品”转向“卖功能”，走上了“服务产品化路线”。在此阶段，制造业企业摒弃了原有的生产制造业务，并根据以往提供服务活动所获得的经验，再借助自身的专业技术知识，以及长期积累下来的资源能力优势，在价值链的高端对服务进行产品化创新，为用户和其他利益相关方提供关键业务问题的专业服务，成为问题解决方案的提供商①。但是，将制造环节外包专注发展高端服务，需要制造业企业在战略层面进行大规模的调整和变革，因此会带来比较大的转型风险，只有掌握了产业链上的核心技术或者拥有成熟的服务基础的行业领军企业，才适合应用此战略进行服务化转型发展。

第二节　实现制造业服务化的价值共创

从价值共创和价值实现的角度来看，制造业服务化就是一个动态创造服务价值的活动。服务价值是由制造业企业、用户与合作伙伴共同创造的，它的实现是一个连续渐进的过程。

一、服务价值共创框架

在服务价值共创框架中，用户泛指所有的顾客，包括组织团体和消费者个人；合作伙伴泛指所有的利益相关方，主要是指供应商等合作企业，它们与制造业企业协同生产，提升制造产品的各种性能，最终满足用户的个性化需求。

在基于价值共创的服务价值共创框架中，制造业企业与用户和合作伙伴通过构建一个价值网络，共同创造服务价值，让参与服务化活动的各方都能够获得和分享所创造的服务价值②。通过价值共创，制造业企业、用户与合作伙伴三个利益主体分别获得企业价值、顾客价值及合作者价值，如图 8-2 所示。

---

① 张青山，逯晓宇，徐伟. 制造业服务化转型：挑战、路径与对策［J］. 沈阳工业大学学报（社会科学版），2014，7（3）：237-244.

② 高素英，陈雨婷，马晓辉. 价值共创视角下制造业服务化企业服务价值实现路径研究［J］. 财经理论研究，2022（5）：65-76.

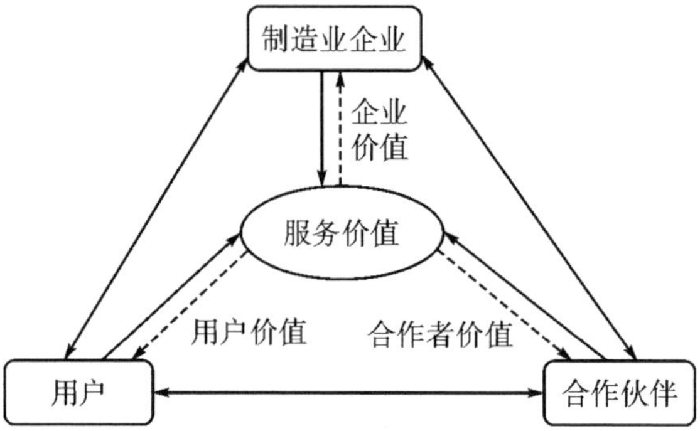

图 8-2 基于价值共创的服务价值共创框架

二、服务价值实现路径

在制造业服务化的进程中，制造业企业、用户与合作伙伴三个利益主体通过服务价值共创，提升整个系统的服务价值，这一过程可以用因果关系图进行描述①。在服务价值实现的因果关系图中，服务质量是一个前因变量，用户满意度、用户推荐率、用户认可度是结果变量。在服务价值的创造、传递和实现过程中，可以把相关变量和影响因素通过因果关系描述，连接成一条或多条反映因果回路的路径，直观有效地展示变量之间的关系。具体来说，在制造业服务化价值共创过程中，整个系统的服务价值的实现有六个路径（见图 8-3）：以“用户价值”为媒介提升“服务价值”、以“企业价值”为媒介提升“服务价值”、以“品牌价值”为媒介提升“服务价值”、以“运作效率”为媒介提升“服务价值”、以“合作者价值”为媒介提升“服务价值”、以“政府补贴”为媒介提升“服务价值”。

① 李潇潇. 制造业服务化的模式及其演进 [D]. 鞍山：辽宁科技大学，2018.

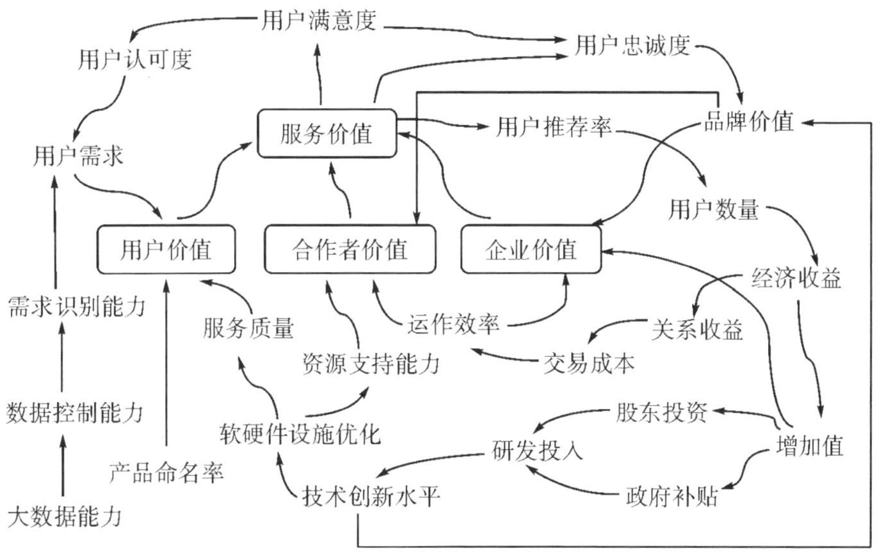

图 8-3 基于价值共创的服务价值实现路径

（一）路径一：以“用户价值”为媒介提升“服务价值”

该路径从“服务价值”→“用户满意度”→“用户认可度”→“用户需求”→“用户价值”→“服务价值”，通过提升企业服务价值，让顾客对企业的产品和服务满意，从而提高用户的满意度；只有用户的需求能够得到满足，用户才能认可企业提供的产品和服务，进而提高用户认可度；用户满意度和认可度的提升，会进一步提升其对产品和服务的期望，产生更高的用户需求；用户需求的提升，促使用户主动参与产品研发设计和产品生产流程，从而实现用户价值；用户价值是用户参与服务化活动的劳动所得，用户价值的提升可以进一步提升服务价值，由此进入一个良性循环。在这个路径中，“用户”是关键因素，用户可以凭借自身优势，发挥主观能动性，创造符合自身需求的个性化使用价值，加入价值共创体系。随着科技的进步和发展，企业的大数据处理能力和数据控制能力增强，也加大了对用户需求的识别力度，从而可以更好地满足用户需求。用户还可以将自身的消费体验通过各种渠道进行分享，吸引潜在的目标用户，并引领他们参与制造业服务化的全过程，进而创造全新的用户价值，开启新一轮价值共创。

（二）路径二：以“企业价值”为媒介提升“服务价值”

该路径从“服务价值”→“用户推荐率”→“用户数量”→“经济收益”→“增加值”→“企业价值”→“服务价值”，通过服务价值的提升，增强用户向其他人推荐产品的意愿，从而提高用户推荐率；用户推荐率的提升，会吸引更多的消费者购买产品和服务，从而增加用户数量；用户数量的提升，可以为企业带来更多的经济收益，从而提高股东和员工的收益，如股息、分红、工资等。这些由不同的利益相关者创造的增加值对企业价值有重要的影响，是企业生产的目标，会促进企业在组织设计、员工管理、战略发展等方面的服务化转型。由此，企业会有针对性地组织各个部门，建立服务小组，了解并回应用户的需求，培养员工的服务意识。通过这个路径，企业在为更多用户提供优质服务的同时，还提升了企业价值和服务价值。

（三）路径三：以“品牌价值”为媒介提升“服务价值”

该路径从“服务价值”→“用户满意度”→“用户忠诚度”→“品牌价值”→“企业价值”→“服务价值”，通过服务价值的提升，可以提高用户的满意度，如果用户对企业的产品及服务表示满意，并愿意重复购买企业产品和服务，则会进一步提升用户的忠诚度；用户对企业产品和服务表示认可，并成为企业的忠诚用户，将促进企业品牌价值的形成；品牌价值是企业的无形资产，能够反映企业的竞争优势，扩大企业的市场影响力，并促进企业价值的提升；企业价值提升之后，各个部门协同配合，有针对性地给用户提供更加精细化和个性化的服务，进一步提升服务价值。在这个路径中，“品牌价值”是关键，它代表了用户对企业产品和服务质量的认可，是一种感知价值。企业在与用户及其他利益相关者的互动过程中，会逐渐形成和创造品牌价值。随着用户忠诚度的提高，企业的品牌价值能够迅速有效地传播，进而促进企业价值和服务价值的提升。

（四）路径四：以“运作效率”为媒介提升“服务价值”

该路径从“服务价值”→“用户推荐率”→“用户数量”→“经济收益”→“关系收益”→“交易成本”→“运作效率”→“企业和合作者价值”→“服务价值”。该路径与路径二的前半部分是类似的，提高服务价值，让用户能够主动帮助企业对产品和服务进行宣传和推广；通过口碑传播增加的用户群体，又为企业带来更多的经济收益；在这个过程中，合作者从中得到关系收益，增强企业和合作者之间的信任，使得双方的合作更加密切。企业与合作者之间的紧密合作，不仅使得交易成本降低，还促进了运作效率的提高，进而让企业和合作者获得更多的价值增值。这一路径顺利运行的关键，在于企业能够有效地制定并实施一系列支持用户的业务流程，并把与企业经济活动相关的各组资源都用于实际业务的发展，在企业、用户、合作者之间建立紧密无间的密切合作，从而扩大企业的行业影响力，提高相关利益方相互合作的舒适度，增强企业的整体运作效率，最终实现服务价值的增值。

（五）路径五：以“合作者价值”为媒介提升“服务价值”

该路径从“服务价值”→“用户推荐率”→“用户数量”→“经济收益”→“增加值”→“股东投资”→“研发投入”→“技术创新水平”→“软件和硬件设施优化”→“资源支持能力”→“合作者价值”→“服务价值”。该路径与路径四一样，都是在路径二的基础上演化升级，通过提高服务价值，让用户主动对企业的产品和服务进行正面推荐，吸引更多的用户购买，提高用户推荐率和用户数量，进而提高企业的经济收益和增加值。路径五与路径四的区别在于：路径五认为，维持用户群体的稳定可以增强制造业企业来自各方的资源支持，从而促进企业和其他利益相关方的长期合作，并且双方合作意愿会伴随资源支持能力的增长而提升。随着股东投资的增加，企业在技术研发方面的投入随之增长，有利于促进企业技术水平的创新和提升，进而促进制造业企业的软件与硬件设施优化，进一步提升资源支持能力，最终促进合作者价值的提高。合作者如果获得价值增值，可以促进其与企业加强沟通交流，促进双方的协调合作，提高服务的效率与质量，确保创造出高效的服务价值。

（六）路径六：以“政府补贴”为媒介提升“服务价值”

该路径从“服务价值”→“用户推荐率”→“用户数量”→“经济收益”→“增加值”→“政府补贴”→“研发投入”→“技术创新水平”→“软件和硬件设施优化”→“服务质量”→“用户价值”→“服务价值”。该路径与路径五在前半部分的循环基本相同，都是通过服务价值的提升，促进用户推荐率和用户数量的增长，进而提高企业的经济收益和增加值。但与路径五不同的是，路径六认为，企业增加值的提高，会让政府的所得额同步增加，从而促进政府主动对制造业企业进行补贴。当企业得到政府的额外补贴时，其主动研发的意愿更加强烈，政府补贴也让企业能够有充足的资本实力进行研发设计活动，由此带来软件与硬件设施的完善及优化，并能够为用户提供更高质量的商品和服务，提升品牌价值，实现用户的价值诉求，最终促进服务价值的进一步增值与提升。在这一路径中，政府补贴是促进服务价值升级的一个关键因素，服务价值增加会促进企业增加值的提升，从而使政府补贴意愿增强，企业更愿意进行技术创新，提高产品及服务质量，进一步提升用户体验与服务价值。

第三节　延伸制造业服务化的产业链条

从价值链层面来看，制造业服务化表现为：制造业企业的核心价值创造，由产业链中间附加值较低的生产加工环节转向“微笑曲线”两端附加值较高的服务环节，最大限度地实现价值增值。从全球价值链分工来看，中国大多数的制造行业还处在国际分工的末端，位于价值链的低端环节，制造业与服务业还未形成很好的关联，制造业服务化水平也比较低。制造业企业可以在产业链的上游和下游不断攀升，从价值链层面拓展制造业服务化内容，提升中国制造业的国际竞争力以及在国际产业分工中的地位，促使整个制造行业在国际市场获得更大的发展空间。

从价值链攀升的角度来看，制造业企业的价值链主要包括：上游的产品研发设计和零部件采购环节，中游的产品生产与制造环节，下游的产品销售与售后服务环节①。价值链层面制造业服务化的路径主要分为五条：下游产业链服务化（产出服务化），上游产业链服务化（投入服务化），同时拓展产业链的上、下游（投入和产出服务化），“完全去制造化”，产业链国际化发展。但并不是所有的制造业企业都必须进行服务化转型，也不能不切实际地盲目追求服务化。制造业企业应该根据自身的资源优势，准确定位适合企业发展的服务化路径，具体如表 8-2 所示。

---

① 郭家堂. 制造业服务化：兴起、演化与路径选择[J]. 上海管理科学，2021，43(5)：51-54.

表 8-2　价值链层面制造业企业服务化路径选择

可选择的路径	路径特征	对企业的要求	适合的企业	服务化阶段
下游产业链服务化	增加产业链下游的投入，产出服务化，以产品为导向	最低	有服务化需求但缺乏服务化经验	初级
上游产业链服务化	增加产业链上游的投入，投入服务化，以技术研发为导向	比较低	希望通过技术积累实现服务化	中级
同时拓展产业链的上、下游	同时增加产业链上游和下游的投入，投入和产出同时服务化	比较高	具有一定创新能力和竞争力的大型制造业企业	高级
“完全去制造化”	同时增加产业链上游和下游的投入，完全退出低附加值的制造领域	比较高	掌握尖端技术位于行业领先地位的大型制造业企业	较高级
产业链国际化发展	扩大产品国际市场规模，增强产品竞争力	最高	具有国际竞争力的大型跨国企业	最高级

根据波特（1985）的价值链理论，制造业企业的价值链包括产品的研发设计、零部件的购买、产品生产制造、销售与服务等环节。与中游的生产制造环节相比，在产业链上游的研发设计和产业链下游的销售服务，能够在整个生产制造过程中创造出更高的附加值，是制造业企业主要的价值源泉①。通过制造业服务化，掌握和控制高端产业链，可以提升制造业企业的盈利能力，增强制造业企业的国际竞争力。制造业服务化的本质，就是制造业企业价值链的延伸和发展，我们可以从价值链攀升的角度，结合服务化过程中制造业企业价值链的延伸，探讨制造业服务化的路径（见图 8-4）。

① 郭家堂. 制造业服务化：兴起、演化与路径选择[J]. 上海管理科学，2021，43(5)：51-54.

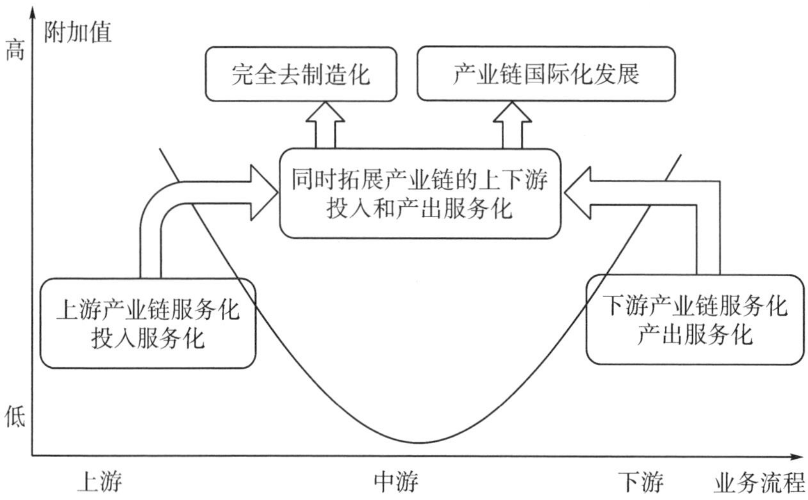

图 8-4　基于价值链攀升的产业链延伸路径

一、下游产业链服务化：产出服务化

20 世纪 90 年代后期，在经济全球化的冲击下，制造业企业的各种资源要素成本上升，再加上生态环境的约束加码，企业生存发展的压力剧增。此时，制造业企业的利润开始向下游的服务和融资活动转移，下游产业链服务化成为制造业企业的发展共识。

下游产业链服务化是指制造业企业在业务拓展方面，通过向产业链下游的服务环节进行延伸，在产品的品牌管理、市场营销、售后服务等延伸价值环节，提高制造业企业的参与程度和参与方式，改变自己在整个价值链中的地位，最终完成产出服务化①。在产出服务化路径中，制造业企业发展的重点是为有形产品提供相关服务，主要是通过创新营销方式、提升品牌效应、完善售后服务等提升用户的消费体验，完成制造业企业在价值链地位方面的转变。

下游产业链服务化是基于制造业企业产品服务系统发展的一个产品导向方式，主要是从制造业产品入手，增加产品的附加服务。下游产业链服务化对制造业企业的生产能力、要素资源、组织方式等要求都比较低，可操作性比较强，服务化发展带来的风险也较小，比较容易实现。因此，这

① 解季非. 制造业服务化：演进机理、效率与路径选择［D］. 天津：天津大学，2019.

一路径进入门槛相对较低，企业即使没有任何服务化的经验，也可以尝试进行制造业服务化转型。企业主要以产品为核心，注重产品的品牌管理和运营，通过对有形产品附加更完善优质的服务，提升产品功能和质量。在提供高质量有形产品的基础上，企业通过引入体验式的营销方式，为用户提供多元化的售后服务，让用户得到更好的营销体验和更加周到细致的服务。下游产业链服务化能够扩大产品的品牌影响力，提高用户的忠诚度，提升企业的盈利能力，扩大其获利空间，比较适合当前发展中国家制造业服务化的发展。

二、上游产业链服务化：投入服务化

上游产业链服务化是指制造业企业为了给用户提供一套整体解决方案，从研发、规划、设计等环节入手，向产业链上游的服务环节进行延伸，以此提高自己在整个价值链中的地位，最终实现投入方面的服务化。通过上游产业链服务化这一学习路径，制造业企业可以通过对研发创意、设计规划等上游环节进行干预，提高企业在研发与设计方面的核心竞争力，打造制造业企业独特的竞争优势，实现制造业向服务化的转型。特别是科研投入的数量，能够衡量企业的潜在发展能力：如果企业的科研投入在销售收入中的占比不足3%，会导致企业失去发展的动力，很难在激烈的市场竞争中存活下来；如果企业的科研投入在销售收入中的占比在3%~5%，企业虽然能够在市场中存活，但由于企业的创新能力不足，一旦遇到市场环境的变化或者发生经济危机，企业就很难继续生存；如果企业的科研投入在销售收入中的占比在5%以上，企业就有了继续发展的动力源泉，才有机会在激烈的市场竞争中占据一席之地[①]。

通过上游产业链服务化，制造业企业不仅可以利用差异化的产品优势，提高本企业在国际市场竞争中的优势地位，为用户提供研发、设计、营销、物流等增值服务，还可以为其他关联企业提供咨询服务，从而进一步提升本企业服务化的技术保障，最终实现更高水平的服务化。因此，投入服务化这一路径比较适用于当前还没有开始服务化但有服务化意愿，并具有一定技术创新能力的制造业企业，这些企业可以通过技术创新，增强自身的竞争优势，并不断提升企业的核心竞争力。但是，这条路径有一定

① 简兆权，伍卓深．制造业服务化的路径选择研究：基于微笑曲线理论的观点［J］．科学学与科学技术管理，2011，32（12）：137-143.

的进入门槛，要求制造业企业属于高技术行业，有充裕的研发与创新资金，有专业的高级服务人才，同时还要具备相关的知识储备和机器设备，并具备一定的风险承担能力，能够应对研发设计不成功带来的各种风险。除此之外，还对企业服务的转移提出了更高的要求，能够将企业内部的服务能力向企业外部进行转移和输出，能把现有的研发设计能力运用到企业的附加服务方面，提升服务的质量。

三、同时拓展产业链的上、下游：投入和产出服务化

制造业同时发展投入服务化和产出服务化，对价值链的上游和下游进行拓展，实现更加全面的服务化。同时，拓展产业链的上、下游，在提供生产性服务的同时提升产品的产出服务，是上游产业链服务化和下游产业链服务化的融合与延伸①。这种方式是制造业服务化的高级模式，能够提供更加完善的服务，也会促进制造业企业在战略安排、组织机构、管理制度等方面的巨大变革。

从“微笑曲线”所有环节的附加值来看，价值链上游的研发设计和下游的销售服务环节远远高于中间的生产制造环节，因此推动价值链向“微笑曲线”两端攀升，可以实现制造业企业的增值。对于大中型核心制造业企业和“专、精、特、新”科技型制造业企业，可以向价值链上游的研发设计等环节攀升，或者向价值链下游的服务业务拓展，发展营销与品牌推广、故障诊断与检测维护、在线商店与远程咨询等服务。具备核心技术和先进人力资本等资源优势的制造业企业，可以发展工业设计服务、科技成果推广等专业化的生产增值服务，还可以为其他企业提供信息软件、技术咨询等服务②。

制造业企业在同时拓展产业链的上、下游时，还应该通过组织架构的优化调整，厘清各个部门内部和部门之间的权责关系，理顺各个部门的业务流程并制定标准化的规定。在整个制造业产业链中，所有部门都应把“下游部门（下道工序）”当作自己的内部用户，本着服务用户的理念，

① HU BIN，WANG HUAN XIN，YANG KUN. A new generation of information technology and manufacturing integration：an integration framework from the perspective of“T-O-V”[J]. Shanghai management science，2020（5）：87-94.

② 李飞，丁唯佳. 辽宁省制造业服务化转型研究［J］. 渤海大学学报（哲学社会科学版），2019，41（4）：94-98.

为其提供满意的产品和服务。当然，得到“上游部门（上道工序）”的良好服务，也是每个部门可以享受到的权利。如果企业的所有部门都能为自己的下游部门提供更优质的服务，整个产业链就能对用户的需求做出快速响应；同时，还可以通过发展信息共享平台，整合各个部门的业务流程，促进不同流程之间的对口衔接，提升部门之间服务流动的速度，促进各个部门的高效协同，提高企业对用户需求的快速响应能力，最终提高用户的满意度。

在服务化的这一转型路径中，制造业企业向“微笑曲线”两端攀升，同时拓展产业链的上、下游。在投入服务化方面，制造业企业通过对专业人才的管理，加大企业的研发力度，促进企业在产品技术方面不断进行自主创新；在产出服务化方面，制定和完善产品营销策略，积极塑造产品品牌并加强对品牌的管理，为用户提供优质的产品维护与保养等售后服务。在这一路径中，由于投入和产出都发生了全面的服务化，这就要求制造业企业在管理结构、组织模式、中心业务、企业文化、市场关系等方面进行全面的转型发展。由此可见，这一路径的风险程度比前两个路径要高得多，这要求制造业企业不仅能够全面掌控整条产业链的上、下游环节，还要有能力承担全面转型面临的风险。只有达到规模经济发展要求，并且自身资源非常富足，市场竞争能力比较强的大型制造业企业，才适合选择同时拓展产业链的上、下游这一路径。

四、“完全去制造化”

“完全去制造化”是在“同时拓展产业链的上、下游”这一路径基础上的进一步演化和发展。在“完全去制造化”这一路径中，制造业企业已经完全退出了这些附加值比较低的生产制造环节，主要在附加值比较高的上游和下游产业链环节提供服务。“完全去制造化”要求企业对整个产业链有一定的掌控能力，并且在上游和下游产业链的服务环节具有比较强的市场竞争力，才有能力把附加值比较低的制造环节完全分离或者外包。

由于在制造业服务化过程中制造业和服务业的融合度越来越高，产业分工更加精细，价值增值环节延伸向整个价值链，研发设计、供应链管理、营销售后等服务环节在整个增值中所占的比重不断增加。一些大型制造业企业着重优化自身的全产业链布局，只保留自身的核心制造业务，一些非核心的制造业务则被外包给第三方企业。这些企业依赖自身的专业与技术优势，整合上游与下游资源，在产业链两端延伸发展，创新产品服务体系，建立产业协同的运作方式，打造引领行业发展的创新生态体系。

在“完全去制造化”的这一制造业服务化路径上，耐克和美特斯邦威两个企业比较具有代表性。它们没有下属生产企业，只是掌控产业链两端的高附加值环节，主要包括：产业链上游的“研发设计环节”和产业链下游的“品牌管理和销售服务”。附加值比较低的生产加工环节被外包给其他生产厂商，企业本身自始至终都没有从事过实际的生产，所以从严格意义上讲，它们已经不能算作制造业企业。

通过该路径实现“完全去制造化”的企业，在企业的战略布局、组织机构、生产流程、服务方式等方面，都必须进行根本的变革，并要求企业重新塑造知识技术领域的核心竞争能力。如果遵循“完全去制造化”的路径进行服务化转型，企业则需要掌握整个产业链上的高技术环节，把握产业链的整体运作，当然也会面临高难度的改革风险，因此这一路径的进入门槛也是最高的。但随着制造业企业对产业链上高技术环节的掌控，在未来的市场竞争中，这一路径将具有很大的发展潜力。

第四节　打造制造业服务化的共生平台

随着社会分工的深化和专业化程度的进一步提高，出现了产业平行发展的两个新趋势：一个是制造业服务化发展；另一个是服务业制造化发展。如果说“制造业服务化”的研究逻辑，就是将制造业融入服务业；那么，“服务业制造化”的研究逻辑，就是将服务业融入制造业。服务业制造化就是将生产性服务业通过时间和空间两个维度嵌入制造业，促进制造业升级与重塑；同时，通过与用户和产品供应商建立紧密的关系，为用户提供“产品+服务”的解决方案①。

制造业企业可以从产业共生理论的角度，打造“制造业服务化”与“服务业制造化”融合发展的共生平台。这个产业共生平台要以价值共创为导向，以共生理论为基础，强调个体之间的社会依存关系，在这个系统中人们可以直接或间接地获得支持其生存发展的利益。共生理论是产业共

① 王学娟，辛本禄．创新生态系统视角下制造业服务化与服务业制造化融合研究［J］．企业经济，2022，41（11）：114-122.

生平台的理论基础，从协同发展的角度来看，集群企业通过共生发展，可以降低集群外部的市场交易成本和集群内部的管理控制成本，进而提高整个企业集群的整体竞争能力；从纵向延伸的角度来看，通过技术共生，可以促进技术与环境之间的动态协调；从组织模式的角度来看，共生的行为模式大多表现为非对称的互惠共生模式。

产业共生平台遵循互补合作的社会法则，强调集群企业通过资源交换进行价值共创，实现单个企业无法创造的价值。在产业共生平台中，制造业企业需要借助信息技术的发展，通过市场和政府多方面的协调，以促进“制造业服务化”和“服务业制造化”的“双化融合”发展。具体来看，“双化”融合的产业共生平台路径如图 8-5 所示。

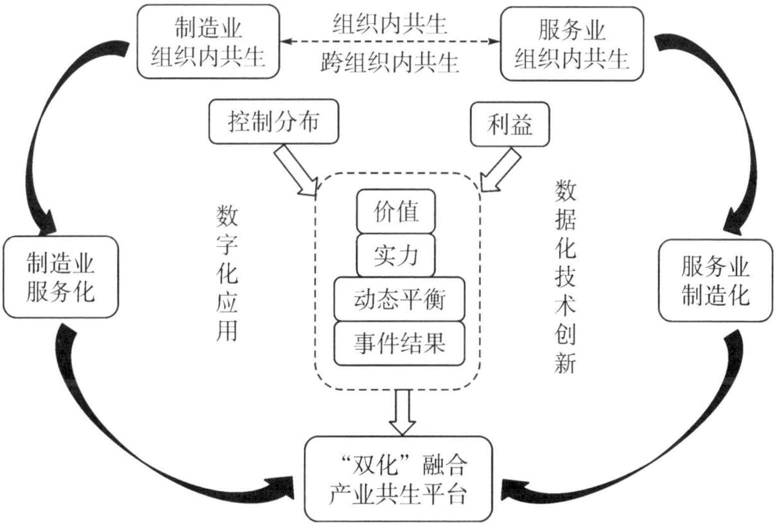

图 8-5　“双化”融合的产业共生平台路径

一、“制造业服务化”和“服务业制造化”互动融合

在基于共生理论的产业共生平台路径中，“制造业服务化”和“服务业制造化”不断进行融合发展。如果从战略管理的角度对“制造业服务化”和“服务业制造化”进行比较，不难发现，两者的逻辑起点不同：“制造业服务化”强调通过科技进步带动制造业的数字化发展，驱动产品的层次提升，以此降低制造业企业的成本，比较注重制定标准化的顾客服务理念，降低影响服务传导的不可控制因素；“服务业制造化”则希望通

过技术创新和数据化，生产有差异的制造产品，从而形成差别化的市场竞争，比较注重对无形的服务制定有形的标准，或者通过产品定制降低风险。

根据“制造业服务化”和“服务业制造化”的逻辑起点，从共生理论的角度，将两者的融合发展过程进行分类，可以分为五个阶段，如表8-3所示。

表8-3　“制造业服务化”和“服务业制造化”的融合阶段

发展阶段	特征	共生行为	共生模式
第一阶段	大多数服务活动被认定是非生产性的，处于服务质疑时期	寄生	点共生模式
第二阶段	这一时期强调服务的广泛度，处于服务泛化时期	共生	间歇共生模式
第三阶段	强调服务业的结构属性，处于第三产业发展时期	共生	连续共生模式
第四阶段	重视服务在经济社会中的重要作用，处于服务经济发展时期	非对称互惠共生	连续共生模式
第五阶段	制造活动与服务活动相互渗透、相互融合，两者的边界逐渐模糊，处于产业融合发展时期	对称互惠共生	一体化共生模式

在产业共生平台“制造业服务化”和“服务业制造化”融合发展过程中，在两者共生单元以外，还有一些其他的影响因素，它们一起构成了产业共生平台的共生环境，如市场环境和政策环境等。共生环境还可以从主要环境与次要环境的角度来划分，在不同的发展阶段，政策导向也会有所差异。

二、“制造业服务化”和“服务业制造化”共生发展

从产业共生的视角，对产业共生平台中“制造业服务化”和“服务业制造化”的融合发展进行内共生分析，可以厘清两者融合发展的内在逻辑，主要包括三种内共生交互情况：①制造业企业和服务业企业在组织间存在共生；②制造业企业或服务业企业在各自的组织内存在共生；③制造业企业的员工与服务业企业的员工进行跨组织内共生。

这些不同的内共生方式决定了共生单元在共生过程中的方式和强度，也让“制造业服务化”和“服务业制造化”的共生发展在行为模式和组织

模式等方面表现出不同的特征。首先，从影响和决定共生单元内在性质的影响因素来看，主要是能够反映出共生单元个体差异的一些因素，要求在一定程度上存在共性的基础，但又还没有产生从个体到一般的显著变化。比如，个人的知识水平、工作经验、努力程度等因素只能代表员工的个体水平，并不能代表整个企业的集体水平。其次，从影响和决定共生单元外部性质的影响因素来看，必须是一些能够反映企业组织特征和企业法人的因素，一般是能够从企业层面表现出的特征。比如，企业员工的平均年龄和学历水平、企业的文化和品牌、企业的资产和市场竞争能力、企业的市场份额和竞争优势、企业绩效和盈利水平等。

三、“制造业服务化”和“服务业制造化”聚合演化

我们还可以从社会理论的角度对产业共生平台中“制造业服务化”和“服务业制造化”的演化在内部进行系统行为的比较，可以用组成系统的个体、群体、制度、组织等行为，解释产业共生平台的聚合演化。这种方法主要是将产业共生平台的宏观层面活动延伸到更宏观的层面进行分析，研究在具体的制造业活动和服务业活动中，法人行为（企业活动）和员工行为（个体活动）对“制造业服务化”和“服务业制造化”的重要作用。

从组织结构来看，其主要是企业法人和其他利益相关者之间组成的各种关系，并以此作为产业共生平台分析的基础，研究行动者（制造业企业和服务业企业）、资源（事件）和法规（系统运行的行为准则和制度规范），并通过法规明确规定各类资源在行动者之间是如何进行分配的。

“制造业服务化”和“服务业制造化”融合发展的节点，主要包括：价值、实力、动态平衡、事件结果。从价值节点来看，价值主要来源于行动者的利益偏好，而行动者与资源（事件）的关系会影响资源的控制分布，并促进行动者直接的利益交换。一般情况下，某个主要行动者（制造业企业和服务业企业）对满足利益偏好的所有资源并不能完全掌控，很多资源都是被其他行动者所掌控。所以，在各个行动者之间会产生资源控制权的交换，或者通过交换资源的使用权来满足行动者长期（或短期）的利益偏好，进而获取价值。行动者的实力主要取决于有价值的资源（事件），而具有高附加值的资源（事件）又取决于其他行动者在这个资源（事件）中所获得的利益和偏好的满足程度。具有高附加值的价值资源（事件活动）与产业共生平台的相互作用形成一个相对的动态平衡，这个动态平衡

要求满足组织内的共生、组织间的共生以及跨组织内共生三个目标。最后的事件结果，是通过动态平衡的演进，促进“制造业服务化”和“服务业制造化”融合发展。“制造业服务化”和“服务业制造化”融合发展的节点见表8-4。

表8-4　“制造业服务化”和“服务业制造化”融合发展的节点

主要节点	内容及特征
价值	行动者的利益偏好以及行动者与资源（事件）的关系会影响资源的控制分布
实力	取决于有价值的资源（事件），以及行动者所获得的利益和偏好的满足程度
动态平衡	高附加值的价值资源（事件活动）与产业共生平台的相互作用形成一个相对的动态平衡
事件结果	“制造业服务化”和“服务业制造化”融合发展

如果某个行动者（制造业企业和服务业企业）所需要的高附加值的资源（事件）被其他企业所掌控，而它认为具有低附加值的资源（事件）又能让其他企业获得比较高的附加值，行动者和其他企业之间就会进行社会互动，通过交换对这些具有附加值的资源（事件）进行重新配置，进而产生更高的附加值，驱动制造业高质量发展。

四、“制造业服务化”和“服务业制造化”拓展实践

生产性服务业向制造业拓展，通过优势的服务来引导和控制企业生产和市场发展的方向，进而带动整个制造业的发展。从现实发展来看，“制造业服务化”和“服务业制造化”拓展实践可以分为三种模式：一是以创新服务模式引导制造业发展；二是以创建产品品牌引导制造业发展；三是以搭建销售平台引导制造业发展。

（一）以创新服务模式引导制造业发展

生产性服务业借助先进的信息技术更新企业现有的管理理念，通过全集成、总承包、总代理的服务模式，引导与促进制造业企业发展。其中，全集成的服务模式主要是指建立一批公共技术的服务平台，通过平台整合服务功能，为制造业企业提供高效便捷的服务，促进制造集群的发展；总承包的服务模式是指服务企业通过用户整体方案定制，在对用户进行产品销售的同时，对用户提供相关服务，从而扩大销售，获得增值服务；总代

理的服务模式是指服务企业为用户提供全产业链、全部业务的代理形式，主要为小微制造业企业服务，以推动其业务发展。

（二）以创建产品品牌引导制造业发展

品牌一旦建立，便具有巨大的无形价值，它能够帮助制造业企业树立良好的社会形象，有利于消费者对企业的产品进行识别，激发消费者潜在的购买欲望，进而提高企业的盈利能力。生产性服务企业可以通过创建产品品牌引导并促进制造业发展，如打造强势品牌、建立产品标准、建立品牌联盟、进行贴牌生产等方式。

（三）以搭建销售平台引导制造业发展

制造业企业所生产的产品最终会在销售平台或销售终端出售给消费者，实现其价值的“惊险一跳”。强大的销售平台对产品的销售有至关重要的作用，因此控制着销售平台与销售终端的现代服务业，可以向供应链的上游延伸与拓展，以销售掌控生产、把握货源。例如，“天猫”和“淘宝”原本都是大型的销售终端，但在电商销售平台取得一定的垄断地位后，逐渐开始对制造业进行反向渗透，近年来在各地建立自己的生产工厂，统筹协调和引导制造业高质量发展。

第五节　推进制造业服务化的价值链升级

从微观层面来看，制造业企业是实施制造业服务化转型的主体力量，只有企业自身实现了服务化的转型，才能促进整个制造行业的高效运转。制造业企业为满足经济发展新形势下用户需求的变化，由“产品”供应商转为“产品+服务”供应商，用服务产品的生产替代实物产品的生产，逐步增加服务在总产出中的占比。制造业企业不再单纯地为用户提供具体的实物产品，而是以用户为中心，为用户提供“产品+服务+技术+知识”集合体。在这个集合体中，服务所占据的地位越来越高，逐渐成为企业价值增值的主要源泉，制造业服务化的内容也逐渐拓展。制造业企业服务化的内容体系不断扩展，从产品延伸和产品增强服务化到主导产品和业务单元服务化，再到核心能力服务化。

在这一体系中，制造业企业、用户和其他利益相关者等多个主体共同参与，全面连接市场供给与需求，共同实现价值增值，创造单个企业难以单独实现的服务价值，达到“1+1>2”的效果；通过制造业企业之间的良性竞争与协同合作，优化价值链分配机制，实现服务价值共享，从而提升行业整体经济效益。在这个过程中，制造业企业的特色优势产品、用户基础资源、企业变革管理水平、信息化发展程度、大数据应用能力、外部资源、企业能力、参与者数量，都将会影响制造业服务化的演进（见图 8-6）。

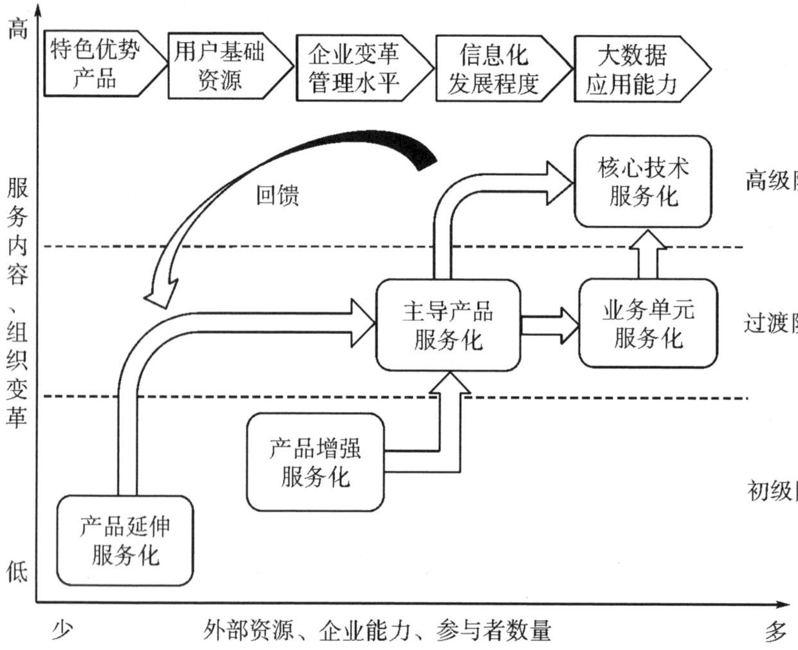

图 8-6　制造业服务化的演进路径

通过对制造业企业的产品延伸服务化路径、产品增强服务化路径、主导产品服务化路径、业务单元服务化路径、核心技术服务化路径的分析，很容易发现它们之间存在从低级到高级的发展演进路径。如果依据价值创造活动的复杂程度进行分类，可以分为三个阶段：初级阶段、过渡阶段、高级阶段。

一、产品延伸服务化路径

产品延伸服务化要求制造业企业在为用户提供产品的基础上，根据用户的需求，有针对性地提供附加值比较高的一些额外增值服务，这是微观层面制造业服务化发展的初级路径①。企业通过提供产品延伸服务，能够提高产品的效用，增加产品的使用时间。一般来说，有关产品安装、产品检测、产品维修、产品升级和产品回收等服务，都是产品延伸服务的常见形式②。虽然从外在的形式来看，产品延伸服务与传统售后服务存在一定的相似性，但两者在本质上是完全不同的：产品延伸服务主要关注如何提升用户的价值，是企业一项全新的重要利润来源；传统售后服务主要是快速响应用户的需求，是企业在产品出售之后的一项必要成本支出。

在该路径下，产品的价值创造与提供既是制造业企业的中心环节也是主要任务。制造业企业围绕核心产品，提供延伸服务，进而为用户提供更大的价值。产品延伸服务化路径一般发生在产品层面，主要是为用户提供与产品相关或者互补的外部服务，拓展产品的功能，让服务得到增值和延伸，为用户提供更多价值增值。同时，制造业企业可以整合资源，联合其他利益相关者如“内容提供商”和“服务运营支持商”，共同合作，为用户提供服务价值，并通过企业与用户之间的交流和互动，把价值传递和转移至用户。产品延伸服务化路径主要是制造业企业对用户提供服务价值，如图 8-7 所示。

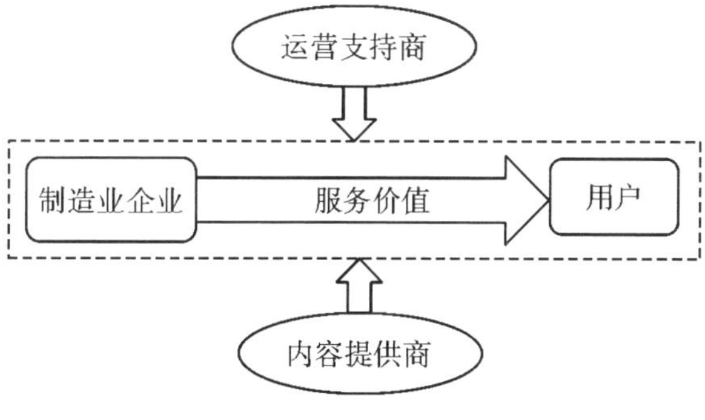

图 8-7　产品延伸服务化路径

二、产品增强服务化路径

产品增强服务化路径是指制造业企业为满足用户的需求，提高产品的

① 李天柱，刘小琴，李潇潇. VCC 视角下的制造业服务化模式及其演进 [J]. 科研管理，2020，41（9）：230-237.

② 沈瑾. 服务型制造中基于本体的产品延伸服务建模[J]. 现代制造工程，2015（9）：20-26.

使用效率和用户满意度，在保障产品现有功能的基础上，为用户提供更多的服务支持；让用户参与到产品的设计生产全过程，在保证产品使用价值不变的情况下，促进产品让渡价值的提升。

该路径主要发生在微观企业的产品生产层面，以产品生产为中心，提升产品在研发设计、生产制造、售后营销等方面的价值增值。产品增强服务化主要是指制造业企业增强其自身的内部服务，但其与用户之间的价值传递还需要整合“内容提供商”和“服务运营支持商”，共同合作，为用户提供服务价值。产品增强服务化路径与产品延伸服务化路径的区别在于制造业企业与用户形成了双向互动，即在制造业企业与用户之间形成双向的价值创造，如图 8-8 所示。

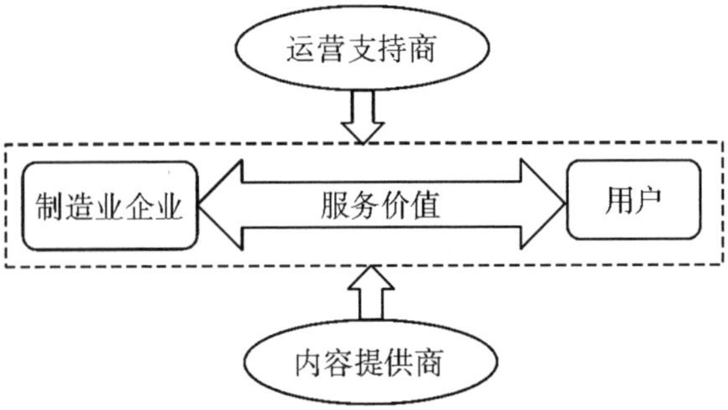

图 8-8　产品增强服务化路径

三、主导产品服务化路径

在主导产品服务化路径中，产品和服务之间的定位发生倒置，从“产品+服务”型组合转变为“服务+产品”型组合。原来的“产品+服务”型组合强调以产品为中心，服务依附于产品；转化后的“服务+产品”型组合则强调以服务为中心，产品是服务的载体，产品存在的目的就是实现服务的功能。主导产品服务化这一路径，意味着用户对产品本身的关注减弱，用户更加关注在实物产品的背后，制造业企业能够提供什么样的服务或功能。主导产品服务化可以同时提供内外部的增强服务，并以产品现有的使用价值为基础，大幅度拓展创新性的服务价值，甚至通过服务创新引领市场需求。

主导产品服务化路径与产品延伸服务化路径和产品增强服务化路径相比，有了根本性的变革。一个非常明显的表现，就是出现了与产业链相关的大量不同类型的创新主体，这些关联企业和支持企业等利益相关者所拥有的资源表现出非常明显的异质性，通过其互动交流可以提升服务价值。在主导产品服务化路径中，主导产品的服务化从产品层面开始，并在业务单元层面进行逐步扩散，最终通过整合关联企业和支持企业，在制造业企业和用户之间形成正式的服务价值创造网络体系，如图 8-9 所示。

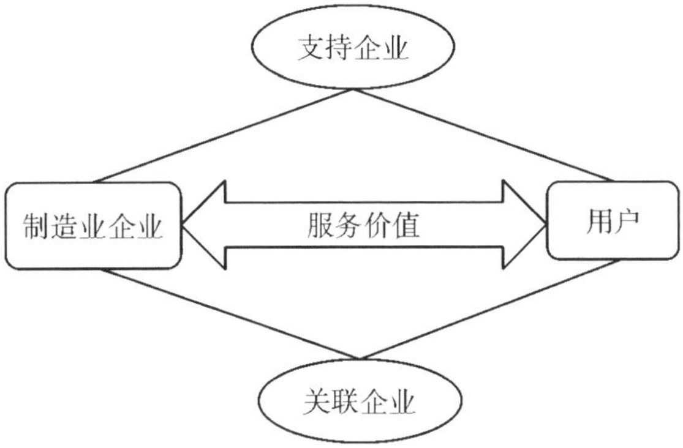

图 8-9　主导产品服务化路径

四、业务单元服务化路径

业务单元服务化路径是指制造业企业把服务价值的创造作为企业发展的重心，围绕主导产品和与主导产品相关的生产运营活动，发展面向产品和产品市场的服务业务单元。之所以发生业务单元服务化，主要有两种情况：第一种情况是由于主导产品服务化逐渐加深，进而蔓延扩展到整个产品业务单元；第二种情况是为了满足制造业企业的战略转型和发展规划，把“产品业务单元”转变为“服务业务单元”。

随着业务单元服务化的发展，产品业务单元会逐渐萎缩，同时服务业务单元开始发展扩张，甚至蔓延到制造业企业的各个部门，进而使得整个制造业企业发生转型，从以制造为主转变为以服务为主。此时，价值创造活动已经从企业层面转向整个社会网络，通过网络体系中密布的各个业务单元进行价值共创，共同创造新的价值。用户是该网络体系中的重要成员，参与产品的研发设计和生产销售等一系列价值创造活动；制造业企业要满足用户需求，为用户提供整个产业链上的全部服务，以用户为中心，共同创造价值。

在该路径中，制造业企业在组织内部通过实施深度组织变革，投入大量资源显著提升内部服务水平。组织变革对制造业企业的服务化转型具有重要意义，组织变革的程度、范围和管理能力会影响制造业企业拓展服务化内容，以及如何应对服务化发展带来的未知风险，并通过整合各种资源共建价值网络体系。此外，制造业企业不断加强与用户、支持企业和关联企业之间的合作，通过各个利益相关者的耦合和协同，形成利益共赢的价值网络，共同创造和提升服务价值，如图 8-10 所示。

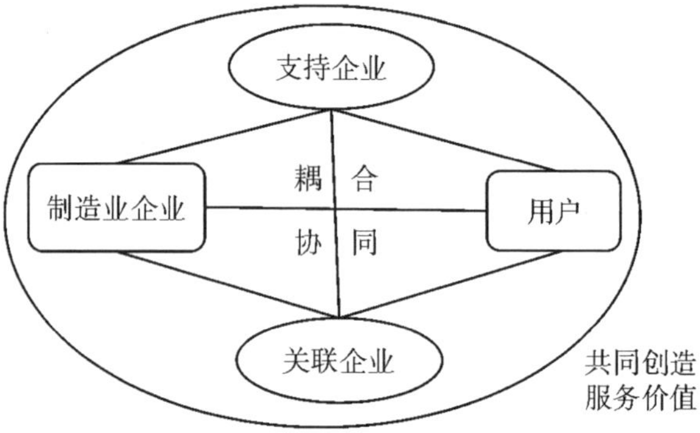

图 8-10　业务单元服务化路径

五、核心技术服务化路径

核心技术服务化要求制造业企业为用户提供融合了自身核心技术的服务，或者通过产品和服务共同承载核心技术。与业务单元服务化路径相比，核心技术服务化路径要求制造业企业进行深层次的战略变革，当然也能在更大范围内创造出更多的利润。核心技术服务化与业务单元服务化在价值创造和运作方面非常类似，故这里不再进行图形分析。该路径还可以细分为以下两种情形：

第一，制造业企业在继续经营其主导产品的基础上，通过核心技术改进为用户提供更多的专业化服务。比如，我国的远景能源有限公司（以下简称“远景能源”）借助“智能风机”的技术优势，对智能风机产品进行研发与销售，并依托物联网、云计算、大数据、人工智能等，将智能风机应用到更大的服务领域，为用户提供智慧风场和光伏电站的全生命周期管理和大数据分析，以及开发智慧风场软件和能源互联网技术服务、提供智慧城市整体解决方案等全方位服务。同时，远景能源通过与国外大型的新能源企业合作，迅速在全球发展自己的业务，在智慧能源资产管理方面成为世界一流的服务公司。目前，远景能源打造了全球领先的物联网操作系统，通过智能机器社交网络让100吉瓦（1吉瓦=100万千瓦，下同）的6 000万个风电、光伏、储能、充电桩、电动汽车等设备实时智能协同，以推动能源转型，被《麻省理工科技评论》评为2019年度“50家聪明的公司”之一。

第二，制造业企业放弃主导产品的生产，把主导产品打造成为一种引领服务发展的“概念”，彻底转型为提供核心技术能力的服务商。在这方面，比较成功的案例是IBM。20世纪90年代之前，IBM的定位是“硬件设备制造商”，从90年代初开始，IBM逐渐进行服务化转型，把个人计算机、硬盘、复印机等生产制造业务从主营业务中尽量剥离，同时通过对软件和咨询公司进行大规模兼并，提高自身的核心技术和数据处理能力，并依托这些核心技术为用户提供数据运营处理服务，最终发展成为全球领先的一体化解决方案服务商。

需要注意的是，制造业服务化路径在微观层面的演进只是描述了以上五个路径之间存在一定的演进关系，并不代表这五个路径会随着时间序列的变化依次出现。在现实的产业发展过程中，制造业企业也无须按照这五个发展阶段进行演进。在从初级阶段向高级阶段发展的实际过程中，不同路径下的制造业企业服务化发展的范畴和深入程度有所差异，演进的趋势也并非完全雷同：可能某个制造业企业在整个服务化发展过程中只选择了其中一个路径；或者在某个阶段选择了某一个路径，在其他阶段又选择了其他的路径；也可能随着时间轴的变化，在服务化发展的不同阶段选择了与理论模型刚好对应的路径进行发展。

第六节　构建制造业服务化的创新机制

长期以来，中国制造业都是在全球价值链的低端环节寻求发展的机会，主要依靠对产业链上游的产品进行简单的加工制造，鲜少生产带有核心先进技术的创新产品。要实现制造业服务化发展，促进制造业企业从单纯的“产品”生产转型到提供“产品+服务”的集合，必须依靠自主创新，掌握关键核心技术，生产差异化的产品。工业1.0时代，小企业凭借企业家精神，发挥自身的“行为优势”，形成一种封闭式的线性创新，也称为链式创新。工业 2.0 时代，大企业利用技术进步和市场优势，发挥自身的“资源优势”，形成一种开放式的非线性创新，初步构建了创新体系。工业 3.0 时代，制造业企业通过用户的需求导向和各个利益主体之间的良性互动，发挥整个系统的“整合优势”，形成一种嵌入式的共生创新，构成产业共生平台。工业 4.0 时代，智能生产与服务网络成为制造业企业创新的重要标志，制造业服务化进入自协同共创新的阶段。在此阶段，制造业企业应该遵循市场主导与政府引导相结合的原则，构建制造业服务化的创新机制（见图 8-11），从宏观层面推进建设制造业服务化创新体系，从行业层面提高制造业服务化创新效率，从微观层面着力提升制造业服务化创新能力。

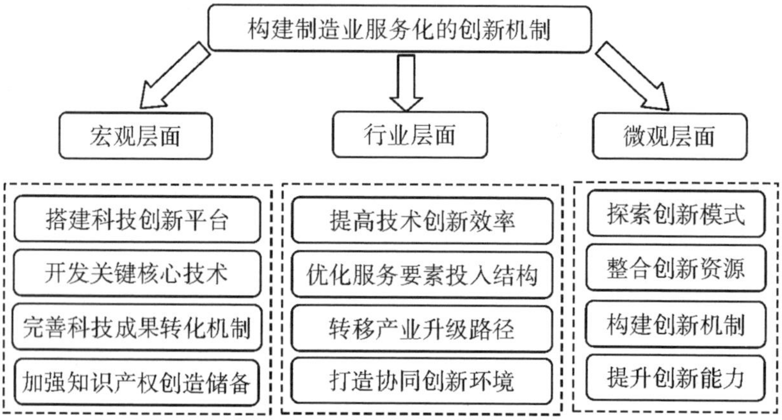

图 8-11 制造业服务化的创新机制

一、推进建设制造业服务化创新体系

从宏观层面来看，政府推进建设制造业服务化创新体系，要搭建制造业服务化科技创新平台，着力开发制造业服务化关键核心技术，完善制造业服务化科技成果转化机制，加强制造业服务化知识产权创造储备。

（一）搭建科技创新平台

搭建制造业服务化科技创新平台，就是要加快建设制造业创新中心、公共服务平台和工程数据中心[①]。第一，在制造业创新中心建设方面，要

① 江小国，洪功翔. 解析“中国制造 2025”：形势、目标与路径［J］. 当代经济管理，2016，38（5）：1-6.

把制造领域的重大共性技术需求作为发展导向，在充分利用现有科技资源的基础上，发挥政府、企业、高校和科研院所的带动作用，加快发展关键共性技术。第二，在公共服务平台建设方面，要建立和完善一整套公共服务标准体系，制定相关的技术价值评估标准，完善服务质量认证体系，建设服务交易咨询平台，引进创新型科技服务人才，对用户提供有效的专业化服务，促进制造业服务化的协同创新，加快制造业服务化的成果转化。第三，在工程数据中心建设方面，要着力建设制造领域的工程数据中心和重大科学研究实验设施，为制造业服务化提供全面开放共享的科技创新资源。

（二）开发关键核心技术

开发制造业服务化关键核心技术，就是要打造产业创新联盟，引导制造业企业参与国家科技计划，强化制造业企业和行业骨干企业在技术创新方面的主体地位，发挥高等院校和科研机构在创新体系中的基础作用，建立产、学、研协同创新中心。同时，政府要加大对科技项目专项基金的投入力度，鼓励制造业企业与科研院所多做技术研发，重点支持先进设计和关键核心技术，提升关键核心技术的自主能力，降低在技术方面的对外依存度，最终提升制造业的产业核心竞争力。

（三）完善科技成果转化机制

完善制造业服务化科技成果转化机制，就是要进行有效的转化，以及产业化的应用推广。因此，政府应制定和出台相关政策，以促进科技成果的转化和应用：第一，建立健全制造业服务化科技创新成果的发布渠道和平台，从市场供求的角度完善技术转移机制，打造制造业服务化的产业服务体系；第二，促进“政、产、学、研、用”各利益相关方的协同合作，鼓励社会闲置资本投资具有发展潜力的试验基地；第三，对科技创新成果进行科学评估，对科技创新成果的转化进行市场化运作，完善科技创新成果的定价机制，让科技创新成果的所有者获得应有的利益。

（四）加强知识产权创造储备

制造业关键核心技术的知识产权既是制造业能够持续稳定发展的加速器，也是制造业企业参与国际竞争的重要支撑。自主知识产权的提高，可以增强制造业企业的核心竞争力，优化经济结构，推动产业转型升级，从“产品走出去”转向“产业走出去”。因此，政府可以通过制定相关政策，鼓励制造业企业加强知识产权创造储备，特别是关键核心技术，要将其掌握在典型企业手中；还可以把优势企业培育为科技创新的主体，并通过挖掘知识产权的市场价值，参与市场竞争；此外，还应打造运用知识产权的公共服务平台，构建和完善知识产权的评议体系。

二、提高制造业服务化创新效率

从行业层面来看，可以通过提高技术创新效率、优化服务要素投入结构、转移产业升级路径、打造制造业服务化协同创新环境等方面，提高制造业服务化创新效率。

（一）提高技术创新效率

由于技术创新会影响制造业的劳动生产率，进而影响制造业投入服务化的成效，因此我们必须提高制造业技术创新的效率，通过规模经济效应带动整个制造行业的发展。在制造业服务化的过程中，制造业企业要走创新引领的道路，或者以技术创新为导向推动高端制造发展，或者以技术改造为依托推进传统制造转型升级；通过制造业与高新技术服务业的融合，提高各种服务要素和外部资源的配置效率，带动整个制造行业的技术进步。此外，政府还要在资源市场配置的基础上发挥导向作用，促进各级管理部门在科技、教育、人才、基础设施建设等方面加大对制造行业的投入与支持力度，提高制造业服务化的技术进步效率，发挥行业规模经济优势，进而带动制造业服务化转型升级①。

（二）优化服务要素投入结构

从国际经验来看，虽然各国的服务要素投入水平有所提升，服务投入数量也增长了，但服务投入结构没有实质性的转型升级，投入的质量也没有明显提升，没能发挥制造业投入服务化的核心作用。因此，要推动制造业服务化创新发展，我国在对制造业进行技术创新的同时，还要从服务业入手，提升服务要素的投入质量。特别是高技术服务要素，它能深度嵌入传统制造业，在产业链的上、下游发挥作用。因此，我国要对制造业的经营方式进行彻底改造升级，进而优化整个制造行业服务要素的投入结构，使得制造业服务化的生命周期也能得到延伸发展。

（三）转移产业升级路径

在制造业服务化发展的过程中，外部经济发展环境的不确定性，以及

---

① 彭继宗，郭克莎．制造业投入服务化与服务投入结构优化对制造业生产率的影响［J］．经济评论，2022，234（2）：17-35.

内部服务业抗风险能力不强，使得制造化服务业的发展，要面对“成本病”和服务悖论等质疑，无法获取竞争优势。为促进制造业服务化高质量发展，要求整合全社会所有的生产要素和资源，提高各要素的劳动生产率，进而促进服务质量的升级。由于当前劳动力成本上升，继续在中国发展劳动密集型的制造业已经逐渐失去了国际比较优势，迫切需要跳出“低端锁定”。因此，制造业从劳动密集型向技术密集型发展是大势所趋，我们可以将劳动密集型制造业转移到劳动力成本较低的周边国家，在国内进行产业升级路径优化，转型发展资本和技术密集型制造业，提升中国在全球价值链中的国际地位。

（四）打造协同创新环境

我们要充分了解影响制造业服务化发展的产业、制度、经济和文化等因素，形成市场导向与政策协同的创新环境，促进技术、服务及商业模式的创新。在这个协同创新环境中，通过市场与政府在多方面互动形成一个协同耦合机制，对各个利益相关方进行激励和约束，促进其相互匹配，共同发挥作用，最终提升整个制造行业的效率。另外，考虑到部分制造业企业为维护对自身有利的规则，会出现“梯队等待”现象，从而影响整个行业的创新效率，我国可以通过建立利益分配与制约补偿机制，以调解制造业企业之间的矛盾和冲突，保障制造业服务化的创新环境。

三、提升制造业服务化创新能力

从微观层面来看，制造业企业要明确自身的价值定位，探索创新模式，整合创新资源，增强核心竞争力，构建服务化创新机制，着力提升制造业服务化创新能力。

（一）探索创新模式

制造业企业应该明确服务化创新的定位，制定制造业服务化的发展路线，探索制造业服务化创新模式：第一，要厘清企业自身在制造业产业链上所处的地位，研究制造业发展规律，了解市场和用户的需求，探究最新的商业模式，打造企业自身的竞争优势；第二，要根据企业的核心优势，构建制造业服务化的目标体系，准确把握服务创新的价值定位，精准识别服务化进程的障碍，有针对性地制定制造业服务化的发展路线；第三，要根据企业所拥有的资源与能力，在准确把握市场发展环境和企业核心技术的条件下，精准分析本企业服务化发展的比较优势，据此科学制定和选择制造业服务化的路径；第四，在准确把握用户需求的基础上，要合理开展服务化相关业务，谨慎考虑市场发展态势和自身的资源约束，避免服务化悖论。

（二）整合创新资源

在整合制造业服务化创新资源方面，制造业企业要注意内外部资源的整合，并对这些资源进行合理利用与有效配置：第一，内部资源的整合。制造业企业可以在企业内部进行跨部门的资源转移，对企业内部的资源进行重新配置，通过对原有能力的重构实现服务化创新。第二，外部资源的整合。制造业企业要根据资源的价值和效用，有针对性地选择和识别资源；在资源的引入与配置方面，可以通过购买资源的使用权、与外部联盟、股权合作等形式，从企业外部引入资源；也可以通过与用户、供应商、科研机构等利益相关方组成服务联盟，构建战略合作伙伴关系，提升服务化能力。第三，资源的合理利用与有效配置。不管是内部资源的整合还是外部资源的整合，也无论是采用什么办法引入资源，都需要把外在资源与企业自身的优势要素进行融合，并通过对资源进行有效配置，充分激活资源的使用价值，将其转化为制造业企业的发展优势。

（三）构建创新机制

构建制造业服务化创新机制，需要在企业文化、管理体系、管理方式等方面进行创新：第一，创新企业文化。制造业企业可以通过打造服务型制造业的文化内涵，促进自身观念的转变，从“以产品生产为导向”转向“以用户需求为导向”。第二，创新管理体系。制造业企业可以从自身的生产业务流程、产品质量控制、人力资源管理、部门业绩考核等方面入手，进行管理体系方面的改革和创新。第三，创新管理方式。政府可以通过行动导向对各级部门进行有效的激励，通过资源集成、风险共担、效益共享等方式，有效提高组织执行力，实现制造业服务化的战略目标。

（四）提升创新能力

在制造业服务化创新能力提升方面，制造业企业需要增强技术创新能力，围绕制造业核心产品发展服务创新，并能够根据用户需求的变化延展服务内容：第一，增强技术创新能力。在制造业投入服务化中，中高技术行业的制造业企业可以依靠技术创新，扩大自身的竞争优势，实现服务化战略，并不断塑造企业的核心能力。第二，围绕制造业核心产品发展服务创新。制造业企业要加强核心产品和核心业务的创新，提升制造业产品的核心竞争能力，进而推动企业核心能力的持续提高。第三，根据用户需求的变化延展服务的内容。制造业企业在通过研发创新增强产品核心竞争力的同时，还需要把研发创新活动延伸到用户，通过核心技术服务化对用户进行深层次的技术营销，以期能够对用户的需求进行快速的感知和回应，及时发现并把握服务市场的所有机遇。

第七节　管理制造业服务化的生命周期

全生命周期管理理念是在产品生命周期管理和服务生命周期管理的基础上演化延伸而来的制造业服务化的新理念，也是制造业服务化的重要发展路径。从产品生命周期管理来看，要求制造业企业对产品的设计、规划、生产、营销、使用、维修、回收等全生命周期进行管理运营，满足用户对产品本身的需求。从服务生命周期管理来看，要求制造业企业对与产品相关的研发设计、产品运营、远程监控、预测性维护、故障诊断、物流运输、库存管理等服务进行全过程的跟踪与管理，让用户在购买和使用产品的过程中得到更多的服务和保障①。

通过对制造业服务化的全生命周期进行管理，促进企业转变经营理念，从销售“产品”转向销售“产品+服务”，实现产品与服务的整合，这不仅拓展了产业价值链，也促进了产品生命周期管理和服务生命周期管理的衔接与融合。根据中国制造业企业的发展实践，本节从全生命周期管理的角度对制造业服务化路径进行分析，主要包括四个阶段（见图8-12）：产品生命周期主导阶段、服务生命周期主导阶段、产品生命周期与服务生命周期同步发展阶段、产品服务融合的全生命周期管理阶段。

---

① 李飞，丁唯佳．辽宁省制造业服务化转型研究［J］．渤海大学学报（哲学社会科学版），2019，41（4）：94-98.

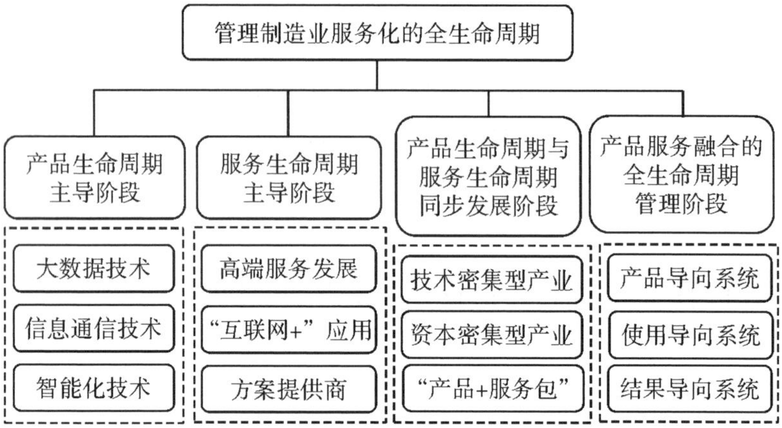

图 8-12　制造业服务化的全生命周期管理

一、产品生命周期主导阶段

2016 年 7 月，工业和信息化部、国家发展和改革委员会、中国工程院联合印发了《发展服务型制造专项行动指南》，引导制造业企业对产品实施生命周期管理。在这一时期，主要是产品生命周期决定服务生命周期，制造业企业主要以产品为导向，把产品的生产制造作为企业发展的重心，比较关注在产品的基础上延伸出来的服务，如产品功能服务（零配件的维修与更换）、产品使用服务（远程监测和预防性维护）和产品效用服务（发展节能环保等新兴产业）。此时，服务生命周期位于次要地位，主要依附于产品生命周期而存在。

在产品生命周期主导阶段，制造业企业需要对用户的数据进行大量搜集和处理，这需要大数据技术、信息通信技术和智能化技术作为支撑。第一，通过大数据信息技术处理手段，制造业企业可以方便快捷地搜集和处理用户的数据，还可以根据大数据显示的用户偏好，有针对性地进行产品的研发设计。第二，信息通信技术的进步，保证了各类数据能够高效便捷地在制造业企业和用户之间进行传递，为制造业服务化提供了畅通的数据传送渠道。第三，智能化技术的发展与应用，为制造业企业顺利生产满足用户需求的产品和服务提供了保障。为此，大数据产业、信息通信产业和智能制造产在这一阶段得以高速发展。

二、服务生命周期主导阶段

2020 年 6 月，《工业和信息化部 发展改革委 教育部 科技部 财政部 人力资源社会保障部 自然资源部 生态环境部 商务部 人民银行 市场监管总局 统计局 银保监会 证监会 知识产权局关于进一步促进服务型制造发展的指导意见》出台，鼓励制造业企业把用户作为发展的中心，建设全生命周期管理体系。在此阶段，服务生命周期占据主导地位，决定产品生命周期。制造业企业的发展重心是满足用户的需求，通过提供服务引领制造业的发展，从产品导向转为用户流程导向，关注产品与服务的协同和对接。此时，产品生命周期位于次要地位，主要依附于服务生命周期而存在。

在服务生命周期主导阶段，服务化全面升级，制造业企业从“产品型制造”转为“服务型制造”，根据用户的需要，加强信息互享交流，为用户提供柔性化的生产和个性化的服务；通过与用户的互动交流，加强信息之间的交互融合，提供让用户满意的“产品+服务”，促进生产过程和服务流程的融合发展。在服务化转型过程中，制造业企业可以通过构建知识管理体系，搭建信息共享平台，对用户需求信息、产品设计方案、生产制造流程、产业核心技术、服务开发水平等内容进行信息互享，促进不同流程之间的信息对接，提高制造业的生产效率与服务水平。

一些服务功能比较成熟的行业领军企业，由于掌握了核心先进的技术，开始弱化原有的生产制造环节，转向提供高端服务，为用户提供整体问题解决方案，转化了“方案提供商”。整个制造行业的创新能力不断增强，产品的市场竞争力不断提高，制造业服务化水平得到迅速提升。服务型制造主要表现为：制造业企业通过技术和制度创新，在价值链上发展高附加值的服务环节，掌控“微笑曲线”两端的研发设计和现代营销，在整个价值链中谋求一个有利的市场地位，提高自身的盈利能力和竞争优势。

在此阶段，具有创新活力的“互联网+”等信息技术手段得到大规模应用，让异地数据也能进行同步的信息共享，为制造业企业的价值创造提供了全新的驱动力。制造业企业与消费者、零配件供应商、服务要素提供商等相关利益方协同合作，构建“互联网+”协同服务平台，对用户的需求和产品的使用进行全流程实时互联，快速满足用户的各项服务需求，也促进了企业的服务化转型。

三、产品生命周期与服务生命周期同步发展阶段

在产品生命周期主导和服务生命周期主导之后，又经历了产品生命周期与服务生命周期同步发展阶段，两者共同实现价值增值，主要表现为“产品+售后服务”“产品+增值服务”“产品+技术营销服务”等多种制造业服务化模式。在此阶段，制造业企业把产品生命周期管理和服务生命周期管理放在不同的部门进行管理，两者齐头并进同步发展，但此时还未出现融合发展的现象。

产品生命周期与服务生命周期的同步发展，主要体现为通过创新主导型产业的服务化带动其他产业的服务化。部分技术密集型或者资本密集型产业的技术发展比较快，具有较强的创新能力，被列为创新主导型产业。这些产业所生产的产品通常具有较高的技术含量和较强的集成能力，产品不仅功能繁多而且更新换代很快，这给用户的使用带来了一定的障碍。为了让用户能够便捷地使用产品，这些创新主导型产业必须进行服务化升级，为用户提供各种形式的“产品+服务包”，让产品生命周期与服务生命周期获得同步发展。创新主导型产业的服务化升级，为企业带来先进的创新成果和数据资源，积累丰富的服务化转型发展经验，最终带动和促进其他产业的服务化升级。

四、产品服务融合的全生命周期管理阶段

在产品生命周期主导和服务生命周期主导的基础上，产品生命周期与服务生命周期融合发展、互为一体，形成产品服务融合的全生命周期管理。在此阶段，产品与服务的隔阂消失，产品与服务被同时用来满足特定的需求，或者被用来一起解决某个问题，两者的融合速度也不断加快，不断出现线下物理产品与线上数字服务的互动。提供系统集成服务的制造业企业经常采用这一发展方式，但纯产品生产的制造业企业很少选择这一模式。此时，制造业企业不再把产品与服务分开对待，而是选择系统集成或者方案集成的一体化方式，对产品生命周期和服务生命周期进行管理。

制造业企业所生产的产品和所提供的服务不再是孤立的个体，而是相互依托形成一个产品服务系统。根据这个系统中产品和服务的占比，可以分为产品导向、使用导向、结果导向三种类型：第一，在产品导向的服务系统中，制造业企业的重心是在产品出售方面，在让渡产品的所有权和使

用权的同时，还为用户提供与产品紧密联系的售后服务，如空调的销售与维修服务等；第二，在使用导向的服务系统中，制造业企业对自己所生产的产品进行租赁，企业保留自己对产品的所有权，只让渡产品的使用权，并为用户提供产品使用方面的增值服务，如空调的租赁服务等；第三，在结果导向的服务系统中，制造业企业只让渡产品的短期效用，保留自己对产品的所有权和使用权，如空调的制冷或者制热服务等。

在制造业企业从“产品生命周期主导阶段→服务生命周期主导阶段→产品生命周期与服务生命周期同步发展阶段→产品服务融合的全生命周期管理阶段”发展过程中，也经历了“产品导向→使用导向→结果导向”的演进发展。

第八节 促进制造业服务化的绿色转型升级

如前所述，制造业服务化水平能有效地提升企业绿色创新效率，两者之间存在非线性的“U”形关系。在制造业服务化水平较低的情况下，制造业企业作为一个营利性组织，其基本目的是获取企业持续发展的能力，但在起步阶段企业资源明显不足，企业难以实施绿色创新活动，绿色创新效率不高。当企业服务化水平日渐成熟且企业的资源日益丰富之后，制造业企业开始考虑更多的社会责任，摒弃传统的高投入、高耗能、高排放的粗放型发展方式①，加大制造业服务化的绿色创新投入力度，提高制造业服务化的绿色创新效率，促进制造业服务化的绿色转型升级（见图8-13）。

① 李廉水. 中国制造业40年：回溯与展望［J］. 江海学刊，2018，317（5）：107-114，238.

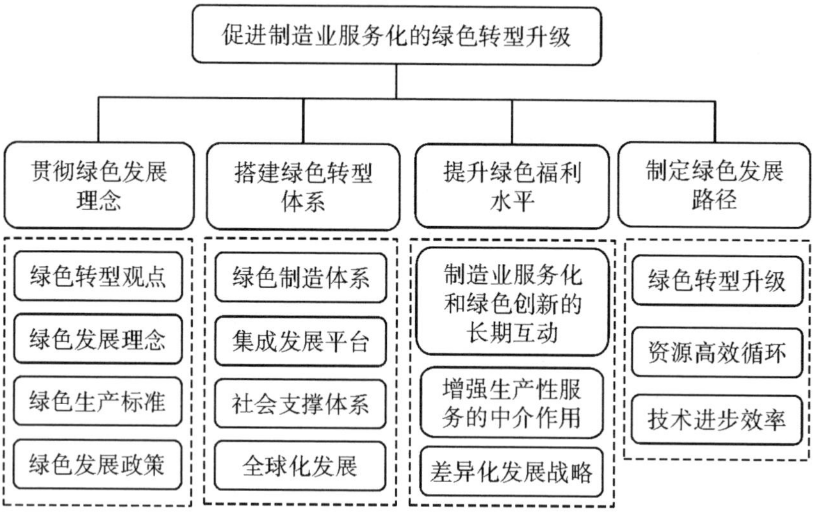

图 8-13　制造业服务化的绿色转型

一、贯彻制造业服务化绿色发展理念

（一）提出绿色转型观点

制造业服务化绿色转型，是制造业转型升级的一种必然选择。对制造业而言，绿色转型可以让制造业走出高消耗、高排放和低附加值的困境。制造业服务化绿色转型可以带来资源环境和经济发展两个方面的效应：从资源环境效应来看，制造业服务化绿色转型可以提高能源的利用效率，减少温室气体的排放，带来资源环境效应；从经济发展效应来看，制造业服务化绿色转型要求经济产值的增长速度高于温室气体排放率的增长，用制造业的碳生产率指标衡量绿色转型的经济效应。

（二）贯彻绿色发展理念

为实现“双碳”目标，制造业企业在服务化转型发展过程中，要贯彻绿色发展理念，摒弃高污染的落后发展模式，不再走先污染后治理的道路。制造业企业要创新发展模式，承担生态文明建设的责任，扩展服务内容，提高服务化水平，在制造业发展中遵循信息化、精准化、标准化原则，为经济发展提供动力。

（三）制定绿色生产标准

在制造业服务化绿色发展过程中，政府还应制定绿色生产标准，对制造业的产品生产进行规范，促使制造业企业合理配置生产过程中的能源与服务投入，倒逼制造业进行绿色转型。在产品标准制定方面，政府要设定可行的节能减排指标，减少对资源密集型制造业企业的优惠，对制造业企业购买环保节能的生产性服务提供补贴，促进制造业企业增加服务投入，降低对各类资源的过度消耗，减少对生态环境的危害。制定规范的绿色标准，可以提升制造业产品的质量，降低生产制造对资源环境的危害，提升制造业企业绿色生产的能动性，促进其长远发展。

（四）出台绿色发展政策

为降低资源消耗、保护生态环境、实现低碳发展目标、推动制造业服务化绿色转型，国家相继出台了一系列政策。2021 年颁布的《“十四五”工业绿色发展规划》提出，要全方位提升我国的绿色制造水平，提高能源资源的利用效率，广泛应用绿色低碳技术，降低污染物排放强度，完善绿色制造体系，实现工业产业结构和生产方式的绿色低碳转型①。《国家中长期科学和技术发展规划纲要（2021—2035 年）》提出，要对基础部件和通用部件，数字化和智能化设计制造，流程工业的绿色化、自动化及装备，可循环钢铁流程工艺与装备，大型海洋工程技术与装备，基础原材料，新一代信息功能材料及器件，军工配套关键材料及工程化等制造领域积极制定绿色转型政策，鼓励这些行业通过技术改造和绿色创新，推广转化绿色制造技术科技成果，全力推进制造业服务化绿色发展。

二、构建制造业服务化绿色转型体系

（一）构建现代绿色制造体系

在制造业服务化发展过程中，还应在绿色制造领域努力创新，积极开发绿色产品、建设绿色企业、发展绿色园区，把绿色制造作为我国制造业未来发展的方向，打造和完善现代化绿色制造体系，促进制造业服务化绿色转型和发展。第一，开发绿色制造产品。政府应制定相关政策，鼓励制造业企业积极开发生产节能低碳产品，同时引导消费者进行绿色低碳消费。第二，建设绿色制造业企业。在资源节约、生态友好的基础上，我国应建立制造业绿色发展业务流程，建设绿色工厂，打造绿色供应链，积极发展绿色企业。第三，发展绿色园区。我国要积极推进园区中的制造业耦

① 王政.《“十四五”工业绿色发展规划》提出全面提升绿色制造水平［N］. 人民日报，2021-12-05（06）.

合共生发展，对园区中的制造业企业开展绿色评价，推行绿色制造工程，强化绿色监管，减少园区对周边环境的负面影响。

（二）搭建绿色制造集成发展平台

制造业服务化绿色转型发展需要一个集成化的发展平台。第一，制造业企业要充分考虑用户的需求与产品的使用，以绿色制造为方向，充分应用信息集成技术，搭建绿色制造集成发展平台。第二，制造业企业要在工艺设计、材料选择、效益目标、组织模式、技术应用、绿色产品等方面实现集成发展，推动制造业的绿色转变，同时带动传统产业的升级，促进新兴产业的兴起。第三，制造业企业应通过知识技术人才等服务的投入，提高人力资本和知识技术资本等服务生产要素的产出效应，以此对高污染的传统要素进行挤出，通过要素结构方面的调整和优化，减少自身的污染排放数量，促进生态环境的改善。

（三）形成绿色制造社会支撑体系

制造业服务化绿色转型发展还需要形成一个绿色制造社会支撑体系，以促进绿色制造成为一种社会化的生产方式。第一，实施绿色制造，需要全体社会成员的共同参与，通过整个社会成员的共同努力，从绿色产品的设计到产品的回收处理以及产品循环利用等各个环节，全面推行绿色制造。第二，政府还需要出台相关绿色发展政策，鼓励企事业单位、科研机构、高等院校、全体社会成员进行绿色制造技术的研发，奠定制造业服务化绿色转型技术基础。第三，制造业企业要加大绿色创新人才的培养力度，打造一支专门研究绿色制造技术的专业队伍，对高质量服务的技术溢出进行吸收转化。

（四）促进绿色制造全球化发展

从国际贸易的角度来看，制造业服务化绿色转型可以避开绿色贸易壁垒，促进绿色制造全球化发展。制造业的发展对生态环境的影响是超越时空没有国界的，各国为了保护环境，对某些产品采取一些直接或间接的限制贸易措施，也对国际贸易产生了一定影响。制造业企业要顺应国际发展潮流，增强环境保护意识，生产绿色产品，全面实施传统制造业的绿色改造工程，让绿色生产成为制造业企业的一种自觉行为，进一步促进绿色制造的全球化发展。

三、提升制造业服务化绿色福利水平

绿色制造不是成本，而是利润。制造业服务化水平能有效提升企业的绿色创新效率，两者之间存在非线性的“U”形关系。可以以此为基础，推动制造业服务化发展，引导制造业服务化和绿色创新的长期互动，增强生产性服务对制造业绿色转型的中介作用，对不同的制造行业实行差异化的绿色转型发展战略，借助技术进步效应带动整个制造行业的绿色转型，最终提升制造业服务化的绿色福利水平。

（一）引导制造业服务化和绿色创新的长期互动

从长期来看，制造业企业要把绿色转型作为长期发展目标，跨越制造业服务化对企业绿色创新效率的抑制区间，促进制造业服务化和绿色创新的长期互动发展。从短期来看，政府可以通过制定政策，降低制造业服务化对企业绿色创新效率的短期抑制作用：第一，对生产性服务业放宽市场准入限制，加强生产性服务业的市场竞争，以便制造业企业能以比较低的价格购买生产性服务，实现制造领域的规模经济效应，最终带动整个制造行业的绿色发展。第二，政府要通过相关政策，引导制造业企业在服务化发展进程中增强自身的绿色生产意识；在制造业企业的服务化发展初期，引进绿色生产技术，促进制造业服务化绿色转型。第三，制造业企业在向价值链的高端制造环节延伸时，会减少各类污染物的排放，促进生态环境的优化和绿色福利的提升。

（二）增强生产性服务对制造业绿色转型的中介作用

在制造业服务化绿色转型发展中，政府通过加大对生产性服务业的投入力度，加强技术服务化、金融服务化和通信服务化，可以增强服务业对制造业绿色转型的中介作用，促进制造业与生产性服务业的融合发展；通过增加研发设计、金融保险和信息技术等方面的投入，发挥融资支持和技术溢出效应，提高绿色全要素生产效率，促进制造业企业从传统的高污染领域转向技术密集型领域，建立绿色清洁的生产体系。同时，制造业企业还需要提高信息服务质量，并在产品的生产制造中广泛应用信息化网络服务，通过“云计算”“互联网+”等信息技术，对产品生产过程中的数据进行充分的采集和处理，以此促进资源要素的协调和充分利用，带动制造业服务化绿色转型①。

（三）对不同的制造行业实行差异化的绿色转型发展战略

在制造业服务化绿色转型发展中，制造业企业应依据不同行业的污染

① 许冬兰，郭宇钦．制造业服务化的绿色发展效应研究［J］．青岛科技大学学报（社会科学版），2022，38（2）：33-42.

程度与绿色福利效应的差异，实行差异化的绿色转型发展战略。第一，高污染型制造行业一般具有资源密集的特点，对服务要素的替代作用非常敏感，政府可以通过实施税收优惠和财政补贴等政策，鼓励这些企业增加在生产性服务方面的投入，用人力资本、信息技术等先进服务要素对传统的资源要素进行替代，大幅度降低这些行业带来的污染；通过调整和改善要素结构，达到促进制造业绿色转型升级和提高绿色福利的目的。第二，低污染的清洁型制造行业通过制造产品外包的形式专注发展高端服务，提高知识技术密集型服务在整个制造业企业中的占比，促进制造业企业的技术进步和生产效率的提高，增强企业的绿色创新能力，进而带来绿色福利效应的提升①。

四、制定制造业服务化绿色发展路径

（一）加强传统制造行业的绿色转型升级

2022 年，中国制造业绿色转型发展取得一定成效，万元国内生产总值的能耗水平比 2021 年下降了 0.1%。但是分行业来看，部分制造行业的能耗水平不降反升。2022 年，吨钢的综合能耗水平上升了 1.7%，全年的能源消费总量达到了 54.1 亿吨标准煤，比 2021 年增长了 2.9%。其中，煤炭资源的消费数量增长 4.3%，电力资源的消费数量增长 3.6%。对这些传统能耗水平比较高的制造行业，一方面要加快绿色转型升级的步伐，淘汰能耗较大且技术落后的设备，研发推广先进的绿色技术装备，生产制造绿色环保的新型产品，促进传统制造行业的绿色转型升级；另一方面还要积极引进高端装备制造业、新能源、新材料、生物制药等新兴制造业，实现制造业的绿色发展②。

（二）推进制造资源的高效循环利用

我们要鼓励制造业企业进行绿色改造，加强制造产品的绿色技术创新，降低各种能源和原材料的消耗，控制制造业企业的能耗水平和碳排放率；研发推广功耗低、易回收的再制造先进技术，提高终端制造产品的效用和回收利用水平，促进制造资源的高效循环利用；适时发展循环生产模

---

① 许冬兰，张新阔. 中国制造业服务化的绿色福利效应研究：基于污染改善与环境 TFP 双重视角［J］. 中国地质大学学报（社会科学版），2021，21（4）：56-72.

② 蔺继娟. 投入服务化对制造业绿色转型影响机制与实证研究［D］. 天津：天津商业大学，2020.

式，支持不同的制造业企业在行业之间进行资源共享，促进整个制造行业形成耦合共生、资源互补的梯级循环架构，实现资源在产业园区和整个制造行业的高效循环；加快清洁高效能源的应用，注重制造行业废弃物的综合利用，促进循环经济的规模化与规范化发展。

（三）提高整个制造行业的技术进步效率

制造业服务化通过绿色转型，借助技术进步优化资源配置，可以提高整个制造行业的技术进步效率，进而带动整个制造行业的发展。第一，制造业企业与科研机构和高等院校共同搭建自主创新平台，让用户能够直接参与产品设计，系统了解用户对产品的个性化需求，利用先进技术有针对性地开发能够满足用户服务需求的新产品。第二，制造业企业积极通过与信息服务业和金融服务业的密切合作，引入先进的管理技术和组织模式，打造集产品销售、金融服务、信息管理等现代服务功能于一体的综合性服务平台，降低制造业企业内外部的管理成本和交易费用，提升规模经济效率和技术进步效应。第三，制造业企业通过先进技术，增强企业在价值链两端的攀升能力，促使企业在全球价值链分工中占据有利地位，增加跨国投资和国际并购的机会，扩大中国制造业在国际市场中的所占份额。

第九节　本章小结

面对新发展格局，作为经济支柱产业的制造业，如何突破发展瓶颈、打通经济循环堵点，是制造业发展迫切需要解决的问题。为此，本章分别从宏观层面和微观层面探讨制造业服务化发展的路径创新。从宏观层面来看，制造业服务化发展路径可以选择加快制造业服务化的战略转型、实现制造业服务化的价值共创、延伸制造业服务化的产业链条、打造制造业服务化的共生平台。从微观层面来看，制造业企业应该积极拓展制造业服务化的内容体系，从而推进制造业服务化的价值链升级：产品延伸服务化、产品增强服务化、主导产品服务化、业务单元服务化、核心技术服务化。同时，制造业企业还要加快构建制造业服务化的创新机制、管理制造业服务化的生命周期、促进制造业服务化的绿色转型升级。

第九章 推动中国制造业服务化发展的政策保障

推动制造业服务化的发展，离不开强有力的政策保障。为此，本章从创新制造业服务化发展的体制机制、夯实制造业服务化发展的支撑体系、完善制造业服务化发展的政策体系三个方面，提出推动中国制造业服务化发展的政策保障措施。

第一节 创新制造业服务化发展的体制机制

一、营造制造业服务化良好的市场环境

（一）制定适应制造业服务化发展的政策

1. 制定与公平竞争相关的政策措施

制定统一市场和公平竞争的政策措施，对已不适应当前制造业服务化发展需要的现有制度、规范性文件和政策进行梳理，破除制造业企业拓展服务型制造业务的隐性壁垒，优化市场环境。

2. 持续放宽市场准入

对一些非敏感领域以及不影响公共安全领域的服务业适当提高开放度，适度降低准入门槛，为制造业企业跨界延伸新兴业务、发展服务新业态扫除障碍，也为制造业企业基于现有产品开发增值服务业务提供便利；同时，还可以针对一些制造业企业在发展服务业务时由于缺乏服务类资质而难以享受服务企业的优惠政策等问题，加强调查研究，支持部分行业进一步简化资质类别和等级设置，在部分行业试行资质告知承诺制审批，改革招投标制度不设置明显超过招标项目要求的、不合理的资质门槛。

（二）营造有序发展的市场秩序

1. 推动制造业服务质量标准体系建设

对重点推进制造业服务化发展的行业，制定可量化、可评价的制造业服务质量标准，推动建立服务质量分级制度和服务质量诚信体系建设，确保制造业服务化有序发展、有据可依；对服务型制造新业态实行包容审慎的监管，加强对服务类产品的知识产权保护。

2. 鼓励制造业企业加强服务品牌建设

鼓励制造业企业加强服务品牌建设，支持有实力的大型企业和制造业龙头企业按照市场化原则剥离核心服务，打造独立的市场主体；在研发设计、供应链小微企业创业与转型升级孵化、计量测试、检验检测、咨询、品牌推广等增值服务环节加大政策支持力度，提升制造业企业的服务专业化水平，打造制造业服务品牌。

（三）消除政策差别化待遇

1. 消除要素使用成本差别化待遇

消除制造业与服务业企业在优惠政策和能源资源使用上的差别化待遇，制造业企业的服务业务如用电、用水、用气等应采取与一般工业同价的优惠政策，以此引导社会资本进入服务型制造领域，参与制造业企业的服务化转型和服务型制造模式创新。

2. 消除税收优化差别化待遇

研究面向制造业企业服务化业务的税收优惠政策，对服务业营业额占企业全部营业额比重未达到50%的企业，实施进项税加计抵减政策优惠，与生产性服务业纳税人享受同等优惠。

3. 消除土地政策差别化待遇

鼓励制造业企业利用自有工业用地开展自营性生产性服务业，对厂房进行加层改造或开发地下空间，提高容积率；用于生产性服务业的，不再增收土地出让金。

二、深化要素市场配置体制机制改革

（一）维护要素市场公平竞争

当前，中国制造业发展面临运输和物流成本高、中间投入成本长期居高不下的问题，影响制造业上市公司的产品价格和市场竞争力，制造业企业很难有充裕的现金流用于周期长、高风险和充满不确定性的创新活动[①]。因此，必须加快贯彻《中共中央 国务院关于构建更加完善的要素市场化配置体制机制的意见》，合理控制制造业中间投入成本；深化“放管服”改革，打破要素市场的行政性垄断，防止市场垄断，清理废除妨碍形成全国统一的要素市场和公平竞争的各种不合理规定及做法；深化财税体制改革，完善地方官员考核机制，打造统一的要素市场和资源市场，推动高水平商品市场和服务市场建设；加强政策研究，通过专题研究的方式，正确划分政府与市场边界，明确各自职能；对于制造业企业服务化发展的竞争性营利性活动，应加快制定统一的竞争政策。

（二）健全要素市场运行机制和规则

完善要素市场发展的法律法规，减少政府对关键性生产要素的直接配置；完善要素定价规则，明确政府对要素价格、市场运行调节及监管的内容；加快培育数据要素市场，明确数据交易监管机构的职责，建立统一的可交易数据范围、数据标准与交易规则，减少市场主体准入、经营、退出壁垒，维护公平竞争；健全技术要素、数字要素的市场法制体系建设，加强知识产权和数据要素产权制度建设，建立完善知识产权和数据要素产权的认定、转让、使用与保护等规则；完善要素价值和贡献的市场评估机制、流通交易制度和市场定价机制，推动劳动力、资本、技术、数据要素配置依据市场规则、市场价格、市场竞争程度合理定价；完善激励机制，培育技术市场中介服务机构，激发技术供给活力，促进科技成果转化；加快完善多层次的资本市场制度，维护资本市场的公平竞争秩序，增强资本市场服务制造业转型发展的能力；支持制造业企业与数据服务企业合作开发跨领域的数据应用场景，充分挖掘数据要素价值，鼓励制造业企业探索服务数字化发展的新业态。

三、建立健全制造业服务化推进机制

（一）编制制造业服务化发展规划

依托国家制造强国建设战略咨询委员会，构建推动制造业服务化发展的政策协同和联动机制，加大跨部门跨行业统筹协调力度，整合资源，科学制定制造业服务化发展专项规划；优化产业生态环境，引导各级政府、

① 刘维刚，周凌云，李静．生产投入的服务质量与企业创新：基于生产外包模型的分析［J］．中国工业经济，2020，389（8）：61-79.

制造业联盟、制造业行业、行业协会、重点企业及相关服务机构等多元主体积极参与，落实政策，优化公共服务供给，形成推进合力，激发制造业服务化发展的市场活力。

（二）优化制造业服务化发展布局

依托国家制造强国建设战略咨询委员会，建立专家库，组织专家团队开展专题调查研究；立足全国制造业强国目标、各地区制造业发展基础与比较优势、产业安全等，科学谋划重要制造行业示范企业、示范项目、示范园区和示范城市的空间布局，为推动制造业服务化发展提供参照标杆。

（三）健全统计评估与跟踪监测

加强政府与行业协会的合作，发挥行业协会在行业调研、标准制定、技术合作、科创发展、市场协调、数据统计和行业调研等方面的积极作用；支持协会提升专业化服务能力，为健全制造业服务化的数据采集、统计分析等工作提供支持。

鼓励行业协会参与制造业服务化的相关统计评估与监测服务：一是支持各行业协会协助政府有关部门研究制定相关规划、产业政策、行业标准；二是依托行业协会加快建立各行业专业化服务平台，提供更精准的信息服务，完善制造业企业服务化转型的组织协调机制、市场监管机制；三是支持协会与政府、研究机构、智库、咨询机构合作，建立制造业企业服务业务的统计指标体系和评价体系，健全行业信息数据的采集与监测机制，为企业服务化转型提供专业化的分析与咨询服务。

（四）建立典型经验总结推广机制

总结各地区各行业推动制造业服务化发展的典型经验，在示范企业、示范基地、示范园区和示范城市中挖掘、总结典型案例，推广成功经验；针对不同的服务化模式开展案例征集，重点围绕定制化服务、供应链管理、共享制造、信息增值服务、全生命周期管理特别是智能运维、总集成总承包服务等服务型制造新模式分行业开展典型案例总结；建立机械装备、汽车、电子信息制造、家居等产业重点企业案例库、项目库，为行业企业提供借鉴参考；支持工信部门和行业协会联合举办面向全国的制造业服务化创新案例大赛、行业论坛及企业沙龙，组织专家深入重点行业、企业开展调研、宣讲、咨询和经验推广，营造推动制造业服务化升级的氛围。

第二节 夯实制造业服务化发展的支撑体系

一、增强制造业企业的创新主体地位

企业是实现产业创新发展的核心主体，推动制造业企业服务化发展的本质实际上就是推动企业价值链升级的过程，需要企业在技术、产品开发、管理、商业模式和发展业态方面具备持续的创新能力。为此，需要加快培育一批掌握核心技术、拥有集成创新能力、能够引领重要制造行业服务化发展的领军企业；通过重点制造业企业在研发、设计、信息服务、营销、售后、金融保险、物流运输等领域积极增加服务要素投入、创新服务内容，引领重点行业在产品科技创新、信息系统、仓储物流、检测维修、电子商务、管理咨询等专业服务和增值服务加快发展；完善激励政策，引导创新要素向企业聚集，鼓励有条件的制造业企业增加研发投入和设计投入，设立企业技术中心，增强企业创新主体作用。以知识、技术为基础的服务，是制造业企业形成差异化竞争优势的重要途径①，因此要引导制造业企业重视知识资本和人力资本的投资与积累；健全服务型制造高新技术企业认定标准，以开展服务型高新技术制造业企业认定为指引，建立一批高新技术制造业服务化发展的服务工作站；建立咨询服务平台，完善培育体系，组织建立由高新技术企业协会工作人员以及金融、知识产权、税收、行业技术等不同领域专家组成的指导团队，为有条件的企业开展服务业务提供精准服务。

二、提升制造业企业的研发设计能力

鼓励有条件的企业设立工业设计中心，推动工业设计专业化发展；对于认定的国家级、省级工业设计中心，要进一步完善孵化机制，定期开展交流培训，为设计中心提供培训、合作信息、融资等一体化的孵化服务；引导工业设计领军企业与制造业企业开展合作，构建“设、研、产、销”设计服务体系。

---

① 张文红，张骁，翁智明. 制造企业如何获得服务创新的知识：服务中介机构的作用［J］. 管理世界，2010（10）：122-134.

支持企业加强产学研合作，加大对创新项目和工业设计软件的开发结合力度；鼓励高校院所、产业联盟、企业和协会等，基于设计创新和专利，积极研究制定行业标准、企业标准，积极参与国家标准和国际标准的制定；立足制造业发展需求，支持开发一批基于大数据、云计算、人工智能等新技术涵盖研发设计、生产制造、经营管理等各环节的新型工业应用软件，重点支持发展具备信息处理、存储、咨询、设计、运维和数字内容服务等功能的信息系统集成服务软件，提高软件信息业对制造业数字化、智能化转型的支撑能力；针对重点制造业领域服务化转型的核心环节，实行“揭榜挂帅”制度，破解关键核心技术短板；围绕重要产业和重要领域实施制造业设计补短板行动，推行企业“揭榜挂帅”制度，鼓励和引导相关地区和有条件的企业与机构开展联合攻关。

三、推动制造业企业的服务数字化转型

根据制造业企业服务化转型的需要，支持企业借助数字技术推动数字服务化发展；选择一批基础好的制造业创新中心和智能制造示范区，着重推进自动控制与感知、工业核心软件、工业互联网、工业云与智能服务平台等核心技术的推广应用，培育一批云平台示范项目、技术供应商和咨询服务机构，加快将数字技术、智能技术应用到传统制造业关键环节；支持制造业企业运用数字技术开展供应链数据分析，重构运营流程、商业模式创新，探索个性化定制、服务型制造等数字化运营模式；利用产业引导基金，孵化一批数字型科技企业参与制造业云服务平台的建设；支持制造业企业与互联网企业合作，建立产品、服务数字服务平台，开展工业云、大数据集成应用，引导条件成熟的企业借助全流程数据从制造环节向产业链前后端的服务环节拓展；在决策系统、研发、设计、生产、管理以及营销领域，加快提升制造业产业链上主导企业的数字化能力；支持研究机构、高等院校、智库单位与产业界合作，对重点制造行业、重点产品、重点国家和地区市场变化的监测分析，提供营利性或半营利性的专业化指导和咨询服务，帮助中小微制造业企业开展服务数字化转型。

支持有条件的制造业企业利用数字化技术对产品开展全生命周期管理；支持企业加快产品和设备的智能网联升级，对生产线、厂房等开展数字化、智能化改造升级；支持企业培育其服务供应链和产业链上、下游企业的能力，提升整个制造业产业链上企业的数据分析能力和软件化智能服

务能力；支持一批制造业企业结合产品特点和具体应用场景发展面向客户使用产品的远程检测与维护服务，基于数据分析设计出更符合客户需求、提高顾客忠诚度的综合解决方案，提供更多的中高端增值服务，拓展盈利模式。

第三节　完善制造业服务化发展的政策体系

对于制造业企业而言，开展服务化转型不仅需要大量的资金与人力支持，其服务化转型还面临市场风险、技术开发风险和经营风险等不确定性，因此不少制造业企业进行服务化转型时持比较谨慎的态度。为此，需要进一步完善政策支持体系，在推进制造业服务化的过程中，要充分考虑到企业贸易类型、技术水平、所有制类型和地区间的差异①。从财税政策、金融政策、产业政策、人才政策、科技创新政策、公共服务政策、开放合作政策等多方面入手，完善制造业服务化发展的政策体系，形成全方位、多层次的政策配套，支持制造业企业拓展生产性服务业务。

一、加大财税政策支持力度

（一）优化财政投入结构

综合采取补助、贴息、基金等支持方式，优化财政投入结构，加大对制造业企业的研发投入力度，促进制造业企业服务业务创新，打造制造业企业服务化示范项目；对满足条件的服务型制造重点支持项目，提供相应的技改补贴。

（二）加大专项资金投入力度

充分运用财政杠杆，通过设立专项引导基金或专项支持资金撬动社会资本推动制造业企业在供应链管理、产品全生命周期管理、总集成总承包服务和信息增值服务环节加大投入力度，拓展新的增长点；充分利用各级服务业发展专项资金，对重点城市和重点企业发展服务化业务给予支持；强化政府投资基金运用，建立产业转型风险补偿基金，支持先进制造业服务化转型。

① 许和连，成丽红，孙天阳．制造业投入服务化对企业出口国内增加值的提升效应：基于中国制造业微观企业的经验研究［J］．中国工业经济，2017，355（10）：62-80.

(三) 创新政府采购政策

组织开展政府采购政策研究，制定符合国际规则的政府服务采购政策，推动政府采购、进口替代等相关政策的完善和落实；科学运用政府采购政策引导和鼓励制造业企业在城市管理与治理、数字乡村建设和公共服务等领域，提供个性化定制、信息增值服务、一体化解决方案以及租赁服务等。

二、提升金融政策实施精度

(一) 加大金融产品创新支持力度

鼓励金融机构创新金融产品和服务，加大制造业服务化金融产品的发展力度；引导银行等金融机构调整信贷投向、信贷结构，加大对重点制造业服务化转型的支持力度；积极促进“政、银、企合作”，对医药、通信设备计算机及其他电子设备制造业，仪器仪表、电气机械及器材制造业，通用设备与专用设备制造业，交通运输设备制造业等服务化率相对较高的行业，要鼓励银行针对重大转型项目为其提供中长期贷款、信用贷款服务。

在加强内控合规和全面风险管理的基础上，鼓励金融机构针对制造业服务化项目创新特色金融产品和金融服务，在试点城市和试点金融机构开展适度下放制造业金融服务产品创新权限的探索；支持各地区搭建融资信用服务平台，发展知识产权质押融资，鼓励发放专利权、商标权、著作权等知识产权打包组合贷款；针对不同的服务化模式，创新金融服务和金融产品，针对信息增值服务、创新设计、定制化服务等模式，鼓励开展在手订单的质押、担保贷款服务，促进知识产权质押融资与应收账款质押贷款业务协同发展；鼓励金融机构围绕核心企业总集成总承包业务推进项目融资担保、咨询等综合金融服务。

(二) 积极发展供应链金融服务

强化金融创新的科技支撑，积极提供发展供应链的金融服务；面向重点行业，推动大数据、云计算、物联网和区块链等技术的应用，依托制造业产业链上的核心企业，推动制造业业务流程数字化、资产数字化和风控系统数字化发展；在加强行业数据共享和风险控制的基础上，鼓励金融机构基于供应链层面发展应收账款、存货与仓单质押融资，为产业链上、下游企业开展服务化转型提供金融服务；支持符合条件的重点企业、重点城市开展产融合作，鼓励有条件的企业发展融资租赁业务，为供应链上的企业开展技术改造升级提供设备租赁服务。

（三）完善金融服务激励约束机制

创新金融机构激励约束机制，引导金融资源向制造业聚集，提高分支机构敢贷愿贷的积极性；建立完善的金融监管与政策协调机制，加强金融监管机构与工信、财政、税务等地方监管部门的联动，积极配合地方政府的创新政策，引导制造业企业开展服务化转型；建立完善的金融机构服务制造业转型的效能评价机制，创新个人业绩考核与激励机制，提升制造业资本分配和考核权重设置。

三、扩宽产业政策应用广度

（一）推动制造业企业积极拓展服务业务

支持制造业企业不断拓展和开发与服务相关的各项业务，为客户提供更多知识化、个性化与多样化的定制需求，包括产品过程支持、维护升级以及产品回收在内的整个产品生命周期的增值服务，推动制造业企业由传统的产品制造商转型为服务提供商，发展产品的研发设计、销售和维护升级等高端业务。

（二）推动重点行业重点企业服务化发展

根据不同行业服务化水平和发展速度采取差异化策略，推动重点行业重点企业服务化发展。

1. 支持农副食品加工业和食品制造业向后端发展

积极运用乡村振兴资金，引导食品加工和食品制造业企业既要向前端延伸开展原料基地建设，又要向后端发展农产品物流、营销和服务网络；支持食品加工和食品制造业企业与农业合作社、新农人组建产业联盟，构建利益联结机制，以食品加工为依托，围绕产业链提供种植养殖技术服务，以及包装物流、营销服务、文化旅游等专业化、规模化、标准化服务，提高食品加工业和食品制造业发展质量，带动农村三次产业融合发展。

鼓励农产品加工企业和食品加工业下沉县域，与农业数字化服务企业、农产品电商平台、智慧农业企业等开展合作，参与农业供应链数字化服务体系建设；研究政策引导农副食品加工和食品制造业龙头企业积极打造从农田到车间、到餐桌的端到端集成绿色供应链管理服务体系，加快提升农产品、农副食品等食品的安全追溯管理数字化水平；支持企业研究、推广多品种小批量的系列农副产品包装设计，满足不同消费群体的多元化需求；出台补贴政策，支持食品制造业企业和农产品加工企业积极参与农副产品区域品牌培育与孵化，推动农产品与乡村传统文化、习俗融合发展；依托食品制造业企业的质量管理、供应链管理、品牌管理能力，积极发展中央厨房和预制菜模式，为开发乡村特色食品和预制菜产业提供涵盖净菜加工、冷链配送、仓储、网络销售、推广应用等环节的一站式问题解决方案。

2. 支持农资企业发展农化服务

支持农资制造业企业发挥自身在技术、产品、渠道和品牌方面的核心优势，在提供专业化除草、杀菌、杀虫、动物防疫和营养管理、增产、环保、土壤服务、农产品质量、残留控制、元素含量控制与改善服务等方面为农业专业合作社、家庭农场、农业基地提供专业化的解决方案。

3. 推动现代家居和文教体育产品制造业服务化转型

目前，家居制造业服务化率虽然偏低，但具有广阔的市场前景。家居产业基础好的地区要加大支持力度，引导有实力的家居制造业企业，从卖产品向卖服务转型，创新应用场景和消费模式，积极发展建材制造业定制服务、家具制造业回访服务以及家居整体性解决方案服务；要支持家具制造业企业提供专业化设计服务，并积极拓展客户回访服务，针对家具的台面保养、柜门调整、柜体检修、五金检查、厨房下水检查等提供系列服务和解决方案，培养企业差异化竞争优势。

构建传统家电企业创新产品服务体系，在支持家电生产企业积极发展智能家电、智能厨卫等智能设备生产业务的基础上，积极顺应现代家居生活、智慧办公等市场需求，围绕智慧生活场景和智慧办公场景提供智能化的整体解决方案；在支持体育用品制造业企业服务化转型的基础上，支持体育用品生产企业聚焦客户服务要求和服务体验，为客户在体育用品设计、器材配置与维护、器械调试、系统升级等方面提供综合性方案。

4. 加快装备制造业服务化发展

鼓励装备制造业企业积极运用互联网、大数据、云平台等新一代信息技术，提升服务数字化水平，发展系统集成和整体解决方案服务；支持交通运输设备和通用设备装备制造业企业开展线上远程运维服务，开展设备能耗远程检测与管理、设备智能巡检、远程运营维护、机械故障监测预警、产品质量追溯等数字化服务。

支持农机装备、节能环保装备等专用设备制造业企业结合不同区域、不同行业的服务需求，与供应商合作共建专业化的服务站，探索开展个性化定制、在线支持服务等新型商业模式；加强与新型农业经营主体的合作，探索建立“农机制造业企业+合作社+基地”生产合作联合体，拓展农机社会化服务网络，建设“全程机械化+综合农事”服务中心，为家庭农场、基地和农户提供全程机械作业服务、农资统购、在线技术培训、信息咨询和农产品网络销售等一站式综合服务；支持大型成套技术装备制造业企业建立全生命周期管理服务协同发展平台，提升企业在产品网络创新、在线发布、流程优化、生产管控、远程运维等产品全生命周期管理的服务能力，增强跨行业的信息集成和共享应用能力。

5. 推动汽车及零部件制造业服务化

支持以汽车企业为链主，推动主机厂带动整车设计、维修保养、行驶服务、金融服务、回收利用等服务业务发展，提供全生命周期服务；支持零部件配套企业以生产制造为支撑延伸产业链条，为主机厂提供系统集成和系统成套设备；加大政策支持力度，引导新能源汽车企业联合换电企业、车联网平台、信息技术企业，发展平台约车、汽车租赁、换电服务和智能服务系统等软件服务；支持新能源汽车企业拓展汽车定损、检测和汽车保险中介业务。

6. 鼓励石化企业发展服务业务

鼓励石化企业向客户积极提供工程设计、装备设计、项目总包、装置检维修、系统验证、标准制定等服务，提供专业服务解决方案，培育新的盈利点；支持石化产业基地、石化企业发展覆盖采购、生产、营销、使用、回收、再利用的绿色供应链服务；支持有条件的石化企业与数字服务企业合作，运用新一代信息技术开展节能诊断、能源管理、管线检测与修复管理、废弃物资源化利用方案以及安全环保等服务。

7. 支持通信设备制造业创新服务业务

支持网络通信设备制造业企业完善数字化基础设施及其运用能力，探索开展工业物联网、智能制造等整体解决方案；支持有实力的网络通信设备制造业企业建立专业服务机构，为客户提供网络一体化综合管理运维服务，特别是在智慧城市、智能安防、智能建筑、智能园区、智慧水利、智慧应急管理、电子政务、社会治理、公共服务数字化以及数字乡村等领域，提供数字化转型综合解决方案。

支持通信设备制造业企业与政府、研究机构、企业合作建设研发大数据平台、智能云平台和云应用管理平台，构建开放式创新平台，为客户提供云咨询、云迁移、云集成、云管理、云运维、云应用等增值服务；支持通信设备制造业企业建立客户服务中心，提供专业化的数据中心规划设计、集成建设、测试验证、运维管理等全生命周期服务。

8. 支持医疗装备企业发展健康养老服务

鼓励医药健康产业推进设计、研发、制造和后续服务协同发展，提供全生命周期医疗健康服务；支持医疗装备企业投资影像装备、康复设备、老龄辅助设备、可穿戴设备等新型医疗器械生产，支持企业为社区居民提供智能诊断、远程诊疗、移动医疗等智慧医疗服务。

针对未来社区养老、康复等日渐兴起的市场需求，鼓励医疗设备制造业企业加快发展居家社区级新型医疗装备制造业，支持其与养老企业、社区合作，探索建立社区居民医疗保健服务和医养结合养老服务模式。

（三）优化制造业服务化的空间布局

1. 完善示范项目培育体系

围绕区域主导产业发展，培育示范项目；立足各地区实际，推进国家、省、区、市级制造业企业服务化培育项目库；加大资金支持力度，对企业按照要求进行奖补，培育一批示范企业、示范项目、示范园区和示范城市；通过发挥其示范引领作用，加大推广与支持力度，增强产业支撑能力和辐射带动能力。

2. 培育服务型制造业集群

立足比较优势，打造重点区域服务型制造业集群；结合国家发展战略和重点制造业布局，立足各地区比较优势，选择不同的制造行业，依托重点企业，整合全国创新要素，加快要素聚集，构建适应制造业服务化发展的新型创新网络；支持服务型制造业集群探索发展基于大数据技术的用户参与设计、云设计、协同设计、开源设计等新型工业设计服务，发展个性化定制生产、智能制造、全生命周期管理、融资租赁等新型制造服务模式。

3. 推动制造业服务化的区域差异化发展

依托现有产业基础，对浙江、江苏、广东、上海、山东、四川、福建、安徽、辽宁、河北、山西、湖北、湖南等地区着重推进仪器仪表、家具、专用设备、电子信息制造业、医药及医疗器械制造、高端装备、汽车制造、农机制造等先进制造业领域的服务化发展。面向制造业在产业链上各环节需求，加快完善工业互联网等数字化平台和先进制造业服务化公共服务体系建设，创造基于制造业服务数字化、智能化的新业态和新模式。

立足区域特色主导产业，在河南、湖南、四川、江西、云南、重庆、陕西、广西、新疆、内蒙古、贵州、宁夏、甘肃、青海、黑龙江、辽宁等地区加强政策引导，支持农副食品加工业、食品制造业、饮料和精制茶制造业、现代家具制造业、医药制造、农资制造等行业的龙头企业、生产性服务业领军企业双向进入服务型制造领域，加快培育特色制造业服务化的龙头企业、示范企业，挖掘传统制造业服务化升级的潜力，增强对中小企业的辐射作用。

（四）推动制造业服务化、数字化和绿色化融合发展

坚持贯彻新发展理念，以加强创新为抓手，面向环保装备制造业、专用设备制造业服务客户绿色化转型，注重科技服务嵌入，发展促进制造业绿色发展的数字化智能化服务、供应链管理服务、咨询服务。搭建制造业绿色发展数字化公共服务平台，加强信息化管理、废弃物供求信息、再生资源综合利用技术、再生资源数字化解决方案等服务体系建设，通过数字化服务、精准监控技术等加强对制造业绿色发展的支撑。此外，还应完善绿色产品和服务的采购准则及目录，完善绿色企业研发创新与绿色产品交易市场，提升绿色企业的技术创新能力及其转化效率。

四、提高产业人才培养准度

（一）调整优化专业设置与布局

基于制造业服务化发展的需求，加大人才培养力度；改革高校和高职院校人才培养模式，在新工科、新文科理念的指导下，加强工科、经济、管理、人文、艺术等不同专业的交叉融合，调整专业设置和布局，优化课程体系和教学内容，加快培养具备复合型知识结构的人才。

（二）深化校企合作，加强应用型人才培养

深化校企合作，支持建设现代产业学院，加强产学研用体系建设，培育适应制造业服务化的应用型人才；充分利用各项人才政策措施与渠道，引进制造业服务化所需要的高层次、复合型人才；支持企业与高校、研究机构、龙头企业合作，探索建立机构库和专家库，强化相关领域的研究团

队和人才实训基地建设；鼓励开发与服务数字化、服务型制造等相关课程，开展实用的短期培训，加强制造业企业管理人员、技术人员在研发设计、创业孵化、知识产权、融资租赁、物流管理、信息技术、节能环保、人力资源和品牌建设等方面的专业培训；推进中高职教育机构深化产教融合、科教融合，建立适应制造业服务化发展的人才培训体系，培养各类数字创新、管理人才和数字化劳动力；推动制造业优质龙头企业建设博士后科研工作平台，加快高层次人才向制造业企业聚集。

（三）改革完善人才管理评价制度

加快建立专家重点评价技术水平、市场评价产业价值相结合的人才评价机制，采取市场、用户、第三方深度参与的评价方式，探索建立有助于制造业服务化的复合型人才评价和职业发展通道体系；促使制造业服务化示范企业的领军型高层次人才、紧缺的创新人才享受科技项目申报、个人所得税优惠等政策；深入推进高校和科研机构科技特派员制度，支持高科技人才到企业挂职。

五、挖掘产业科技创新深度

（一）优化战略科技力量布局

加强顶层设计，强化制造业服务化需要的基础研究和战略科技力量建设，提高科研机构、高校、企业的自主创新能力；建立健全基础研究分类资助与激励机制，对影响产业转型升级发展的关键性科技问题，要建立基础性研究的资金投入机制，发挥举国体制优势，整合国家实验室、高水平研究型大学、科研院所、科技领军企业的科研力量与制造业企业合作，进行技术攻关；针对重要制造业企业服务化在技术应用推广领域的瓶颈，要加大政策支持力度，积极培养技术应用推广中介机构，完善技术应用推广服务体系，促进不同主体的科技成果转化，为制造业企业获取相关技术、人才提供完善、高效的科技服务。

（二）完善产学研用融合机制

广泛征求研究机构、高校、各类制造业企业的意见，系统谋划重点制造业领域的重大项目布局，特别是对装备制造、通信设备制造、生物医药制造、海工制造、人工智能、集成电路等科技创新重要领域，要坚持目标导向和自由探索相结合，支持科研团队和制造业企业“揭榜挂帅”，开展联合攻关；支持建立重点行业发展服务型制造的产学研联盟和合作创新基地，推动产研合作、跨界融合、服务业态和商业运营模式的创新。

（三）打造制造业研发创新体系

鼓励有一定研发基础的规模以上制造业企业与高校、科研院所合作建设企业研发中心；依托有实力的制造业企业，建设新型研发机构、校企联合研究中心、工程技术研究中心、产业创新中心、科技成果转化中试基地、企业技术中心、院士工作站、博士后科研工作站等各级各类研发机构；推动制造业头部企业与高校、科研院所合作建设产学研深度融合创新联盟，提升先进制造业头部企业的自主创新能力。

（四）加强知识产权保护

完善知识产权工作体系，加快推进新一代信息技术、高端装备制造、新材料、生物医药等制造行业的知识产权创造与运用能力建设，畅通制造业重点领域的专利审查绿色通道，激发企业自主创新动力；完善国家知识产权运营公共服务平台功能，在现有服务功能的基础上强化维权机制与服务机制建设；加大力度打击外观设计专利侵权行为，维护行业竞争秩序；顺应新业态、新领域的外观设计行业健康发展需要，适当扩大外观设计专利权保护客体的范围，加大保护力度；鼓励行业协会、园区探索建立知识产权快速维权机制。

（五）完善科技情报服务体系

制造业企业开展服务化转型存在一定的风险，因此需要了解产业发展趋势、客户需求变化。对一些重要制造业而言，单个企业搜集上述科技信息的成本高、效率低。科技管理部门需完善对科技情报服务人员的激励机制，加大投入力度，支持科技情报服务机构培养高水平的专家团队，为制造业企业开展服务化转型提供有效的信息和专业化的咨询服务，为企业提供科学的决策参考。

六、提升公共服务体系强度

（一）积极打造多层次的工业互联网体系

1. 加快打造多层次系统化工业互联网平台体系

在全国层面，统筹推进工业互联网平台建设，培育覆盖全国的跨行业跨领域综合型工业互联网平台，支持建立区域一体化工业互联网公共服务平台，打造集检测认证、人才培训、供需信息对接、评估诊断等于一体的公共服务平台。

2. 发展一批面向重要行业和重要区域的特色型平台

打造一批面向云仿真、数字孪生、设备预测性维护等“单点贯通”的专业型平台，形成多样化的工业互联网平台；加强工业微服务和机理模型资源池建设，提升工业互联网平台的行业技术、工艺、经验等知识的积累能力，探索平台公共服务外包模式，引入专业化团队为产业园区和制造业企业提供专业化的服务方案，加快提升工业互联网平台的服务水平。

3. 加强工业互联网平台的应用推广，充分释放平台赋能价值

基于工业互联网平台集聚、连接产业链上各个环节的利益相关方，构建平台数据共享、软件开源、企业和用户广泛参与的服务型制造网络集群；对于财政资金支持创建的工业互联网平台，要强化激励机制和考核机制，推动平台运用制造业大数据充分挖掘数据要素价值，创新服务模式；发挥财政资金的引导作用，支持平台企业通过兼并收购、合资等方式，推动优势搭平台跨行业、跨领域、跨区域拓展业务；依托化工、汽车、电子、家电等特定行业平台，支持产业链上的主导企业发挥自身优势，带动产业链上、下游协同转型，在关键生产环节形成一批标杆应用案例；聚焦重要制造业转型的痛点难点，找准关键场景，通过应用工业互联网平台及解决方案，实现制造业场景的数字化和解决方案的标准化，并以标准化推动解决方案的规模化推广。

（二）提升制造业公共服务平台建设质量

支持各个地区通过鼓励制造业龙头企业市场化运作方式、政府与行业协会以及智库合作共建等方式，建立制造业服务化发展的公共服务平台，为制造业企业提供集多功能于一体的综合性、高质量公共服务。

1. 加强公共服务平台的研究能力建设

组织专业化研究团队，定期或者不定期开展产业调研、企业发展战略研讨，为制造业企业特别是中小型制造业企业的服务化提供智力支持，为行业主管部门提供决策参考。

2. 完善公共服务平台的服务功能

现有公共服务平台因为资源投入少、运作机制不够规范，难以充分发挥为制造业企业服务化转型提供高质量、精准服务的作用。为此，需要加大投入力度，探索科学规范的平台运营模式，完善服务体系，创新服务手段，建设一批制造业综合性公共服务平台，提升重点区域、重要行业的制造业公共服务水平。这些综合性公共服务平台主要为企业转型提供以下服

务：第一，为区域制造业企业集群及产业链条上的中小企业提供总集成总承包、个性化定制、全生命周期管理等服务型制造业务，提供技术和管理咨询服务；第二，为产业链条上的企业和客户提供信息技术服务，如企业的整体信息化转型、设备共享、大数据分析、信息系统维护等；第三，为产业链条上的企业提供设计服务，包括产品创新、工艺流程以及服务增值的创新设计服务；第四，为产业链条上的企业提供专业化的人才培训服务。

七、拓展开放合作政策宽度

进一步深化改革，坚持开放合作，积极深化与共建“一带一路”国家的产业分工与合作，主动融入国际新一轮产业分工体系。完善制造业对外投资管理服务体系，为企业拓展境外业务提供法律咨询、经营资质、市场分析、认证认可、检验检疫和知识产权保护等方面的服务。支持有条件走出去的制造业企业，在东道国布局研发设计中心和分支机构，推动产业合作由加工制造向研发、设计、服务等环节延伸，加快构建全球制造服务网络。支持制造业企业取得国际认证的服务资质，承揽国际项目，带动相关工程咨询服务“走出去”。鼓励重要制造业行业协会、智库与政府合作，推动相关制造业领域的国际国内交流活动，搭建多层次交流合作平台，为中国制造业企业服务业务拓展国际市场提供供需对接平台。

第四节　本章小结

本章从创新制造业服务化发展的体制机制、夯实制造业服务化发展的支撑体系、完善制造业服务化发展的政策体系三个方面，提出促进中国制造业服务化发展的政策保障措施。在创新体制机制方面，深化体制机制改革，营造良好的市场环境，深化要素市场配置体制机制改革，建立制造业服务化的推进机制。在夯实支撑体系方面，增强制造业企业的创新主体地位，提升制造业企业的研发设计能力，推动制造业企业的服务数字化转型。在完善制造业服务化发展的政策方面，加大财税政策支持力度，提高金融政策实施精度，扩宽产业政策应用广度，优化产业人才培养准度，挖掘产业科技创新深度，提升公共服务体系强度，拓展开放合作政策宽度，形成全方位、多层次的政策配套，支持制造业企业拓展生产性服务业务。

参考文献

艾华，2011. 基于价值链理论的四川电信 ICT 策略研究［D］. 成都：西南财经大学.

安筱鹏，2009. 推动“两化融合”的战略举措：从“生产型制造”到“服务型制造”［J］. 中国信息界（4）：29-34.

白玉芹，2017. 河北省制造业服务化转型的路径与对策研究［J］. 产业与科技论坛，17（1）：15-16.

不凡说财，2022-03-26. 美国制造业增加值 2.3 万亿美元，日本 0.98 万亿，那中国制造业呢？［EB/OL］.［2025-05-13］.https://cj.sina.com.cn/articles/view/7118089376/1a8456ca0019015vn9.

陈斌开，赵扶扬，2023. 外需冲击、经济再平衡与全国统一大市场构建：基于动态量化空间均衡的研究［J］. 经济研究，58（6）：30-48.

陈超凡，王赟，2015. 垂直专业化与中国装备制造业产业升级困境［J］. 科学学研究，33（8）：1183-1192.

陈丽娴，魏作磊，2022. 制造业服务化驱动中国经济高质量发展的理论逻辑与实证检验［J］. 经济与管理评论，38（6）：130-143.

陈茜，2019. 我国制造业服务化的动力机制研究［D］. 长沙：湖南大学.

陈少杰，2010. 制造业服务化的成因及动力机制分析［J］. 商业时代（26）：120-121.

陈实，2023. 信任的崩塌？日本制造业神话的破灭［J］. 世界知识（1）：37-39.

陈昕，2020. 历史的“坐标”、经济的动力：试论从亚当·斯密到马克思分工思想的形成发展及其意义［J］. 中共太原市委党校学报（5）：12-15.

陈银忠，杨楠，李海燕，2023. 生产性服务业集聚对产业结构升级影响研究：以四大城市群为例［J］. 太原理工大学学报（社会科学版），41

(1)：104-112.

程大中，2008. 中国生产性服务业的水平、结构及影响：基于投入—产出法的国际比较研究［J］. 经济研究（1）：76-88.

程大中，2015. 中国参与全球价值链分工的程度及演变趋势：基于跨国投入—产出分析［J］. 经济研究，50（9）：4-16，99.

程大中，魏如青，郑乐凯，2017. 中国服务贸易出口复杂度的动态变化及国际比较：基于贸易增加值的视角［J］. 国际贸易问题（5）：103-113.

崔国强，2020-09-13. 第五届中国服务型制造大会聚焦制造企业服务收入测算［EB/OL］.［2025-02-17］. http://www. ce. cn/xwzx/gnsz/gdxw/202209/13/t20220913_38101401. shtml.

崔月莹，2022. 先进制造业服务化水平测度及其影响因素分析［D］. 哈尔滨：哈尔滨理工大学.

戴翔，2016. 中国制造业出口内涵服务价值演进及因素决定［J］. 经济研究，51（9）：44-57，174.

邓于君，蒋佩衿，2018. "互联网+"背景下广州制造业服务化转型升级的动力机制、面临问题及策略建议［J］. 广东行政学院学报，30（5）：83-89.

丁立会，张薇，王法涛，2019. 产业互联网发展的国际经验及启示：基于双边市场的分析［J］. 电子商务（11）：15-16.

董琴，2022. 从制造大国到制造强国：中国标准化战略的新使命与战略调整［J］. 经济学家（1）：86-95.

杜丹丽，魏思鹏，李玥，2018. 制造企业服务化过程中企业价值变动与企业边界破损关系研究［J］. 科技进步与对策，35（19）：65-72.

范晓莉，李秋芳，2022. 城市创新行为、经济结构转型与环境污染［J］. 统计与决策，38（13）：170-173.

盖心雨，2022. 制造业服务化、数字经济与企业绩效［D］. 太原：山西财经大学.

高素英，陈雨婷，马晓辉，2022. 价值共创视角下制造业服务化企业服务价值实现路径研究［J］. 财经理论研究（5）：65-76.

高霞，贺至晗，张福元，2022. 政府补贴、环境规制如何提升区域绿色技术创新水平：基于组态视角的联动效应研究［J］. 研究与发展管理，34（3）：162-172.

高翔，刘啟仁，黄建忠，2018. 要素市场扭曲与中国企业出口国内附加值率：事实与机制［J］. 世界经济，41（10）：26-50.

格鲁伯，沃克，1993. 服务业的增长原因与影响［M］. 陈彪如，译. 上海：上海三联书店.

工信部，2016-07-12. 发展服务型制造专项行动指南［Z］. 工信部联产业〔2016〕231 号.

工信部，2020-07-15. 十五部门关于进一步促进服务型制造发展的指导意见［Z］. 工信部联政法〔2020〕101 号.

龚强，班铭媛，张一林，2021. 区块链、企业数字化与供应链金融创新［J］. 管理世界，37（2）：22-34，3.

顾乃华，胡晓丹，胡品平，2018. 融资约束、市场结构与制造业服务化［J］. 北京工商大学学报（社会科学版）（9）：11-22.

郭海，韩佳平，2019. 数字化情境下开放式创新对新创企业成长的影响：商业模式创新的中介作用［J］. 管理评论，31（6）：186-198.

郭家堂，2021. 制造业服务化：兴起、演化与路径选择［J］. 上海管理科学，43（5）：51-54.

郭跃进，1999. 论制造业的服务化经营趋势［J］. 中国工业经济（3）：64-67.

国家统计局，2023-02-28. 中华人民共和国 2022 年国民经济和社会发展统计公报[R/OL].(2025-02-15).https://www.stats.gov.cn/sj/zxfb/202302/t20230228_1919011.html.

何丽. 2021-07-30. 解读日本制造业经营策略及转型成功因素[EB/OL].[2025-06-02].http://www.compressor.cn/Tech/hyzs/2019/0730/112058.html.

何哲，孙林岩，贺竹磬，等，2008. 服务型制造的兴起及其与传统供应链体系的差异［J］. 软科学，22（4）：77-81.

贺灵，柏华，2023. 时空关联下要素市场扭曲对制造业升级的空间溢出效应研究［J］. 科技和产业，23（1）：7-14.

贺祥民，赖永剑，2020. 产业融合对绿色创新效率的非线性影响：基于高技术服务业与制造业融合的经验证据［J］. 技术经济与管理研究（9）：3-8.

洪群联，2021. 在构建新发展格局中加快发展制造服务业：《关于加快推动制造服务业高质量发展的意见》解读之二［J］. 中国经贸导刊（4）：51-52.

胡查平，胡琴芳，2020. 制造业服务化战略竞争优势构建的理论框架：基于制造业的多案例分析［J］. 中国流通经济（4）：87-99.

胡查平，汪涛，朱丽娅，2018. 制造业服务化绩效的生成逻辑：基于企业能力理论视角［J］. 科研管理，39（5）：129-137.

黄群慧，霍景东，2015. 产业融合与制造业服务化：基于一体化解决方案的多案例研究［J］. 财贸经济（2）：136-147.

贾根良，1996. 杨格定理与经济发展理论［J］. 经济社会体制比较（2）：58-60.

贾建锋，刘伟鹏，杜运周，2023. 制度组态视角下绿色技术创新效率提升的多元路径［J］. 南开管理评论（7）：1-23.

简兆权，伍卓深，2011a. 制造业服务化的路径选择研究：基于微笑曲线理论的观点［J］. 科学学与科学技术管理，32（12）：137-143.

简兆权，伍卓深，2011b. 制造业服务化的内涵与动力机制探讨［J］. 科技管理研究，31（22）：104-107，112.

江小国，洪功翔，2016. 解析“中国制造 2025”：形势、目标与路径［J］. 当代经济管理，38（5）：1-6.

解季非，2018. 制造企业服务化路径选择研究［J］. 中国管理科学，26（12）：138-148.

解季非，2019. 制造业服务化：演进机理、效率与路径选择［D］. 天津：天津大学.

库兹涅茨，1989. 现代经济增长：速度、结构与扩展［M］. 戴睿，易诚，译. 北京：北京经济学院出版社.

李博雅，2018. 制造业服务化对企业绩效的影响研究［D］. 上海：上海社会科学院.

李飞，丁唯佳，2019. 辽宁省制造业服务化转型研究［J］. 渤海大学学报（哲学社会科学版），41（4）：94-98.

李海涛，李华山，田也壮，2013. 制造服务化对企业绩效的影响机制研究［J］. 哈尔滨工程大学学报，34（7）：933-938.

李靖华，林莉，李倩岚，2019. 制造业服务化商业模式创新：基于资源基础观［J］. 科研管理，40（3）：74-83.

李靖华，马丽亚，黄秋波，2015. 我国制造企业“服务化困境”的实证分析［J］. 科学学与科学技术管理（6）：36-45.

李廉水，2018. 中国制造业 40 年：回溯与展望［J］. 江海学刊（5）：107-114，238.

李琳，田彩红，徐洁，2021. 制造业服务化对区域绿色创新效率的影响［J］. 华中师范大学学报（自然科学版），55（5）：862-875.

李梦楠，2021. 中国制造业服务化对绿色全要素生产率的影响研究［D］. 太原：山西财经大学.

李宁，2021. 服务业生产率对制造业投入服务化的影响研究［D］. 武汉：中南财经政法大学.

李太勇，1998. 进入壁垒理论评述［J］. 经济学动态（12）：62-66.

李天柱，刘小琴，李潇潇，2018. 对当前“制造业服务化”研究的若干理论辨析［J］. 中国科技论坛（6）：75-82.

李天柱，刘小琴，李潇潇，2020. VCC 视角下的制造业服务化模式及其演进［J］. 科研管理，41（9）：230-237.

李婉红，2015. 排污费制度驱动绿色技术创新的空间计量检验：以 29 个省域制造业为例［J］. 科研管理，36（6）：1-9.

李潇潇，2018. 制造业服务化的模式及其演进［D］. 鞍山：辽宁科技大学.

李玉丽，2011. 服务外包对制造业效率提升的影响机制分析［D］. 上海：上海社会科学院.

梁敬东，霍景东，2017. 影响制造业服务因素：理论、实证与建议［J］. 财会学习（3）：1-6.

林风霞，刘仁庆，2017. 中国制造业服务化的模式选择与对策研究［J］. 中州学刊（11）：31-36.

蔺继娟，2020. 投入服务化对制造业绿色转型影响机制与实证研究［D］. 天津：天津商业大学.

蔺雷，吴贵生，2008. 制造业发展与服务创新：机理、模式与战略［M］. 北京：科学出版社.

刘斌，魏倩，吕越，等，2016. 制造业服务化与价值链升级［J］. 经济研究，51（3）：151-162.

刘继国，李江帆，2007. 国外制造业服务化问题研究综述［J］. 经济学家（3）：119-126.

刘兰芝，2017. 制造业服务化模式研究［J］. 经贸实践（3）：140.

刘明宇，芮明杰，姚凯，2010. 生产性服务价值链嵌入与制造业升级的协同演进关系研究［J］. 中国工业经济，26（8）：66-75.

刘维刚，倪红福，2018. 制造业投入服务化与企业技术进步：效应及作用机制［J］. 财贸经济（8）：126-140.

刘维刚，周凌云，李静，2020. 生产投入的服务质量与企业创新：基于生产外包模型的分析［J］. 中国工业经济（8）：61-79.

罗良文，梁圣蓉，2016. 中国区域工业企业绿色技术创新效率及因素分解［J］. 中国人口·资源与环境，26（9）：149-157.

吕越，黄艳希，陈勇兵，2017. 全球价值链嵌入的生产率效应：影响与机制分析［J］. 世界经济，40（7）：28-51.

吕越，李小萌，吕云龙，2017. 全球价值链中的制造业服务化与企业全要素生产率［J］. 南开经济研究（3）：88-110.

马歇尔，2019. 经济学原理［M］. 朱志泰，译. 北京：商务印书馆.

苗苗，苏远东，朱曦，等，2019. 环境规制对企业技术创新的影响：基于融资约束的中介效应检验［J］. 软科学，33（12）：100-107.

明倩，冯志军，2020. 中国制造业绿色创新现状及推进政策探析［J］. 东莞理工学院学报，27（2）：36-44.

南生，2021-05-06. 制造业竞争力前十强：德国排全球第 1、中国第 2、韩国第 3、美国第 4［EB/OL］.［2025-03-10］. https://baijiahao.baidu.com/s? id=1698976672379973630&wfr=spider&for=pc.

诺思，2008. 制度、制度变迁与经济绩效［M］. 杭行，译. 上海：格致出版社，上海人民出版社.

欧阳华，2020-02-13. 推动制造业和服务业深度融合释放发展新动能［N］. 广西日报（7）.

彭继宗，郭克莎，2022. 制造业投入服务化与服务投入结构优化对制造业生产率的影响［J］. 经济评论，234（2）：17-35.

彭水军，袁凯华，韦韬，2017. 贸易增加值视角下中国制造业服务化转型的事实与解释［J］. 数量经济技术经济研究，34（9）：3-20.

钱丽，汪美鑫，肖仁桥，2023. 异质环境分权对企业绿色创新效率的非线性影响：考虑多重中介与财政分权调节效应［J］. 科技进步与对策，40（7）：136-147.

钱丽，肖仁桥，陈忠卫，2015. 我国工业企业绿色技术创新效率及其区域差异研究：基于共同前沿理论和DEA模型［J］. 经济理论与经济管理（1）：26-43.

任保平，王思琛，2022. 新发展格局下我国数据要素市场培育的逻辑机理与推进策略［J］. 浙江工商大学学报（3）：85-93.

日本科学研究创新信息平台，2021-09-15. 制造业服务化：瞄准增长创造附加值[EB/OL].[2025-06-02].https://www.keguanjp.com/kgjp_jingji/kgjp_jj_etc/pt20210915000002.html.

商宪丽，2022. 制造业服务化转型模式与路径研究［J］. 商场现代化（9）：178-180.

邵安菊，2014. 上海装备制造企业服务化转型的路径与对策研究［J］. 经济体制改革（4）：110-114.

申亮，2015. 制造业与物流业联动发展的经济机理及影响因素研究［D］. 西安：长安大学.

沈瑾，2015. 服务型制造中基于本体的产品延伸服务建模［J］. 现代制造工程（9）：20-26.

施组，2018-06-22. 唐山市装备制造行业企业家赴德国学习培训的报告[EB/OL].[2025-05-21].http://www.gcdy.gov.cn/zhuzhan/gongzuodongdt/20180622/75297.html.

石学刚，齐二石，姜宏，2012. 制造业服务化对提升制造型企业创新能力的作用研究［J］. 天津大学学报（社会科学版），4（4）：295-299.

史世伟，2016. 实施工业4.0对于德国经济的意义及其对中国制造业转型的启示［J］. 当代世界（1）：52-55.

宋大伟，朱永彬，2020. 我国服务型制造“十四五”时期发展思路研

究 [J]. 中国科学院刊，35 (12)：1463-1469.

谭亭亭，2017. 专业分工与养殖规模演进 [D]. 杭州：浙江大学.

唐国锋，李丹，2020. 工业互联网背景下制造业服务化价值创造体系重构研究 [J]. 经济纵横 (8)：61-68.

陶飞，戚庆林，2018. 面向服务的智能制造 [J]. 机械工程学报，54 (16)：11-23.

陶鹏，2011. 马克思分工理论研究 [D]. 哈尔滨：黑龙江省社会科学院.

田杰棠，刘露瑶，2020. 交易模式、权利界定与数据要素市场培育 [J]. 改革 (7)：17-26.

田园，2017-02-15. “二元制”：德国制造业发展的基石 [N]. 光明日报 (005).

童铃，2021. 制造业服务化的动力机制研究综述 [J]. 江苏商论 (3)：74-77.

万建香，汪寿阳，2016. 社会资本与技术创新能否打破“资源诅咒”?：基于面板门槛效应的研究 [J]. 经济研究，51 (12)：76-89.

王成浩，2020. 嵌入全球价值链对中国制造业服务化的影响研究 [D]. 长春：吉林大学.

王建军，2007. 分工和产业组织演进与优化的经济学分析 [D]. 上海：复旦大学.

王娟，张鹏，2019. 服务转型背景下制造业技术溢出突破“锁定效应”研究 [J]. 科学学研究，37 (2)：86-100.

王丽娜，张超，朱卫东，2019. 互联网时代制造业服务化价值共创模式研究：基于海尔的服务化转型实践 [J]. 企业经济 (8)：68-76.

王利改，2020. 制造业服务化困境原因探究 [J]. 科技经济市场 (10)：98-99.

王盛，2007. 分工、协调和产业组织形式演化 [D]. 上海：复旦大学.

王思语，郑乐凯，2019. 制造业服务化是否促进了出口产品升级：基于出口产品质量和出口技术复杂度双重视角 [J]. 国际贸易问题 (11)：45-60.

王素云，沈桂龙，2019. 制造业服务化内涵重释：从价值增值到价值创造［J］. 学习与探索（10）：128-134.

王旭，褚旭，2019. 中国制造业绿色技术创新与融资契约选择［J］. 科学学研究，37（2）：351-361.

王学娟，辛本禄，2022. 创新生态系统视角下制造业服务化与服务业制造化融合研究［J］. 企业经济，41（11）：114-122.

王艳，苏怡，2020. 绿色发展视角下中国节能减排效率的影响因素：基于超效率 DEA 和 Tobit 模型的实证研究［J］. 管理评论，32（10）：59-71.

王瑶，2011. 斯密定理和规模经济：试论马歇尔冲突是一伪命题［J］. 经济学动态（5）：145-150.

王玉玲，2017. 中国生产性服务业与制造业的互动融合：理论分析和经验研究［D］. 上海：上海社会科学院.

王玉燕，姬含笑，2023. 服务型制造、差异化战略与企业绩效：来自中国制造业上市公司的经验证据［J］. 南方经济（5）：127-142.

王政，2021-12-05.《“十四五”工业绿色发展规划》提出全面提升绿色制造水平［N］. 人民日报（004）.

王宗水，秦续忠，赵红，2018. 制造业服务化与商业模式创新策略选择［J］. 科学学研究，36（7）：1188-1195.

魏后凯，王颂吉，2019. 中国“过度去工业化”现象剖析与理论反思［J］. 中国工业经济（1）：5-22.

文东伟，冼国明，2010. 中国制造业的垂直专业化与出口增长［J］. 经济学（季刊），9（2）：467-494.

文哥故事那些事，2022-05-13. 深圳与伦敦金融城的高层“云对话”，凸显金融业未来趋势［EB/OL］.［2025-05-06］. https://www.sohu.com/a/546789341_121123722.

吴传清，张冰倩，2022. 长江经济带制造业绿色发展效率研究［J］. 学习与实践（5）：32-40.

吴敏洁，2019. 低碳背景下中国制造业发展研究［D］. 南京：东南大学.

吴婷，2019. 供给侧改革下广东省制造业企业服务化的动力机制研究［J］. 科技和产业，19（11）：98-101.

吴妍妍，2017.“中国制造 2025”背景下安徽制造业服务化路径研究［J］. 理论建设（5）：52-60.

夏玮，陈志强，2012. 德国中小企业专利行动启示［J］. 南京工业大学学报（社会科学版），11（1）：59-64.

肖文娜，2015. 面向消费者的制造业服务化成熟度模型研究［D］. 天津：河北工业大学.

熊彼特，2018. 熊彼特经济学［M］. 李慧泉，译. 北京：台海出版社.

徐闯，2019. 海尔“人单合一”双赢管理模式分析［J］. 商场现代化（20）：119-120.

徐振鑫，莫长炜，陈其林，2016. 制造业服务化：我国制造业升级的一个现实性选择［J］. 经济学家（9）：59-67.

许冬兰，郭宇钦，2022. 制造业服务化的绿色发展效应研究［J］. 青岛科技大学学报（社会科学版），38（2）：33-42.

许冬兰，张新阔，2021. 中国制造业服务化的绿色福利效应研究：基于污染改善与环境TFP双重视角［J］. 中国地质大学学报（社会科学版），21（4）：56-72.

许和连，成丽红，孙天阳，2017. 制造业投入服务化对企业出口国内增加值的提升效应：基于中国制造业微观企业的经验研究［J］. 中国工业经济（10）：62-80.

许晖，冯永春，许守任，2014. 基于动态匹配视角的供应商与关键客户关系的构建与演进：力神开发12家关键用户的案例研究［J］. 管理世界，30（4）：107-123，188.

杨锋，2008. 德国“标准创新计划”（INS）［J］. 世界标准信息，48（12）：44-51.

杨玲，2015. 生产性服务进口贸易促进制造业服务化效应研究［J］. 数量经济技术经济研究（5）：37-53.

杨宛冰，2022. 制造业服务化对中国制造业全球价值链提升的影响研究［D］. 天津：天津商业大学.

杨小凯，1988. 基于专业化递增报酬的分工理论：一种微观经济学方法［M］. 北京：社会科学文献出版社.

杨小凯，黄有光，1999. 专业化与经济组织：一种新兴古典微观经济学框架［M］. 北京：经济科学出版社.

杨洋，魏江，罗来军，2015. 谁在利用政府补贴进行创新：所有制和要素市场扭曲的联合调节效应［J］. 管理世界（1）：75-86，98，188.

杨依莲，2019. 青岛海尔智力资本促进制造业服务化价值创造的案例研究［D］. 杭州：浙江工商大学.

姚战琪，2019. 制造业服务化对中国制造业参与全球价值链的影响［J］. 哈尔滨工业大学学报（社会科学版），21（4）：126-133，2.

姚战琪，2023. 服务贸易创新发展试点政策能否促进绿色创新［J］. 改革（3）：91-107.

叶晓怡，2020. 制造业服务化对我国制造业全要素生产率的影响研究［D］. 杭州：浙江财经大学.

伊特韦尔，米尔盖特，纽曼，等，1996. 新帕尔格雷夫经济学大辞典［M］. 陈岱孙，译. 北京：经济科学出版社.

佚名，2016-02-18. 深度解析英国版工业 4.0《英国工业 2050 战略》［EB/OL］.［2025-04-05］. http://iiot. cechina. cn/16/0218/07/20160218075915. htm.

佚名，2022-01-06. 10 年内让美国科研转化率从 5%飙升至 80%，这部法案究竟做对了什么？［EB/OL］.［2025-05-16］.https://www.sohu.com/a/514428395_121286957.

于洋，杨明月，肖宇，2021. 生产性服务业与制造业融合发展：沿革、趋势与国际比较［J］. 国际贸易（1）：24-31.

喻小明，2008. X 效率理论与企业 X 效率审计［J］. 当代财经（1）：113-117.

原毅军，陈喆，2019. 环境规制、绿色技术创新与中国制造业转型升级［J］. 科学学研究，37（10）：1902-1911.

张海峰，1994. 美国"信息高速公路"建设计划的产生背景、进展、社会经济影响及评价［J］. 世界研究与发展（6）：25-32.

张航燕，江飞涛，2015. 德国制造业发展及对我国的启示［J］. 中国经贸导刊（16）：64-67.

张杰，陈志远，刘元春，2013. 中国出口国内附加值的测算与变化机制［J］. 经济研究，48（10）：124-137.

张露，2021. 海尔智家服务化战略转型的路径及对绩效的影响研究［D］. 重庆：重庆工商大学.

张青山，逯晓宇，徐伟，2014. 制造业服务化转型：挑战、路径与对策［J］. 沈阳工业大学学报（社会科学版），7（3）：237-244.

张卫国，2014. 浅析企业客户服务体系建设［J］. 电子世界（14）：297-298.

张文红，张骁，翁智明，2010. 制造企业如何获得服务创新的知识：服务中介机构的作用［J］. 管理世界，20（10）：122-134.

张旭梅，吴黛诗，江小玲，等，2021. 动态匹配视角下装备制造企业产品服务价值链构建路径：基于振华重工 1992—2019 年的纵向案例研究［J］. 软科学，35（4）：76-82.

张亚娜，2021. 陕西省制造业服务化转型升级的动力机制［J］. 营销界（39）：26-27.

张玉来，2019. 日本制造业新特征及其转型之痛［J］. 日本学刊（S1）：137-141.

张振刚，杨玉玲，陈一华，2022. 制造企业数字服务化：数字赋能价值创造的内在机理研究［J］. 科学学与科学技术管理，43（1）：38-56.

章润兰，刘明慧，2022. 产业协同集聚、产业耦合协调与经济高质量发展：基于制造业与生产性服务业的实证分析［J］. 商业研究（6）：13-22.

赵宏中，2013. 国富论（导读版）［M］. 武汉：华中科技大学出版社.

仲志源，张梦，马野青，2018. 生产性服务业对中国制造业全球价值链地位的影响研究［J］. 统计与决策，34（15）：146-150.

周毅，许召元，李燕，2020. 日本制造业发展的主要经验及其启示［J］. 中国中小企业（9）：79-80.

祝林，褚英敏，2017-02-10. 英国《现代工业战略》解读［EB/OL］.［2025-04-06］.https://zhuanlan.zhihu.com/p/25169948.

朱荪远，2015. 制造业服务化发展的模式和趋势［J］. 竞争情报，11（3）：50-57.

朱晓，1984. 日本制造业迅速走向服务化［J］. 现代日本经济（4）：67.

朱秀梅，林晓玥，王天东，2022. 企业数字化转型战略与能力对产品服务系统的影响研究［J］. 外国经济与管理，44（4）：137-152.

宗艺，2023. 制造业服务化对碳排放的影响［D］. 杭州：浙江大学.

中国电子信息产业发展研究院，2023-02-14. 2022 年全球创新指数：

创新驱动增长的前景如何[EB/OL].[2025-05-05].https://www.163.com/dy/article/HTI04D0H05348OX3.html.

中国国际科技交流中心，2022-01-06. 主要国家全国性科技社团概览：德国弗劳恩霍夫应用研究促进会[EB/OL].[2025-05-16].https://www.ciste.org.cn/index.php? a=show&c=index&catid=79&id=3524&m=content.

AEGIS, 1999. Service enhanced manufacturing in the building and construction product system, draft report [R]. Project4, University of Western Sydney Macarthur.

ANDY NEELY, 2008. Exploring the financial consequences of the servitization of manufacturing [J]. Operations management research, 1 (2): 103-118.

ANTIOCO, MOENAERT, LINDGREEN, et al., 2008. Organizational antecedents to and consequences of service business orientations in manufacturing companies [J]. Journal of the academy of marketing science, 36 (3): 337-358.

BAINES T S, LIGHTFOOT H, BENEDETTINI O, et al., 2010. The adoption of servitization strategies by UK-based manufacturers [J]. Proceedings of the institution of mechanical engineers part B-journal of engineering manufacture, 224 (B5): 815-829.

BAINES T, ZIAEE BIGDELI A, BUSTINZA O F, et al., 2017. Servitization: revisiting the state-of-the-art and research priorities [J]. International journal of operations & production management, 37 (2): 256-278.

BALDWIN R, FORSLID R, ITO T, 2015. Unveiling the evolving sources of value added in exports [J]. Joint research program series, 2015 (2): 178-192.

BAUMOL W J, 1967. Macroeconomics of unbalanced growth: the anatomy of urban crisis [J]. American economic reviews, 57 (3): 415-426.

BERGER S, LESTER R K, 1997. Made by Hong Kong [M]. USA: Oxford University Press.

BERRY LL, SHANKAR V, PARISH J T, et al., 2006. Creating new markets through service innovation [J]. MIT sloan management review, 47 (2):

56-63.

CHEN WEI, CHEN YIN ZHONG, YANG BAI, 2021. Service-oriented manufacturing、intellectual capital and technological innovation [J]. Scientific research management, 42 (8): 17-25.

CHU MIN CHANG, HE QIANG, 2021. Research on the integration development of manufacturing industry and the new generation of information technology industry in liaoning province [J]. Journal of liaoning university of technology (natural science) (4): 261-263, 268.

FANG E, PALMATIER R W, STEENKAMP J B E M, 2008. Effect of service transition strategies on firm value [J]. Journal of marketing, 72 (5): 1-14.

FANG V W, NOE T H, TICE S, 2009. Stock market liquidity and firm value [J]. Journal of financial economics, 94 (1): 150-169.

FISCHER T, GEBAUER H, GREGORY M, et al., 2010. Exploitation or exploration in service business development? Insights from a dynamic capabilities perspective [J]. Journal of service management, 21 (5): 591-624.

FOSTER-MCGREGOR N, STEHRER R, 2013. Value added content of trade: a comprehensive approach [J]. Economics letters, 120 (2): 354-357.

FRANCOIS J, WOERZ J, 2007. Producer services, manufacturing linkages, and trade [J]. Social science electronic publishing, 8 (3-4): 199-229.

FULLER, FAULLAN, MATZLER, 2020. Manufacturing integration: an integration framework from the perspective of "T-O-V" [J]. Shanghai management science (5): 87-94.

GADREY J, ALLOUJ F, WEOMSTEOM O, 2005. New modes of innovation: how services benefit industry [J]. International journal of services technology and management, 6 (3-5): 284-303.

GARCíA-GRANERO, EVA M, PIEDRA-MUOZ L, et al., 2018. Eco-innovation measurement: a review of firm performance indicators [J]. Journal of cleaner production, 191 (1): 304-317.

GEBAUER H, KREMPL R, FLEISCH E, et al., 2008. Innovation of product-related services [J]. Managing service quality: an international journal, 18 (4): 387-404.

GEBAUER, FRIEDLI, 2005. Behavioral implications of the transition process from products to services [J]. Journal of business & industrial marketing, 20 (2): 70-78.

GROSSMAN, ROSSI-HANSBERG, 2008. Trading tasks: a simple theory of offshoring [J]. The American economic review, 98 (5): 1978-1997.

GUERRIERI P, MEFICIANI V, 2005. Technology and international competitiveness: the independence between manufacturing and producer services [J]. Structural change and economic dynamics, 16 (4): 489-502.

HUMMELS D, ISHII J, YI K, 2001. The nature and growth of vertical specialization in world trade [J]. Journal of international economics, 54 (1): 75-96.

JOHNSON R C, NOGUERA G, 2017. A portrait of trade in value added over four decades [J]. The review of economics and statistics, 99 (3): 896-911.

KOHTAMAKI, PARTANEN, MOLLER, 2013. Making a profit with R&D services-the critical role of relational capital [J]. Industrial marketing management, 42 (1): 71-81.

KOOPMAN R, POWERS W, WANG Z, et al., 2011. Give credit where credit is due: tracing value added in global production chains [J]. National bureau of economic research working papers, 121 (9): 78-109.

KOWALKOWSKI, 2011. Dynamics of value propositions: insights from service-dominant logic [J]. European journal of marketing, 45 (1-2): 277-294.

LANZ R, MAURER A, 2015. Services and global value chains: servicification of manufacturing and services networks [J]. Journal of international commerce economics & policy, 6 (3): 155-190.

LIN, SUN, MARINOVA, et al., 2018. Evaluation of the green technology innovation efficiency of China´s manufacturing industries: dea window analysis with ideal window width [J]. Technology analysis and strategic management, 30 (10): 1166-1181.

MALLERET, 2006. Value creation through service offers [J]. European management journa1, 24 (1): 106-116.

MATHIEU, 2001. Product services: from a service supporting the product to a service supporting the client [J]. Journal of business & industrial marketing, 16 (1): 39-61.

MATHIEU, VALERIE, 2001. Service strategies within the manufacturing sector: benefits, costs and partnership [J]. International journal of service industry management, 12 (5): 451-475.

NG I, PARRY G, SMITH L, et al., 2012. Transitioning from a goods-dominant to a service-dominant logic: visualising the value proposition of rolls-royce [J]. Journal of service management, 23 (3): 416-439.

OLIVA, KALLENBERG, 2003. Managing the transition from products to services [J]. International journal of service industry management, 14 (2): 160-172.

PAL R, 2016. Extended responsibility through servitization in PSS: an exploratory study of used-clothing sector [J]. Journal of fashion marketing and management, 20 (4): 453-470.

PAPPAS N, SHEEHAN P, 1998. The new manufacturing: linkages between production and service activities [J]. Working for the future (3): 127.

QI, ZENG, CHIMING, et al., 2013. Stakeholders′ influences on corporate green innovation strategy: a case study of manufacturing firms in China [J]. Corporate social responsibility and environmental management, 20 (1): 1-14.

QUINN, 1992. Intelligent enterprise: a knowledge and service based paradigm for industry [M]. New York: The Free Press.

R KOHTAMAKI M, PARIDA V, OGHAZI P, et al., 2019. Digital servitization business models in ecosystems: a theory of the firm [J]. Journal of business research, 104: 380-392.

RABETINO R, HARMSEN W, KOHTAMAKI M, et al., 2018. Structuring servitization-related research [J]. International journal of operations & production management, 127 (6): 111-150.

RADDATS C, KOWALKOWSKI C, BENEDETTINI O, et al., 2019. Servitization: a contemporary thematic review of four major research streams [J]. Industrial marketing management, 83: 207-223.

RAGUSEO E, VITARI C, 2018. Investments in big data analytics and firm performance: an empirical investigation of direct and mediating effects [J]. International journal of production research, 56 (15): 5206-5221.

REIM W, PARIDA V, SJöDIN D R, 2016. Risk management for product-service system operation [J]. International journal of operations & production management, 36 (6): 665-686.

REISKIN, WHITE, JOHNSON, et al., 2000. Servicizing the chemical supply chain [J]. Journal of industrial ecology, 3 (2): 19-31.

ROBINSON, CLARKE HILL, CLARKSON, 2002. Differentiation through service: aperspective from the commodity chemicals sector [J]. The service industries journa1, 22 (3): 149-166.

SAGGI M K, JAIN S, 2018. A survey towards an integration of big data analytics to big insights for value-creation [J]. Information processing & management (54): 758-790.

SHAFIK, BANDYOPADHYAY, 1992. Economic growth and environmental quality: time-series and cross-country evidence [M]. Washington DC: World Bank Publications.

SKLYAR A, KOWALKOWSKI C, TRONVOLL B, et al., 2019. Organizing for digital servitization: a service ecosystem perspective [J]. Journal of business research (104): 450-460.

SOUSA R, DA SILVEIRA G J C, 2020. Advanced services and differentiation advantage: an empirical investigation [J]. International journal of operations & production management, 40 (12): 1771-1792.

TAO FEI, QI QING, 2018. Service - oriented intelligent manufacturing [J]. Journal of mechanical engineering (8): 11-23.

TIDD J, HULL F, 2003. Service innovation: organiza-tional responses to technological opportunities and market imperatives [M]. London: Imperial College Press.

TRONVOLL B, SKLYAR A, SORHAMMAR D, et al., 2020. Transformational shifts through digital servitization [J]. Industrial marketing management (89): 293-305.

ULAGA W, REINARTZ W J, 2011. Hybrid offerings: how manufacturing firms combine goods and services successfully [J]. Journal of marketing, 75 (6): 5-23.

VAN LOOY B, GEMMEL P, VAN DIERDONCK R, 2006. Services management: an integrated approach [M]. London: Pearson Education.

VANDERMERWE S, RADA J, 1988. Servitization of business: adding value by adding services [J]. European management journal, 6 (4): 314-324.

VISNJIC I, NEELY A, WIENGARTEN F, 2012. Another performance paradox? A refined view on the performance impact of servitization [Z]. ESADE, Barcelona: ESADE Business School Research Paper.

WHITE A L, STOUGHTON M, FENG L, 1999. Servicizing: the quiet transition to extended product responsibility [M]. Boston: Tellus Institute.